THE BOY WHO WAS
RAISED AS A DOG

개로 길러진 아이

THE BOY WHO WAS RAISED AS A DOG
by Bruce D. Perry and Maia Szalavitz

Copyright © 2006 by Bruce D. Perry and Maia Szalavitz
All rights reserved.

First published in the United States by Basic Books,
a member of the Perseus Books Group.

Korean Translation Copyrigh © 2011 by Minumin

Korean translation edition is published by arrangement with
Perseus Books, Inc. through Duran Kim Agency.

이 책의 한국어 판 저작권은 듀란킴 에이전시를 통해
Perseus Books, Inc.와 독점 계약한 ㈜민음인에 있습니다.

저작권법에 의해 한국 내에서 보호를 받는 저작물이므로
무단 전재와 무단 복제를 금합니다.

THE BOY WHO WAS
RAISED AS A DOG

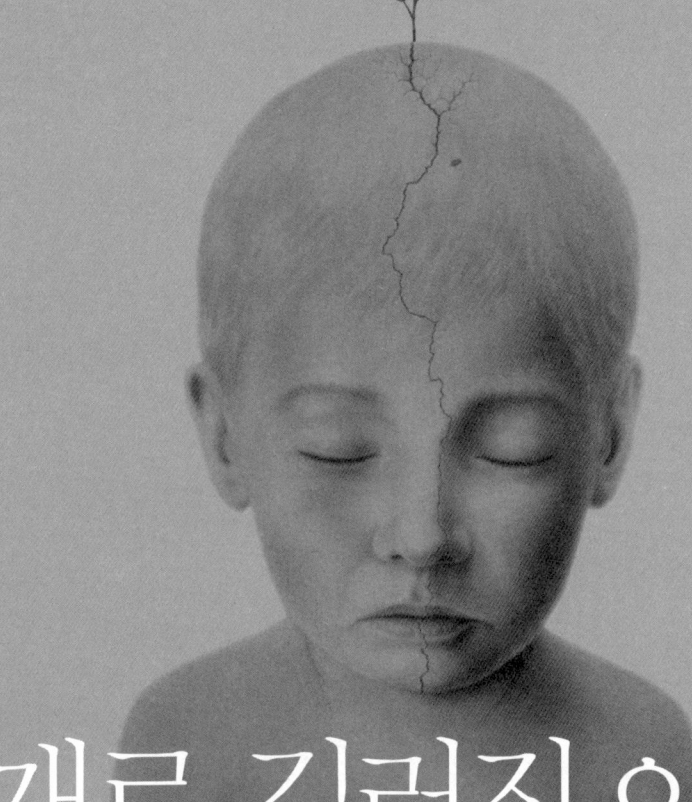

개로 길러진 아이

사랑으로 트라우마를 극복하고
희망을 보여 준 아이들

브루스 D. 페리 · 마이아 샬라비츠 | 황정하 옮김

민음인

브루스 D. 페리

내 가족 바바라, 제이, 에밀리, 매디, 엘리자베스, 케이티, 마르타, 로비에게 이 책을 바친다.

알리스 디케마 페리(1955~1974)의 추억을 기리며.

마이아 샬라비츠

어머니 노라 스테파넬에게 이 책을 바친다.

| 차례 |

| 작가의 말 | ······8
| 트라우마와 아이들에 대하여 | ······10

1장 티나가 만든 세상
　　트라우마가 만들어 낸 잘못된 연상 작용 ······19

2장 예쁜이, 널 위한 거야
　　트라우마로 인한 과민 반응 ······55

3장 천국으로 가는 계단
　　트라우마가 만들어 낸 판단력 상실 ······97

4장 나를 안고 흔들어 주세요
　　스킨십 부재로 인한 성장부전 ······135

5장 냉혈한
　　트라우마가 만들어 낸 소시오패스 ······165

6장 개로 길러진 아이
　　트라우마로 인한 발달 장애 ······207

7장 아파요, 제발 그만두세요
　　강압에 의한 기억의 조작 ······255

8장 까마귀가 되고 싶었던 소녀
　　트라우마로 인한 해리 반응 ······293

9장 엄마 이야기는 거짓말이에요
　　엄마가 날 아프게 해요 경찰을 불러 주세요
　　대리인에 의한 뮌하우젠증후군 ······335

10장 모두가 나의 치료사예요
　　또래 집단에 의한 트라우마 치료 ······353

11장 공동체만이 희망이다
　　트라우마 치료에 가장 효과적인 방법 ······381

| 부록 | ······407
| 감사의 말 | ······413
| 참고 문헌 | ······417

| 작가의 말 |

 이 책의 이야기는 모두 실화다. 하지만 익명성 보장과 사생활 보호를 위해 신원에 대한 세부 사항을 변경하였다. 아이들의 이름과 아이들의 신원을 파악할 수 있다고 판단되는 가족 구성원의 이름도 바꾸었다. 이름 옆에 별도로 표시하지 않은 성인의 이름은 모두 실명이다. 하지만 불가피하게 변경한 내용이 있더라도 각 사례의 핵심 내용은 가능한 한 정확하게 기록했다. 예를 들어 상담 내용은 메모, 오디오나 비디오테이프로 기록된 자료를 토대로 정확하게 묘사했다.
 슬픈 것은 이 이야기들이 수많은 사례 중 극히 일부라는 사실이다. 아동 트라우마 아카데미의 우리 클리닉 팀은 지난 10년간 부모가 살해당하는 모습을 목격한 아이들만 해도 100명 넘게 치료했으며 유년

기에 시설이나 부모, 보호자에 의해 심각하게 방임되었던 환아도 수백 명에 달했다. 각 사례의 환아는 물론 유사한 운명으로 고통받는 많은 아이들의 강인함과 숭고한 영혼이 책 전체에 그대로 살아 숨쉬기를 소망한다.

| 트라우마와 아이들에 대하여 |

 오늘날에는 상상하기 힘들겠지만 1980년대 초 내가 의과 대학에 다닐 무렵만 해도 정신적외상(트라우마)이 지속적 손상을 일으킬 수 있다는 사실이 별 관심을 끌지 못했고, 이런 트라우마가 아동에게 얼마나 피해를 주는지에 대해서도 그다지 연구된 바가 없었다. 당시에는 이것이 별다른 의미가 없다고 생각했다. 아이들은 원래 '회복력이 좋으며' 선천적으로 '곧장 회복되는' 능력이 있다고 믿었다.
 이후 소아 정신과 전문의이자 신경 과학자가 된 나는 이 잘못된 이론을 반박하는 데 시간을 낭비하지 않고 실험실에서 스트레스 경험이 새끼 동물의 뇌에 어떤 변화를 주는지 연구하기 시작했다. 수많은 동물 실험에서 유아기에 스트레스 경험이 지속되면 그것이 사

소한 것일지라도 뇌의 구조와 화학 반응에 영구적 손상이 남아 이후 행동에도 문제를 일으키는 것이 관찰되었다. 이 실험을 진행하며 당연히 의문이 생길 수밖에 없었다. 이런 현상이 사람에게도 나타날까?

　문제 아동을 치료하기 시작하면서 이런 의문은 더 강해졌다. 환아 대부분이 혼란스러운 환경에서 살고 있었고 극심한 방임이나 폭력에 시달리기도 했다. 이 아이들이 상담소를 방문한 것으로 볼 때 이들은 분명 '곧장 회복되지' 않았다. 소아과 전문의 대부분이 강간이나 살인 목격 등의 트라우마를 겪은 아동을 외상후스트레스장애PTSD, post-traumatic stress disorder로 진단했고, 이 아이들은 이후 정신적 문제가 있는 성인으로 자라났다. 아이들의 트라우마 이력은 무시되고 그저 우울증이나 집중력 결핍 같은 증상이 '동시에' 일어난 것으로 생각했다. 약물 치료도 많이 시도되었다.

　1980년대는 정신 의학 분야에 PTSD 진단이 이제 겨우 도입되기 시작했던 시기였다. 처음 PTSD는 전쟁터에서 몸과 마음이 피폐해진 군인 중에서도 극소수에게만 나타나는 굉장히 드문 사례로 여겨졌다. 하지만 곧 강간 피해자, 자연재해 희생자, 생명을 위협하는 사건을 목격하거나 심각한 부상을 당한 사람에게서도 시도 때도 없는 회상, 수면 장애, 비현실감, 지나치게 놀라는 반응, 극단적인 불안감 등과 같은 동일한 증상이 나타난다는 사실을 알게 되었다. 오늘날에는 이 이상 증세를 보이는 사람이 최소한 전체 미국인의 7퍼센트에 달하며,[1] 대부분의 사람들이 트라우마가 심각하고 지속적 영향을 미칠 수 있다는 사실을 이해한다. 9·11 테러의 공포에서 허리케인 카트리나의 여파에 이르기까지 심각한 재난은 사람의 마음에 지울 수 없는 상처를 남긴다. 또한 어른보다 아이에게 그 영향이 더 크게 나타나는 경우가 많다.

나는 트라우마가 아이에게 미치는 영향을 이해하고 이로 인한 상처를 극복하는 혁신적인 방법을 발견하는 것을 내 필생의 과업으로 삼았다. 나는 텍사스 와코의 사이비 종교 다윗 파 사건에서 살아남은 희생자, 집단 방치된 동유럽 고아, 집단 학살 등 상상하기도 어려운 끔찍한 일을 겪은 아이들을 상담하고 연구했다. 고문과 공포를 이용해 아이들에게 자백을 강요해 파문이 일었던 '사탄 숭배 의식 고발 사건'에 대해서도 법정 진술을 통해 진실 규명을 돕기도 했다. 부모의 살인을 목격한 아이, 수년간 개 목줄을 하거나 벽장에 가둬 키운 아이들을 최선을 다해 도왔다.

내가 만난 환자들과 같은 엄청난 비극을 겪는 아이는 드물지만 대부분의 아이들 역시 크고 작은 트라우마를 완전히 벗어나기는 힘들다. 가장 보수적인 통계를 인용해도 미국 아이들의 40퍼센트가량[2]이 열여덟 살이 되기까지 최소한 한 번 이상 트라우마 사건을 경험한다. 부모나 형제자매의 죽음, 지속적인 신체 학대나 방임, 성적 학대, 심각한 사고, 자연재해, 가정 내 또는 기타 범죄로 인한 폭력 등이 여기 포함된다.

2004년 한 해에만 해도 학대나 방임으로 아동 복지 시설에 인계된 아동 수가 300만 명에 달했고 이 중 87만 2000건가량의 사건이 공식적으로 확인되었다.[3] 물론 실제 학대 및 방임 아동 수는 이보다 훨씬 더 많을 것이다. 하지만 신고 없이 지나가는 경우가 많고 피해자의 진술을 입증할 증거를 잡지 못해 정식 고발할 수 없을 때도 많다. 한 대규모 설문 조사에 의하면 열일곱 살 미만의 아이들 여덟 명 중 한 명[4]이 과거 어른에게 심각한 학대를 당한 경험이 있으며, 성인 여자 중 27퍼센트, 성인 남자 중 16퍼센트[5]가 어린 시절 성폭행 경험이 있었다. 심지어 1995년에 실시한 국가 설문 조사에서는 엄마의 6퍼센트, 아빠의 3퍼센트[6]가 최소한 한 번 이상 자기 아이들을 신체적으로 학대한 적이 있다는 결과가 나왔다.

또한 해마다 1000만 명에 달하는 미국 아이들[7]이 가정 폭력에 노출되고 있으며, 매년 열다섯 살 미만의 미국 아이 중 4퍼센트[8]가 부모 중 한 명의 죽음을 경험한다. 매년 80만 명의 아이들이 위탁 가정에서 자라고[9] 100만 명 이상이 자연재해나 끔찍한 자동차 사고를 당한다.

이런 경험이 이 아이들 모두에게 심각한 '상해'를 입힌다는 것은 아니지만, 같은 시기에 나온 가장 온건한 추정치로도 800만 명이 넘는 미국 아이들이 트라우마와 관련된 심각하다고 할 수 있는 정신적 문제를 안고 있다.[10] 상대적으로 경험의 심각성이 덜한 수백만 명도 이후 마찬가지로 정신적 고통을 받는다.

학대받은 아이들의 3분의 1가량[11]이 이로 인한 명백한 정신적 문제를 일으키며, 심장 마비, 비만, 암과 같은 순수한 '신체적' 문제조차 트라우마를 겪은 아동의 경우 더 큰 문제가 될 수 있다. 아동의 경우 좋은 것이든 나쁜 것이든 트라우마를 일으킬 만한 사건을 겪는 중이거나 겪은 후 최종적으로 나타나는 결과는 성인과 완전히 다르다.

나를 비롯한 많은 사람들이 수년간 연구를 계속한 결과, 트라우마가 아이들에게 미치는 영향과 치유 방법에 괄목할 만한 발전이 있었다. 1996년에는 고위험 아동과 그 가족의 삶을 개선하려는 헌신적인 여러 분야의 전문가를 모아 아동 트라우마 아카데미ChildTrauma Academy를 설립했다. 우리는 이곳에서 임상 업무와 연구를 지속하고 있다. 최종 목표는 지금까지 연구한 지식을 활용하여 다른 사람을 돕는 것이다. 우선 부모나 검찰, 법정 공무원, 사회사업가, 의사, 정책 입안자나 정치가 등 아동 관련 업무 종사자에게 트라우마의 영향을 최소화하고 회복력을 극대화할 수 있는 가장 효과적인 방법을 교육하고, 정부를 비롯한 여러 단체를 도와 이 문제를 다룰 최선의 방법을 모색한다. 우리는 전 세계를 돌며 부모, 의사, 교육자, 아동 보호 업무 종사자, 법 집행 공무원은 물론 입법 기관이나 의회, 관련 기관장과 같은 고위 공직자를 상대로 강연한다. 이 책은 이런 노력의 일환이다.

이 책에서는 트라우마가 어린아이에게 미치는 영향에 대해 중요한 교훈을 남겨 주었던 여러 아이들을 만날 수 있다. 그리고 이들이 건강한 삶을 되찾으려면 부모와 보호자, 의사, 공무원 모두가 어떤 일을 해야 하는지, 트라우마 경험이 아이에게 어떤 상처를 남기는지, 이들의 성격이나 신체 기능, 감성 발달에 어떤 영향을 주는지 설명한다. 첫 번째 환자였던 가정 내 성적 학대 피해자 티나의 사례에서는 트라우마 충격이 아이의 뇌에 미치는 영향을, 세 살 나이로 증인 보호 프로그램에 들어가야 했던 용감한 소녀 샌디는 아이에게 통제력을 부여하여 스스로 치유되도록 돕는 과정을 보여 준다. 말할 수 없이 비참한 환경에서 자랐으나 모두가 깜짝 놀랄 만한 속도로 회복되었던 저스틴도 만날 수 있다. 서로를 돌보며 안정을 찾아 가던 다윗파 아이들, 사랑받지 못하자 성장을 멈춰 버렸던 로라, 1학년 동급생 모두를 자신의 '치료사'로 만들었던 러시아 고아 피터도 있다. 내가 만났던 아이들은 모두 복잡한 퍼즐의 조각을 맞추어 준 공로자다. 이들을 통해 우리는 트라우마를 겪은 아이와 그 가족을 어떻게 치유해야 하는지 그 해답을 하나씩 찾아 갈 수 있었다.

치료를 하다 보면 대부분 절망적이고 외로우며 슬픈, 두려움과 상처로 가득한 사람들의 삶을 접하게 된다. 하지만 이 책이 담고 있는 내용의 대부분은 희망과 생존, 승리에 대한 이야기다. 놀랍게도 인류가 저지른 가장 최악의 감정 학살 사례에서 오히려 최고의 인류애를 발견할 수 있다.

결국 아이가 트라우마에서 신체적, 감정적, 정신적으로 살아남으려면 주위 사람, 특히 아이들이 믿고 의지하는 가까운 어른이 사랑과 변함없는 지지, 격려를 보내 주어야 한다. 불은 온기를 줄 수도 있지만 모든 것을 태워 버릴 수도 있고, 물은 갈증을 가시게도 하지만 사람을 익사시키기도 하며, 바람은 상쾌하게 불어오기도 하지만 모든 것을 날려 버리기도 한다. 인간관계도 마찬가지다. 생산적일 수도 있지만 파괴적일 수도 있고, 자양분이 넘칠 수도 있지만 공포의 도가니로 몰아넣을 수도 있고, 트라우마를 일으키기도 하지만 반대로 치유할 수도 있다.

이 책에 나오는 용감한 아이들의 인생 역정을 따라가다 보면 인간관계의 본질과 힘을 이해하게 될 것이다. 이 아이들 중 많은 수가 대부분의 가족이 겪는 일보다 훨씬 더 극단적인 경험을 했지만, 이들의 사례를 주의 깊게 읽으면 자신의 아이가 일상에서 피할 수 없는 어느 정도의 스트레스와 긴장을 극복하도록 도울 수 있을 것이다.

트라우마를 겪거나 학대당한 아이를 치료하면서 인간의 본질, 인류와 인류애 사이의 차이점에 대해서도 생각하게 되었다. 사람이면 다 사람인 것이 아니다. 진정한 사람이 되려면 사람이 되는 법을 배워야 한다. 때로는 이런 학습 과정이 너무나 잘못되어 재앙을 부른다. 이 책은 바로 그 과정과 함께 감정 이입에 필요한 조건을 설명한다. 이것이 충족되지 못할 경우 극단적인 잔인함과 무관심을 야기한다. 또한 아이의 뇌가 주위 사람들에게 어떤 영향을 받아 어떻게 성장하고 형성되는지 설명하고, 무지, 가난, 폭력, 성적 학대, 혼란과 방임이 한창 성장 중인 뇌와 초기 인성 형성에 얼마나 파괴적인 영향을 주는지 보여 준다.

　나는 사람의 발달 과정 중에서도 특히 왜 어떤 사람은 생산적이며 책임감 있는 친절한 사람으로 자라는데 어떤 사람은 남을 괴롭히고 학대하는 사람이 되는지에 많은 관심을 가지고 그 이유를 알아내기 위해 애썼다. 연구를 계속할수록 도덕성 발달과 악한 본성에 대해 많은 것이 드러났다. 유전적 성향이나 환경이 인생의 중대한 결정에 어떻게 영향을 끼치며 우리의 현재 모습을 어떻게 형성하게 되는지를 조금씩이나마 밝힐 수 있었던 것이다. 나는 폭력을 비롯한 유해 행동에 대한 '학대 항변abuse excuse(피고가 어린 시절 정신적으로나 육체적으로 학대당해 왔기 때문에 옳고 그름을 판단할 수 없게 되었다고 하는 항변 — 옮긴이)'을 믿지는 않지만, 유년기에 타인과 맺은 복잡한 관계와 소통이 이후 선택 능력에 영향을 미쳐 최선을 선택하는 의사 결정 능력을 제한할 수 있다는 것은 인정한다.

　내 연구는 우리를 진정으로 사람답게 만드는 선택과 경험을 관장하는 곳, 바로 정신과 뇌의 상호 작용으로 귀결된다. 이 책은 지금까지 알아낸 사실을 집대성한 것이다. 책 속의 아이들은 끔찍한 고통과 공포 속에서도 용기와 인간애를 잃지 않았고 희망을 보여 주었다. 또한 가슴 아픈 손실과 그것을 치유하는 사랑의 힘에 대해 배웠다.

　이들이 내게 가르쳐 준 가장 소중한 것은 바로 우리 자신에 대한 것이다. 트라우마를 이해하려면 우리의 기억에 대해 먼저 이해해야 하기 때문이다. 아이들의 치유 방법을 알아내기 위해서는 먼저 사람이 어떻게 사랑하는 법을 배우고 어떻게 어려움을 극복하며, 스트레스가 이것들에 얼마나 영향을 미치는지 이해해야 한다. 폭력이나 위협이 사랑하는 힘 자체나 업무 수행 능력에 미치는 파괴적인 영향을 인지하면 우리 자신에 대해 더 잘 이해할 수 있고, 삶에서 만나는 사람들, 특히 아이들에게 더 건강한 인간관계를 부여할 수 있을 것이다.

| 1장 |
티나가 만든 세상

트라우마가 만들어 낸 잘못된 연상 작용

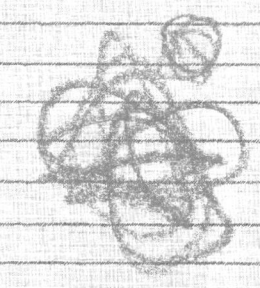

내가 맡았던 첫 번째 환자는 일곱 살 먹은 티나였다. 처음 만났을 때 그 애는 시카고 대학의 아동 정신과 클리닉 대기실에서 불안한 표정으로 작고 부서질 듯한 몸을 엄마와 동생들 사이에 구겨 넣은 채 앉아 있었다. 나는 아이를 조심스럽게 진료실로 데리고 들어와 문을 닫았다. 100센티미터도 채 안 되는 키에 머리를 꼼꼼하게 땋은 어린 흑인 소녀 티나와 180센티미터가 넘는 큰 키에 긴 머리칼이 제멋대로 뻗쳐 있는 아저씨인 나 사이에 팽팽한 긴장감이 감돌았다. 소파에 앉아 바쁘게 눈을 굴리면서 나를 뜯어보던 티나는 자리에서 일어나 방을 가로질러 내게 다가오더니 무릎 위로 기어올라 왔다.

정말 예쁜 아이였다. 그런데 아이가 슬그머니 내 바짓가랑이 사이로 손을 집어넣더니 바지 지퍼를 내리기 시작했다. 놀란 마음이 진정되자 슬픔이 밀려들었다. 나는 아이의 손을 살며시 떼어 낸 다음 조심스럽게 무릎에서 안아 내렸다.

그날 아침 읽은 티나의 차트는 접수원이 전화 상담 중 적어 둔 작은 종이 한 장뿐이었다. 아이는 어머니 새라와 두 남동생과 함께 살고 있었다. 새라가 아동 정신과 클리닉을 방문한 것은 티나의 학교에서 해 온 요청 때문이었다. 티나가 급우들을 공격하고 부적절하게 행동한다는 지적이었다. 아이는 사람들 앞에서 성기를 노출하고 다른 아이들을 때리는데다 음란한 말을 하면서 성행위에 끌어들이려 했다. 수업에 전혀 참여하지 않았고 교사의 어떤 지도도 거부했다.

티나는 네 살 되던 해부터 여섯 살까지 2년간이나 성폭행을 당했다. 첫 번째 가해자였던 열여섯 살 소년은 아이들을 봐주던 여자의 아들이었다. 소년은 엄마가 일하느라 바쁜 틈을 타서 티나와 티나의 남동생 마이클을 계속 괴롭혔다. 새라는 혼자 힘으로 아이를 키우는 엄마로 빈곤에 시달렸으나 생활 보호 대상자로 지정되지 못해 근처 편의점에서 최저 임금을 받으며 일해야 했다. 돈이 쪼들렸던 그녀는 이후 집을 비울 때마다 아이들을 옆집에 맡겼고 이웃은 아이들을 자기 아들과 함께 놓아 둔 채 외출하곤 했다. 정신적으로 문제가 있던 이 소년은 아이들을 꽁꽁 묶은 채 성폭행하거나 성기에 이물질을 쑤셔 박고 다른 사람에게 이야기하면 죽여 버리겠다고 위협했다. 결국 소년이 엄마에게 들킨 이후에야 남매는 간신히 성폭행에서 벗어날 수 있었다.

새라는 이후 절대 아이들을 옆집에 맡기지 않았지만 이들이 받은 정신적 충격은 쉽게 사라지지 않았다. (성폭행했던 소년은 기소되었으나 감옥이 아닌 병원에 수용되었다.) 1년 후 티나는 심각한 이상 행동을 하기 시작했다. 아이 엄마는 여전히 찢어지게 가난했고 나는 아동 성폭행에 대해 아는 바가 거의 없었다.

"자, 같이 색칠 공부를 할까?"

나는 부드럽게 말하면서 아이를 무릎에서 내려놓았다. 티나는 놀라는 눈치였다. 이 아저씨가 내 솜씨에 실망한 건가? 화가 났나? 티나는 짙은 갈색 눈동자를 굴리며 걱정스럽게 내 움직임을 지켜보면서 내 목소리에서 어떤 힌트라도 얻을 요량으로 조용히 귀를 기울였다. 내 행동은 아이가 지금까지 체득한 행동 양식에 전혀 맞지 않았다. 평생 남자라고는 성적인 포식자만을 봐 온 그 애에겐 놀라운 일이었을 것이다. 사랑하는 아버지나 인생을 살아가는 데 도움을 주는 할아버지는 물론 어떤 삼촌이나 오빠도 없었다. 만나 본 남자들은 엄마의 질 나쁜 남자 친구나 성폭행범뿐이었고 누구나 섹스 외엔 관심도 없었다. 티나가 내 성기를 만지려 한 것은 어찌 보면 당연한 일이었다.

이제 어떻게 해야 할까? 오랜 시간 동안 굳어진 행동이나 믿음은 어떻게 해야 바꿀 수 있을까? 한 번도 이렇게 어린아이를 상대해 본 적이 없었던 내가 티나를 이해하기란 어려운 일이었다. 티나는 평생 성욕을 채우려는 남자만 만나 왔기 때문에 성행위를 해야만 친구를 사귈 수 있다고 생각하는지도 모른다. 학교에서의 공격성이나 충동적인 행동도 마찬가지 이유일 터였다. 티나가 내 행동을 거절과 거부의 의미로 해석할까?

때는 1987년이었고 나는 시카고 대학 소아청소년 정신과 전임의였다. 전국 최고의 의학 과정 중 마지막 2년차를 이제 막 시작한 참이었다. 대학원만 거의 십 수 년째 다니는 중이었다. 의사MD, medical doctor인 동시에 의학 및 일반 정신과 레지던트 3년 과정을 마친 박사Phd기도 했다. 나는 뇌의 스트레스 반응 기전을 연구하는 기초 신경과학 연구소basic neuroscience research laboratory의 책임자였다. 뇌세포와 뇌 시스템, 복잡한 신경망과 화학 작용에 대해 폭넓게 연구했고 여러 해 동안 사람의 정신세계를 이해하려 애써 왔다. 하지만 티나와 작은 탁자를 사이에 두고 앉은 지금, 내 머릿속엔 아무런 묘안도 떠오르지 않았다. 한참 후 나는 티나에게 크레파스와 색칠 공부 책을 건네주었다. 아이는 크레파스 통을 열고 책을 대충 넘겨보았다.

"여기에다 색칠해도 되요?"

낯선 상황에 당황하는 목소리였다.

"물론이지."

내가 대답했다.

"드레스를 파랗게 칠할까, 빨갛게 칠할까?"

내 질문에 티나가 즉시 대답했다.

"빨간색으로요."

"알았어."

아이는 말없이 내가 색칠하는 것을 도왔다.

"고마워."

내 말에 티나가 미소를 지었다. 이후 40분간, 우리는 바닥에 나란히 앉아 말없이 색칠에만 몰두했다. 서로 크레파스를 빌려 주고 자신의 작품을 보여 주면서 호흡을 맞추려 애썼다.

진료 시간이 끝나자 나는 티나와 함께 대기실로 내려갔다. 티나의 어머니 새라는 아기를 안은 채 네 살 난 아들을 달래느라 정신이 없었다. 우리는 서둘러 다음 주 진료 시간을 예약했다. 이들을 배웅하는 내 마음은 막막하기만 했다. 도움이 필요했다. 결국 나는 경험이 많고 노련한 선임 의사를 찾아가기로 했다.

정신 건강 과정의 지도는 사실상 지도가 아니다. 중심 정맥central line을 찾아 수액 줄을 연결하거나 응급실 진료 관리, 채혈 등을 배우던 인턴 시절에는 반드시 더 나이가 많고 노련한 전문의들이 붙어 해야 할 일을 지시하고 잘못을 꾸짖으며 업무를 도와주었다. 즉각적인 지시를 받을 때도 많은데 대부분 부정적인 피드백이기 마련이었다. 또한 '하나하나 지켜보고 실행하고 가르쳐라.' 방법을 따라 환자를 볼 때마다 언제나 노련한 선임 의사가 바로 옆에서 도왔다.

하지만 정신과는 사정이 달랐다. 견습생이었음에도 언제나 혼자 환자나 환자 가족을 만나야 했고 진료가 끝난 후 해당 사례를 선임의와 토의하는 방식이었다. 여러 환자의 사례를 몰아 한꺼번에 발표할 때도 많았다. 아동 정신과 학생 시절 클리닉에서 일할 때는 선임의가 여러 명이어서 같은 사례를 여러 번 브리핑했기 때문에 여러 선임의 서로 다른 의견과 뛰어난 통찰력을 한데 모아 더 현명한 판단을 할 수 있었다. 분명 대단히 효율적이고 강력한 시스템이었지만 동시에 간과할 수 없는 단점도 있었다.

나는 우선 첫 번째 선임 로버트 스타인 박사(가명)에게 티나의 사례를 보고했다. 젊고 신중하며 지적인 스타인 박사는 정신 분석 전문의 과정을 밟고 있었다. 턱수염을 기르고 매일 똑같은 검은 정장에 검은 넥타이, 하얀 셔츠 차림이어서 굉장히 지적으로 보이는 남자였는데 항상 '모성의 내면화the maternal introject', '대상관계object relations', '역전이counter-transference', '구강 기능oral function'과 같은 전문 용어를 척척 읊어 대곤 했다. 그럴 때마다 나는 신중하게 그를 바라보며 적절하고 심각하면서도 사려 깊은 표정을 지었고 고개를 끄덕이면서 "그렇군요. 네. 음……잘 알겠습니다."를 연발했다. 하지만 사실 머릿속엔 한 가지 생각뿐이었다. '대체 무슨 소리를 하는 거야?'

브리핑은 간결하면서도 공식적인 내용이었다. 티나의 증상과 이력, 가족과 학교에서의 문제점을 간략하게 언급한 다음 첫 진료에서의 행동을 상세하게 설명했다. 스타인 박사는 간간히 메모를 하며 고개를 끄덕였다. 발표가 끝나자 그가 입을 열었다.

"그럼 이제 자네 의견을 말해 보게."

나는 우물쭈물 대답했다.

"잘 모르겠습니다."

의대에서는 항상 햇병아리 의사에게 뭐든 모른다고 생각하라 가르친다. 하지만 지금 이 순간, 나는 정말로 머릿속이 새하얗게 비어 있었다. 스타인 박사는 관대한 목소리로 정신과 질환의 진단 지침인 DSMDiagnostic and Statistical Manual 사용을 제안했다.

당시에는 DSM Ⅲ까지 개발되어 있었다. DSM은 10여 년 간격으로 장애에 대한 새로운 연구와 실마리들을 반영하여 보강된다. 이 검사는 원리상 상당히 객관적인 토대를 가지고 있었지만 동시에 정치, 사회적 편견을 피할 수 없었고 여러 가지 비과학적인 요소도 존재했다. 한때 동성애를 '장애'로 분류했다가 수정한 경우도 있었다. 하지만 가장 큰 문제는 DSM이 증상을 기초로 장애 여부를 판단하고 분류한다는 사실이었다. 그것은 컴퓨터의 하드웨어, 소프트웨어의 실제 동작을 알지 못하는 사람이 작성한 사용 설명서와도 같아서 컴퓨터가 돌아가는 소리만 듣고 오작동의 원인과 해결 방법을 알아내려고 애쓰는 격이었다. 개인적인 경험으로 미루어 기계의 작동 메커니즘은 대단히 복잡하기 마련이고 사람의 뇌는 더 말할 나위도 없었다. 동일한 증상이어도 그 현상을 보이는 원인은 수백 가지가 있을 수 있었다. 하지만 DSM은 그것을 판별하지 못했다.

"수업에 집중하지 못하고, 규율 위반, 충동적 행동, 지시 불응, 반항, 반목 등의 행동 특성을 보이며 급우와 마찰을 일으킨다. 그렇다면 주의력결핍장애ADD, Attention Deficit Disorder와 적대적반항장애ODD, oppositional defiant disorder 범주에 해당하는 거군."

스타인 박사가 말했다.

"네, 그런 것 같습니다."

내가 말했다. 하지만 아무리 생각해도 이것은 옳은 답이 아니었다. 티나는 이 정도의 진단 수준에서는 표현하기 힘든 특수한 경험을 한 아이였다. 그동안 경험으로 볼 때 통제와 집중력과 관련된 뇌 기능은 특히 더 복잡했고 수많은 환경적, 유전적 요인도 영향을 미쳤다. 티나의 반항이 단순한 반항이 아니라 정신적 피해의 결과라면 불복종 딱지를 붙이는 것은 오판이 아닐까? 티나에게 공공장소에서 성인이나 급우에게 성적인 행위를 하는 것이 왜 나쁜지 어떻게 알려 주어야 하는가? 티나의 언어 구사 능력이 지체되는 문제는? 이 아이가 정말 ADD라 해도 성적 학대 경험을 감안해야 더 정확한 치료 계획이 나오지 않을까?

하지만 이의를 제기하지 않고 스타인 박사를 바라보면서 마치 잘 알겠다는 듯 고개를 끄덕였다.

"가서 ADD의 정신 약리학 부분을 공부해 보게. 그런 후 다음 주에 다시 이야기해 봄세."

나는 복잡하고 실망스러운 마음으로 방을 나왔다. 소아 정신과 전문의라는 게 고작 이런 것이었나? 일반 성인 대상의 정신과 전문의 과정을 수료했던지라 선임의 지도나 진단 방법에 한계가 있다는 것은 이미 잘 알고 있었다. 하지만 이번 경우처럼 아동의 내면에 스며든 문제는 너무 생소했다. 사회의 약자인 이들은 행동 발달이 지체되거나 심각하게 손상된 상태로 클리닉에 넘겨진다. 그러고는 어떻게든 '고쳐 놓으라고' 강요한다. 한 달에 겨우 몇 시간의 면담과 처방전만으로 어떻게 티나의 생각과 행동을 바꿀 수 있단 말인가? 스타인 박사는 정말 ADD 알약 몇 개가 이 소녀의 문제를 해결할 거라 믿는 걸까?

다행히 다른 선임의도 있었다. 정신 의학계의 진정한 거물이며 현명하고 멋진 남자 잘 디러드 박사Dr. Jarl Dyrud였다. 그도 나처럼 노스다코타 주 태생이었기 때문에 금방 친해질 수 있었다. 디러드 박사도 스타인 박사처럼 정신 분석적 방법을 공부했지만 동시에 여러 해 동안 실제 상황에서 사람을 돕고 이해하려 노력했다. 그는 프로이트 이론에 얽매이지 않고 자신만의 통찰력을 발휘할 줄 아는 사람이었다.

티나의 이야기를 주의 깊게 경청하던 디러드 박사가 입을 떼었다.

"아이와의 색칠 놀이는 재미있었나?"

나는 머뭇거리며 대답했다.

"예. 재미있었습니다."

디러드 박사가 미소를 지었다.

"시작이 좋구먼. 그리고 어떻게 되었지?"

나는 티나의 증상과 행동, 이것을 본 어른들의 우려를 이야기하기 시작했다.

"아니, 아니. 그런 건 됐어. 아이에 대해서 말해 보게. 아이의 증상

말고."

"무슨 뜻입니까?"

"티나가 지금까지 어떻게 살아왔지? 어떤 아파트에서 살고 언제 잠자리에 들지? 낮에는 어떻게 지내나? 아이의 증상 말고 아이 자신에 대해 아는 것이 있나?"

나는 아이 자신에 대해서는 아는 것이 하나도 없었다.

"시간이 좀 더 필요하겠군. 아이의 증례가 아닌 아이 본인에 대해 알아보게. 아이의 삶에 대해서 말이네."

박사의 조언이었다.

이후 티나와 나는 몇 번의 진료 시간을 색칠이나 간단한 놀이를 하면서 보냈다. 그러면서 간간히 이런저런 질문을 던졌다. 티나와 같은 아이들은 나중에 커서 무얼 하고 싶으냐고 물으면 대부분 "나중에 어른이 되면요."라는 말로 시작한다. 이미 가정이나 이웃과의 실생활에서 죽음과 폭력을 너무나 많이 보아 왔기 때문에 자신이 정말 어른이 될 수 있을지 확신하지 못하는 것이다. 티나는 선생님이 되고 싶을 때도 있었고 미용사가 되겠다고 대답할 때도 있었다. 그 또래 여자아이들에게는 이렇게 마음이 금방금방 바뀌는 것이 아주 자연스러운 일이다. 하지만 여러 목표에 대해 진지하게 이야기하려 들자 크게 혼란스러워했다. 티나에게 있어 장래란 예측할 수 없는 사건의 연속일 뿐이었고, 미리 계획하고 예상하며 심지어 바꿀 수도 있다는 것을 이해하지 못했다.

티나의 어머니와 학교나 집에서의 아이의 행동에 대해서도 이야기를 나누었다. 여기에서도 아이의 일상생활을 많이 엿볼 수 있었다. 학교에서의 수업 시간은 다른 사람과 다를 바 없었으나 문제는 방과 후였다. 새라의 일이 학교가 끝나고도 몇 시간이나 지나야 끝났기 때문이었다. 새라는 아이들이 집에 돌아온 것을 전화로 확인했고 비상시에는 이웃의 도움을 받을 수 있도록 이야기해 두었지만 더 이상 성폭행의 위험을 무릅쓰고 이웃집에 아이들을 맡길 수는 없었다. 그래서 아이들은 항상 어른 없는 집에서 텔레비전을 보며 시간을 보냈다. 너무나 무료한 시간임을 잘 알기 때문에 때로 애들이 성적 행위를 흉내 내는 놀이를 해도 그저 눈감아 주어야 했다.

새라는 절대 아이들을 방치하는 엄마가 아니었지만 가족을 부양하느라 고된 일에 시달려 심신이 지쳐 있었다. 어떤 부모도 트라우마가 생긴 아이들의 정서적 문제에 닥치면 큰 스트레스를 받을 것이다. 더구나 이 가족은 함께 보내는 시간이 거의 없었다. 빈곤 가정은 대부분 거주할 곳을 잃거나 실직, 파산의 위기에 항상 노출되어 있어서 생활비나 병원비를 버는 데 급급하기 마련이었다. 어쩔 수 없는 일이었다.

티나를 처음 만난 날부터 새라는 내내 미소를 잃지 않았다. 티나가 클리닉을 방문하는 시간은 평일이었기 때문에 그녀는 항상 아이들을 모두 데리고 대기실에서 기다려야 했다. 티나는 말썽쟁이 남동생과 아기에게 눈인사를 하기 바쁘게 쪼르르 진료실로 달려 내려갔다. 동생도 치료 대상자였지만 다른 날 다른 사람과 다니고 있었다. 나는 아이들이 대기실의 뭔가에 흥미를 보이며 좀 진정되면 얼른 진료실로 돌아갔다. 아이는 작은 의자에 얌전하게 앉아 기다리곤 했다.

"오늘은 뭘 할 거예요?"

탁자 위에는 티나가 선반에서 꺼낸 여러 가지 게임, 색칠 공책, 장난감들이 가지런히 놓여 있었다. 나는 짐짓 고심하는 척하면서 탁자를 둘러보다가 게임 하나를 가리키며 말한다.

"음. 오늘은 이걸로 할까?"

그러면 티나가 크게 웃으며 손뼉을 쳤다.

"네!"

놀이를 이끄는 건 언제나 티나였다. 나는 조심스럽게 결정을 내리기 전에 먼저 깊이 생각하고 기다리는 습관을 들이도록 도와주었다. 때때로 아이는 자발적으로 어떤 사실에 대해 이야기하거나 자신이 느끼는 희망과 공포를 표현하기도 했다. 나는 가끔씩 질문을 던져 정확한 묘사를 도왔다. 그러다가 아이는 문득 정신이 난 듯 다시 게임에 집중했다. 그렇게 몇 주일이 흐르면서 나는 티나를 조금씩 이해하게 되었다.

하지만 그해 늦가을에 티나는 몇 주일이나 연속으로 상담 시간에 늦었다. 약속 시간은 한 시간뿐이었으므로 겨우 20분 만에 치료를 중단해야 할 때도 있었다. 나는 멍청하게도 스타인 박사에게 정례 브리핑을 하면서 이 사실을 언급했다. 박사는 눈썹을 치켜뜨며 나를 노려보았다. 실망한 것 같았다.

"왜 그런다고 생각하지?"

"잘은 모르겠지만 아이의 보호자가 좀 소홀해진 것 아닌가 의심됩니다."

"그런 일이 있으면 진작 아이가 반항하지 않도록 막았어야지!"

"아, 네."

입으로 그렇게 말하면서 속으로는 비명을 질렀다. 이 남자가 지금 뭐라고 말하는 거야? 그러니까 티나가 병원에 오기 싫어해서 어머니가 억지로 끌고 오느라 시간에 늦는다는 말인가?

"티나가 반항한다는 건가요, 티나의 어머니 이야기인가요?"

조심스럽게 물어보았다.

"티나의 모친은 아이들을 위험한 상황에서 방치한 경력이 있지. 아이에게 관심이 집중되는 걸 싫어하는지도 몰라. 아이를 치유하지 않고 그대로 놔두길 바라는지도 모르고."

박사가 말했다.

"오호."

대답은 했지만 머리가 복잡했다. 물론 나도 상습적으로 치료 시간에 늦으면 '저항'의 신호로 받아들이곤 했다. 하지만 이 경우는 좀 달랐다. 티나에게 도움이 되는 일이라면 무엇이든 하려는 티나의 어머니를 이런 단순한 기준으로 비난하기에는 무리가 있었다. 티나의 가족이 병원에 오려면 추운 시카고의 겨울 거리에서 오지 않는 버스를 기다리며 두 번이나 갈아타야 했다. 아기를 맡길 곳이 없어 아이들 셋을 모두 데리고 다녔고 버스 요금이 없어 돈을 꾸는 경우도 있었다. 내가 보기에 새라는 대단히 어려운 상황에서도 최선을 다하고 있었다.

어느 춥고 어두운 겨울밤에 병원을 나서다가 버스를 기다리는 티나 가족을 보았다. 캄캄한 밤거리엔 근처 가로등의 희미한 불빛에 눈송이가 간간히 어른거렸다. 새라는 아기를 안았고 티나와 남동생은 버스 정류장 온열 램프 바로 아래 나란히 앉아 있었다. 두 남매는 서로 꼭 붙어 앉아 손을 맞잡은 채 꽁꽁 언 다리를 앞뒤로 천천히 흔들었다. 얼어붙은 날씨를 이겨 보려 애쓰는 어린아이들의 다리는 땅에 닿지도 않았다. 저녁 6시 45분. 정말 추운 날이었다. 이들이 집에 도착하려면 앞으로 한 시간도 더 지나야 할 것이다. 나는 눈에 띄지 않도록 차를 길가에 붙이고 어서 버스가 오기만을 빌었다.

따뜻한 차 안에서 이들을 지켜보자니 죄책감이 들었다. 집까지 태워 주고 싶은 마음이 간절했다. 하지만 정신 의학과에서는 환자와의 관계에 일정한 거리를 유지해야 한다고 강조한다. 환자와 의사의 관계를 정의하는 엄격한 경계선이 있어야 문제가 생기지 않는다는 것이다. 나도 노이로제에 걸린 중산층 어른을 상대하는 평상시에는 이 규칙을 이해했지만 지금은 달랐다.

얼마나 시간이 흘렀을까. 결국 버스가 도착했고 나는 안도의 한숨을 쉬었다.

시간이 흘러 다시 진료 날이 돌아왔다. 이번엔 진료가 끝난 후 일부러 늑장을 부렸다. 서류 작업할 게 남아서라고 중얼거렸지만 사실은 추위에 얼어붙어 있는 티나네 가족을 보고 싶지 않아서였다. 이 엄동설한에 그 가족을 집까지 태워 주는 것이 왜 나쁜 일이란 말인가? 자꾸만 의구심이 들었다. 그것이 정말 치료에 방해가 되는 걸까? 갈팡질팡하던 마음은 자꾸만 기존 규칙을 거부하는 방향으로 기울었다. 나쁜 일일 리가 없다. 정말 신중하고 사려 깊은 행동이지 않은가. 내겐 오히려 각종 인위적인 행위보다 한 번의 호의가 갖는 치료 효과가 더 클 것 같았다.

더구나 여기는 한겨울의 시카고였다. 누구에게도 쉽지 않은 강추위가 몰아치고 있었다. 결국 나는 다시 버스 정류장에서 그 가족을 만나면 집까지 태워 주기로 마음먹었다. 그게 옳은 일이라는 확신이 들었다. 12월의 어느 밤 퇴근하던 길에 버스 정류장의 티나 가족을 만났다. 차에 타라고 권하자 가는 길에 슈퍼에 들러야 한다며 거절했다. 이미 말을 꺼낸 이상 물러설 수는 없었다. 나는 슈퍼에도 데려다 주겠다고 약속했다. 잠시 망설이던 새라는 고개를 끄덕이더니 아이들과 함께 내 차에 올라탔다.

병원을 떠나 몇 십 킬로미터쯤 달려 슈퍼에 도착했다. 새라가 아이들을 차에 두고 가도 되겠냐고 물었다.

"그럼요, 아기를 내게 주세요. 여기서 기다리고 있을게요."

나는 흔쾌히 대답했다.

티나는 10분이나 계속 라디오 음악에 맞춰 노래를 불렀고 나는 아기 엄마가 하던 것처럼 아기를 천천히 흔들면서 조용히 노래를 흥얼거렸다. 이윽고 새라가 커다랗고 무거운 짐을 들고 차로 돌아왔다.

"절대 만지면 안 돼, 알았지?"

새라는 봉투를 뒷좌석에 내려놓으며 아이들에게 당부했다.

아파트에 도착하자 온 가족이 차에서 내렸다. 새라는 한 손에 아기를 안고 다른 손에 슈퍼마켓에서 사 온 커다란 봉투와 지갑을 든 채 미처 치우지 않은 눈밭 위로 위태롭게 걸어갔다. 티나도 봉투 하나를 들고 낑낑대며 가다가 결국 미끄러져 넘어지고 말았다. 보다 못한 나는 차에서 내려 티나와 새라의 짐을 대신 받아 들었다.

"아니에요, 괜찮아요. 우리가 할 수 있어요."

새라가 극구 거절했다.

"나도 알아요. 하지만 돕고 싶어요."

새라는 어찌 해야 할지 고민스러운 표정이었다. 내 행동이 그냥 받아들여도 되는 건지 아니면 뭔가 음흉한 악의가 숨어 있는지 판단하기 힘든 것 같았다. 당황하는 그녀를 보며 나도 당황스러웠다. 하지만 내 양심에 비추어 이런 경우에는 돕는 것이 옳았다.

우리는 다 함께 아파트 3층으로 올라갔다. 새라는 현관 열쇠들을 꺼내 세 개나 되는 자물쇠를 열고 아기가 깨지 않도록 조용히 들어갔다. 여자 혼자서 배우자도 친지도 가진 돈도 없이 임시직이나 지루하고 힘든 일로 아이들 셋을 부양하는 고단한 삶이었다. 나는 짐을 든 채 문지방에 서서 조용히 기다렸다.

"짐은 탁자 위에 놓으시면 되요."

새라는 바쁘게 방으로 들어가 매트리스 위에 아기를 뉘었다. 부엌 탁자는 현관에서 겨우 두 걸음 떨어져 있었다. 짐을 내려놓으며 슬쩍 집 안을 둘러보았다. 컬러텔레비전 앞에는 허름한 소파가 있었고 작은 커피 탁자는 더러운 컵과 접시로 지저분했다. 부엌의 탁자와 의자 세 개는 모두 서로 짝이 맞지 않았고 탁자 위에는 빵 한 덩어리와 땅콩버터가 놓여 있었다. 침대 대신 방바닥에 놓인 매트리스에는 담요와 베개들이 깔끔하게 개어 있었다. 집 안은 벗어 놓은 옷과 신문지로 발 디딜 틈이 없었다. 마틴 루서 킹의 사진이 걸려 있는 벽 양옆에는 학교에서 그려 온 아이들의 얼굴이 밝게 빛났다. 반대쪽 벽에는 새라와 아기 사진이 약간 비뚤어진 채 걸려 있었다. 아파트 내부는 포근하고 따뜻했다.

새라가 어색한 표정으로 고맙다고 인사하자 나는 걱정 말라고 안심시켰다. 어딘지 모르게 불편한 분위기였다.

문으로 걸어 나가자 티나가 손을 흔들었다.

"다음 주에 뵈어요!"

그리고는 동생과 함께 마트에서 가져온 물건들을 정리하기 시작했다. 가정 환경이 넉넉한 다른 아이들보다 훨씬 성숙한 행동이었다. 그럴 수밖에 없는 상황이기도 했다.

시카고의 빈민가를 지나 집으로 돌아오면서 죄책감이 들었다. 내가 가진 넘치는 행운과 기회, 재산이 부끄러웠고 너무 많이 일한다고, 성과를 인정해 주지 않는다고 투덜댔던 시간들이 부끄러웠다. 티나를 이해하려면 알아야 할 것이 너무 많았다. 나와는 너무나 다른 세상에서 자라는 아이였기 때문이다. 그 아이의 의료적 문제도 결국 그런 환경과 관련이 있었다. 티나의 삶을 정확하게 이해할 수는 없었지만 감정, 행동, 사회, 육체적 건강에는 생활 환경이 큰 영향을 미치기 마련이었다.

처음의 흥분이 가시자 걱정이 몰려들었다. 무슨 짓을 한 거지? 환자의 집을 방문한 데다 슈퍼에 들르고 짐을 대신 들어 주기까지 하다니! 하지만 마음 한구석은 후련했다. 옳은 일을 했을 뿐이니까. 어떤 사람이라도 칼바람 몰아치는 겨울밤에 아기를 안고 어린애 둘과 서 있는 여자를 그냥 지나칠 수는 없는 법이다.

2주일 후 디러드 박사에게 내 행동을 고백했다.

"티나네 가족이 추운 밤에 버스를 기다리고 있었어요. 그냥 볼 수 없어 집에 태워다 주었습니다."

나는 초조하게 디러드 박사의 얼굴을 살폈다. 티나를 처음 만났을 때 보았던 불안한 표정이 생각났다. 이윽고 의사와 환자 간 관계의 선을 넘었다고 더듬더듬 설명하자 갑자기 디러드 박사가 큰 웃음을 터뜨렸다.

내 말이 끝나자 박사는 손뼉을 몇 번 치더니 웃으며 의자 등에 기 댔다.

"좋았어! 환자의 가정 방문은 꼭 필요한 거라고. 자, 어땠는지 말해 보게."

충격이었다. 디러드 박사의 웃음과 기쁜 표정에 죄책감에 시달리 던 지난 2주일의 초조함이 눈 녹듯 사라져 버렸다. 어땠냐는 질문에 나는 티나의 작은 아파트에 들어서는 순간 오랜 진료나 면담에서 알아 낸 사실보다 훨씬 많은 것을 확인하고 이해할 수 있었다고 대답했다.

아동 심리학 과정 첫해가 끝날 즈음 새라는 버스를 20분가량만 타면 되는 병원 근처 아파트로 이사했고 진료 시간에 지각하는 일도 사라졌다. '반항'은 애초부터 없었던 셈이다. 진료는 매주 한 번씩 차질 없이 진행되었다.

디러드 박사는 언제나 현명하게 치료 방향을 잡아 주었고 항상 고정 관념에서 벗어나 호기심을 잃지 않도록 이끌었다. 나는 여러 지도 교수의 가르침을 토대로 정서와 행동에서 나타나는 문제를 뇌 기능 장애의 증상으로 이해하고 치료 계획을 세웠다.

1987년은 아직 아동 심리학에서 신경 과학이 인정받지 못하던 시절이었다. 사실 1980년대가 되어서야 뇌와 뇌 기능 개발 연구가 본격적으로 시작되었고 뇌에 미치는 영향은 '뇌의 시대'인 1990년대부터 단독으로 임상 연구되었다. 하지만 행동의 생리학적 접근에 대해서는 심리학자나 정신과 의사 사이에 큰 대립과 반목이 존재하여, 사람의 자유 의지나 창의력을 무시하는 데다 빈곤과 같은 환경 인자도 고려하지 않으며 모든 문제를 유전적 영향으로 치부하는 기계적이고 비인간적인 방법이라는 비난이 쏟아졌다. 진화론적 발상은 더욱 격렬한 반발에 부딪혔고 많은 전문가가 신경 과학을 현재의 상태와 불안정한 인간 행동을 동물적 충동으로 합리화시켰던 인종주의나 성차별 같은 쓰레기로 매도했다.

당시 아동 심리학을 막 시작하던 나는 아직 관찰한 내용을 적절하게 해석하고 판단하기 어려웠기 때문에 기라성 같은 정신 의학자나 유명 인사, 지도 교수조차 언급하지도, 가르치지도 않는 이론을 내 생각만으로 옳다고 밀어붙일 수는 없었다.

하지만 다행히도 티나의 사례에 대해 디러드 박사를 비롯한 지도 교수들이 신경 과학 쪽으로 흐르는 내 임상 소견을 지지해 주었다. 티나의 뇌에 무슨 일이 일어난 것일까? 뇌의 어떤 차이가 아이를 또래 집단보다 더 충동적이고 산만하게 만드는 것일까? 잔인한 성폭행에 시달리던 유아기 때 급성장하는 뇌에 어떤 문제가 발생한 것인가? 빈곤의 고달픔도 영향을 주었을까? 언어 지체가 온 이유는 무엇일까? 디러드 박사를 떠올렸다. 그는 항상 자기 머리를 가리키며 말하곤 했다.

"답은 여기 어딘가에 있다고."

신경 과학을 처음 접한 것은 대학 신입생 시절부터였다. 첫 은사였던 상담 교수 세이모어 레빈 박사Dr. Seymour Levine는 유년기 스트레스가 뇌 형성에 미치는 영향을 연구하던 세계적인 신경 내분비학자였다. 그의 이 연구가 이후 내 생각의 원형이 되었다. 햇병아리였던 나는 그의 선도적인 연구 덕분에 유년 초기에 받은 영향이 평생 어떻게 뇌에 각인되는지 확인할 수 있었다.

레빈은 쥐를 대상으로 스트레스 관련 호르몬 체계를 조사했다. 실험 결과 유년기에 짧게라도 스트레스를 받으면 주요 장기의 생물적 기능이 크게 영향받는 것으로 나타났다. 생명체란 그저 틀에 박힌 기능만 수행하는 유전자 덩어리가 아니다. 굳이 진화론을 들먹이지 않더라도 모든 생물은 주위 환경에 대단히 민감하다. 새끼 쥐를 단 몇 분간이라도 마구잡이로 만져 스트레스를 주면 호르몬 체계에 변화를 일으켜 다 자란 후까지 영향을 미친다. 뇌가 발달하는 과정 중에서 중요한 특정 시기에는 짧은 스트레스 경험만으로도 충분히 상처가 남는 것이다.

정규 교육 과정을 시작하며 접한 유년기 충격 이론은 이후 배운 다양한 개념과 비교하는 기준이 되었다.

연구실에 있을 때도 티나를 비롯한 여러 아이들 생각이 머릿속을 떠나지 않았다. 그럴 때면 끝없이 자문하곤 했다. 알고 있는 것은 무엇이고 놓치는 부분은 무엇일까? 이미 알고 있는 정보에서 알지 못하는 사실을 유추할 수는 없을까? 아이들의 생활 환경을 돌아보자. 무엇이 다른가? 환자 하나하나를 생각하며 그들의 증상도 차근차근 떠올렸다. 왜 이런 행동을 하는 걸까? 어떻게 해야 고칠 수 있을까? 뇌의 작동 기전을 연구하면 그들의 문제 행동을 이해할 수 있을까? 예를 들어 부모와의 애착 관계를 신경 생물학 관점에서 연구하면 이들 사이의 문제를 해결할 수 있을까? 부모에 대한 감정을 상담자와 같은 타인에게 투영한다는 프로이트의 전이transference 이론을 뇌 기능으로 설명할 수 있을까?

분명 어떤 연결 고리가 있다. 아직 설명하거나 이해하지 못했을 뿐, 뇌 속에서 벌어지는 일과 사람의 행동이나 증상 사이에는 분명 연관성이 있다. 어차피 뇌는 모든 본능과 생각, 행동을 중재하는 기관이다. 특정 기능만을 수행하는 심장, 폐, 췌장 같은 장기와 달리 뇌는 수천 가지 복잡한 기능을 수행한다. 좋은 아이디어가 떠올랐을 때, 사랑에 빠졌을 때, 계단에서 넘어졌을 때, 계단을 오르며 헉헉댈 때, 아이들 미소에 녹아날 때, 농담에 낄낄대며 웃을 때, 배고프거나 배부를 때, 이 모든 경험과 그에 대한 반응은 바로 뇌가 조절한다. 티나의 언어 능력, 주의력, 충동, 건전한 관계 형성 등도 뇌가 담당하는 영역이다.

하지만 문제는 정확한 위치다. 뇌의 어떤 부분이 치료의 핵심일까? 어떤 뇌 영역, 신경망, 신경 전달 물질계가 통제력 부족, 발달 미비, 조직 와해 상태에 빠져 있는 걸까? 이걸 알면 티나를 치료할 수 있을까? 일단 알고 있는 부분에서 출발해야 했다.

뇌는 특이한 구조로 인해 탁월한 성능을 발휘할 수 있다. 1000억 개에 달하는 뉴런(신경 세포)의 신경교神經膠, glia 세포는 복잡하게 서로 연결되어 고도로 전문화된 체계를 구성하며 이 뉴런 사슬과 신경망이 뇌의 다양한 구조를 만들어 낸다.

우리가 볼 부분은 크게 뇌간, 간뇌, 대뇌 변연계, 대뇌 피질이다. 뇌는 낡은 집채를 복잡하게 증축한 건물처럼 중심에서 바깥쪽으로 발달한다. 뇌간과 간뇌만 있어 가장 단순한 기저부가 제일 먼저 생성되어 성장에 따라 발달한다. 이곳에서 위쪽이나 바깥쪽으로 나가면 한 층 복잡한 대뇌 변연계가 나온다. 대뇌 피질은 훨씬 더 복잡해서 가히 뇌 구조의 최고봉이라 할 만하다. 기저부 구조는 도마뱀 같은 원시 생물체와 유사하고 중간 부분은 고양이, 개와 같은 포유류와 비슷하다. 하지만 뇌 표면의 복잡한 구조는 원숭이나 유인원 같은 영장류에서만 볼 수 있다. 사람 뇌의 가장 독특한 부분인 전두엽 대뇌 피질은 침팬지와 96퍼센트 이상 일치한다.

뇌의 네 부분은 아래에서 위로, 안에서 바깥쪽으로 계층화 되어 있다. 지폐 다발을 생각해 보자. 지폐 다발을 손바닥에 놓은 다음 반으로 접어 주먹을 쥐고 엄지손가락을 편 다음 아래로 돌린다. 이 경우 엄지손가락이 뇌간이고 손가락 끝은 뇌간과 척수의 교차 부분이다. 손가락 뿌리 쪽 두툼한 부분은 간뇌에 해당한다. 주먹 안의 지폐는 대뇌 변연계, 지폐를 감싸 잡은 손가락과 손은 대뇌 피질이다. 대뇌 변연계는 주먹 속 지폐처럼 깊이 숨겨져 있어서 밖에서는 보이지 않는다. 맨 위에서 앞쪽으로 향한 새끼손가락은 전두엽 대뇌 피질이다.

네 영역은 서로 연결된 상태며 각각 서로 다른 기능을 조절한다. 뇌간은 체온과 심장 박동, 호흡, 혈압과 같은 핵심 조절 기능을 담당한다. 간뇌와 대뇌 변연계는 공포와 혐오, 사랑, 즐거움 등 행동과 관련된 감정 반응을 제어하고, 뇌 가장 바깥쪽의 대뇌 피질은 언어, 추상적 사고, 계획, 신중한 결단과 같은 가장 복잡하고 고차원적인 기능을 조절한다. 각 영역은 혼자서는 연주하지 못하는 심포니 오케스트라처럼 독자적 기능을 수행하는 동시에 전체가 조화를 이루어 동작한다.

티나는 뇌의 대부분 영역에서 이상 증세를 보인다. 수면과 주의력(뇌간), 미세 운동 조절(간뇌 및 대뇌 피질), 사회성과 관계 형성(대뇌 변연계 및 대뇌 피질)에 문제가 있고 언어 능력(대뇌 피질)이 떨어진다.

문제를 일으키는 부위가 너무 많다는 것 자체가 중요한 단서다. 즉 티나의 경우 스트레스와 위협에 대한 반응을 주관하는 신경망에 문제가 생겼다는 것이다. 내가 계속 연구해 왔던 바로 그 부분이다.

두 가지 이유에서 이 신경망의 손상이 의심되었다. 우선 여기에서 수면과 각성, 집중력, 식욕, 감정, 충동이 조절되는데 티나는 이 모든 부분에서 어려움을 겪었다. 두 번째 이유는 이 신경망이 뇌 기저부에서 다른 영역으로 직접 연결된다는 점이었다. 이런 구조를 통해 모든 감각 정보와 신호가 통합, 조합되어 뇌 전체에 전달된다. 이는 위기 상황 대응에 꼭 필요한 기능이다. 예를 들면 맹수에게 공격당하는 경우처럼 보이지 않는 적의 냄새와 소리에 신속하게 반응해야 할 때 꼭 필요한 것이다.

게다가 스트레스 반응 기전이 잘 조절되지 않거나 오작동하면 티나처럼 뇌의 네 부분 모두에서 기능 이상을 일으킨다.

내가 수년간 일해 온 기초 신경 과학 분야에서는 이 기전의 상세한 작동 원리를 연구하고 있다. 뇌 속 뉴런은 연결 부분인 시냅스에서 분비되는 신경 전달 화학 물질을 통해 세포 간 정보를 전달한다. 이 전달 물질은 열쇠와 자물쇠 같이 다음 뉴런 수용체 형태에 꼭 맞는 모양이다. 대단히 복잡해 보이는 시냅스 연결도 사실은 끝없이 이어진 뉴런 사슬에 불과하며 이것으로 생각, 감정, 동작, 감각, 지각 등 다양한 기능을 수행한다. 정신 의약품 대부분은 열쇠를 복제하듯 특정 신경 전달 물질을 흉내 낸 것으로 뇌를 속여 신경의 문을 열거나 닫아서 필요한 효과를 낸다.

나는 신경 과학의 선구자이자 정신과 의사인 솔로몬 스나이더 박사Dr. Solomon Snyder의 은사 데이비드 유프리차드 박사Dr. David U'Prichard 연구실에서 신경 약물학 박사 과정을 밟았다. (스나이더 박사 그룹은 헤로인과 모르핀 등의 마약성 물질과 반응하는 수용체를 발견하여 유명해졌다.) 당시 유프리차드 박사와 함께 연구했던 주제는 노르아드레날린이라고도 하는 노르에피네프린과 아드레날린이라는 이름으로 더 유명한 에피네프린이었다. 이 신경 전달 물질은 스트레스와 관련이 있다. 스트레스를 받으면 중앙의 청반locus coeruleus(파란색으로 인해 붙여진 이름이다.)이라는 노르에피네프린 뉴런 다발에서 전형적인 '싸우거나 달아나기' 반응이 일어나고 사실상 뇌의 모든 중요한 부분에 신호를 전달하여 스트레스 상황에 대응한다.

한번은 같은 종이지만 아주 약한 유전적 차이가 있는 쥐들로 실험을 했다. 정상적인 상황에서는 모든 쥐가 거의 동일하게 반응했지만 일부는 아주 약한 스트레스만으로도 통제력을 잃었다. 일반 조건하에서는 모든 쥐에게 미로를 학습시킬 수 있었지만 약한 스트레스를 가하자 일부 개체가 갈팡질팡하면서 정신을 놓아 버렸던 것이다. 나머지 개체는 거의 영향을 받지 않았다. 스트레스 반응이 감지된 쥐의 뇌에서는 아드레날린과 노르아드레날린 수용체에 과도한 활동이 감지되었다. 이 작은 차이가 쥐의 수용체 숫자와 민감성, 나아가 여러 뇌 영역의 전반적 기능에 심각한 변화를 불러일으켰고 결국 스트레스에 적절하게 반응하는 능력을 영구적으로[1] 손상시켰다.

티나가 유전적으로 스트레스에 '과민'한지는 증명하지 못했다. 그러나 분명 유년기의 고통스러운 위협과 성폭행이 위협에 대한 스트레스 반응 기전을 반복적으로 자극했을 것이다. 레빈의 연구에서 보면 쥐의 유년기에는 단 몇 분간의 스트레스만으로도 스트레스 반응 기전에 영구적인 변형이 온다.[2] 티나는 적어도 일주일에 한 번씩 2년에 걸쳐 성폭행을 당했으니 그 영향은 짐작되고도 남으며, 당시 경제적으로 궁지에 몰린 가족의 빈곤 스트레스까지 가세한 상황이었다. 유전과 환경 요인으로 기능 이상이 발생하는 경우 이미 유전적으로 예민한 사람이 스트레스가 큰 환경에 직면하면 그 영향은 증폭한다.

티나를 비롯한 유사 사례를 분석할수록 모든 것이 명확해졌다. 쥐 실험에서와 마찬가지로 뇌 발달이 끝나지 않은 유년기에 트라우마로 스트레스 반응 기전이 반복적으로 자극되면 뇌 전반에 걸쳐 대대적인 수용체 변형, 과민 반응, 기능 이상이 촉발된다. 티나의 증상도 분명 발달기에 받은 트라우마가 원인일 것이다. 아이의 주의력 결핍이나 충동적 행동은 스트레스 반응 기전이 바뀌었기 때문이다. 학대 상황에서는 스스로를 보호하는 방패였던 반응이 교실에서는 공격적 행동과 산만함으로 드러난다. 과도한 스트레스 반응 기전을 가진 아이는 위협적이고 그다지 호의적이지 않은 교실에서 주위 사람의 얼굴 표정을 예민하게 관찰하고, 어디서든 공격당할 것 같은 경계심을 가지고 잔뜩 긴장하여 조금이라도 위협 신호가 포착되면 금방 공격적으로 반응한다. 티나와 같은 상황에서 학대 경험과 별개로 우연히 주의력이 부족해지고 산만해졌다는 것이 말이 되는가?

티나의 차트를 다시 찾아보니 클리닉에 처음 왔을 때 심박 수가 분당 112회에 달했다. 또래 여자아이의 평상시 심박 수는 100 미만이다. 비정상적으로 높은 심박 수는 스트레스 반응 기전이 계속 작동하고 있다는 의미로 해석할 수 있다. 아이의 문제가 학대로 인한 뇌의 반응에 기인한다는 증거였다. 티나의 병명은 ADD가 아니라 PTSD인 셈이다.

3년이 지나면서 아이는 뚜렷하게 호전되었다. 학교에서 더 이상 '부적절한' 행동을 지적당하지 않았고, 숙제를 해가고 수업을 따라갔으며 친구와의 싸움도 없어졌다. 언어 능력도 향상되었다. 사실 그동안 교사는 물론 엄마조차 아이의 말을 제대로 알아듣지 못해 발음을 교정해 주는 사람이 없었다. 이제 목소리가 커지면서 말문이 터지자 적절한 발음 교정을 받게 되었다.

집중력도 좋아지고 충동적 행동도 줄어들었다. 사실 호전 속도가 너무 빨라 더 이상 지도 교수들과 치료 논의조차 할 필요가 없었다.

치료 시간에는 언제나 티나가 놀이를 주도했지만 나는 가능한 모든 방법을 동원해서 아이의 자존감을 북돋워 주고 더 적절하게, 더 합리적으로 행동하도록 이끌었다. 아이들은 주위 환경에서 명시적으로, 또는 간접적으로 충동 조절이나 의사 결정 방법을 배워 나간다. 하지만 티나는 주위에서 직접, 간접적 학습을 할 기회가 전혀 없었고 본을 보여야 할 어른들은 그저 눈앞의 일에만 대응하며 살아왔다. 아이는 치료 시간 내내 지속적인 관심 속에서 부족했던 교육을 받았다. 예를 들어 처음 티나는 차례라는 개념이 없어 기다리지 못하고 충동적으로 행동했지만 게임을 할 때마다 행동 전 잠시 멈추도록 유도하자 점점 나아졌다. 나는 학교에서의 눈부신 발전을 보며 치료 성공을 자축했다.

그러나 내가 새로운 일을 구해 클리닉을 떠나기 2주일 전, 열 살이

된 티나가 학교 상급생과 구강성교를 하다가 발각되었다. 실상 아이의 행동은 교정된 것이 아니라 성적 행위와 같은 문제 행동을 좀 더 잘 숨기고 충동을 조절하게 되었을 뿐이었다. 그래서 다른 사람이 보기에 적절하게 처신할 수 있었지만 내면의 트라우마를 극복하지는 못했던 것이다.

나는 크게 실망했고 혼란스러워졌다. 몇 년이나 적극적으로 매달렸던 치료였고 정말 좋아진 것처럼 보였는데 허사가 되다니 너무 허무했다. 어떻게 된 걸까? 왜 아이를 바꾸지 못한 걸까?

티나의 유년기 트라우마와 불안정한 가정생활이 아이의 뇌에 얼마나 심각한 영향을 끼쳤을까? 임상 치료를 통해 정신 의학의 시각을 더 넓혀야 했다. 실패 이유를 알려면 먼저 아동 정신 의학에서 제기하는 궁극적인 의문에 답해야 한다. 뇌는 어떻게 동작하는가? 어떻게 발달하고 어떤 방식으로 세상을 인식하며 조직화하는가? 뇌는 그저 '삐딱해진 부분'만 바로잡으면 되는 유전적 완제품이 아니라 계속해서 내부 구조가 새로 만들어지는 복잡한 기계다. 무의식적 '저항'과 '반항'의 도가니탕이 아니라 그때그때 복잡한 세상에 반응하여 새로운 구조물을 구축하는 곳이다. 다시 말하면 뇌의 유전적 성향은 주위 환경에 따라 맞춤형으로 재탄생한다.

티나는 스트레스 반응 통제 방법을 착실하게 배워 충동 제어 능력이 크게 향상되었지만 제일 중요한 해결 과제였던 비틀리고 병든 성적 행태는 고치지 못했다. 과잉 행동을 일으키는 스트레스 반응 교정으로 일부 증상을 고칠 수는 있었지만 근본적인 기억 자체를 지울 수는 없었다. 이제 기억이 무엇인지 이해해야 했다.

기억이란 무엇인가? 보통 기억하는 내용을 물으면 이름, 얼굴, 전화번호 등을 떠올리지만 실상 이런 것은 빙산의 일각일 뿐이다. 기억은 생물체의 기본 속성으로 경험의 일부를 시간에 따라 이동시키는 능력이다. 운동을 통해 근력을 키울 수 있는 것도 근육이 가진 기억 때문이다. 무엇보다 기억은 과거 뇌가 무엇을 했는지, 우리를 어떻게 만들어 왔는지에 대한 기록이며 이런 과거를 토대로 미래의 행동을 결정한다. 중요한 기억들은 우리의 현재 모습에 결정적 영향을 미친다. 티나의 경우에는 성적 학대의 기억이 대단히 큰 부분을 차지하고 있다.

아이의 조숙함과 남성에 대한 과도한 성적 반응은 명백히 학대로 인한 것이다. 서로 다른 신경 반응이 동시에 반복적으로 나타나면 뇌는 두 사건에 대해 '연상 작용'을 일으킨다. 소방차가 나타날 때마다 곧이어 사이렌 소리가 들리는 일이 반복되면 서로 다른 신경 다발인 시각과 소리 관련 신경망 사이에 새로운 시냅스가 생겨 둘을 연결하게 된다. 일단 시각과 청각 신경망 사이에 연결 고리가 생기면 둘 중 한쪽만 자극해도 다른 부분이 함께 활성화된다. 사이렌 소리만 들어도 자동으로 소방차 모습이 떠오르게 되는 것이다.

이 강력한 연상 작용은 뇌 속에서 일상적으로 일어나며, 유입되는 청각, 시각, 촉각, 후각과 같은 감각 신호를 다 같이 묶어 특정한 사람, 장소, 물건, 움직임에 대한 전체 상을 만들어 낸다. 이 연상 과정에는 언어와 기억 능력이 필수적이다.

기억이란 온통 빈틈투성이다. 이것은 정상인으로 살아가려면 꼭 필요한 일이기도 하다. 뇌는 일상적이고 예측 가능한 일상을 머릿속에서 걸러 내 과부하가 걸리지 않도록 보호한다. 일례로 운전 중에는 저절로 자동차나 도로에 대한 이전 경험을 믿고 의지한다. 그러지 못하고 감지되는 모든 감각과 상황에 신경을 곤두세운다면 금방 지쳐 사고를 일으키게 될 것이다. 뇌는 현재 유입되는 정보를 유사한 상황과 감각이 저장된 과거의 정형화된 형태(템플릿)인 '기억'과 계속 비교하여 새로운 것인지, 주목해야 하는지 판단한다.

도로를 달리는 동안 뇌의 운동 전정계vestibular system는 계속 운전자의 현재 위치를 알려 주지만 그 정보가 새 기억으로 저장되지는 않는다. 뇌에는 예전 차량 운행 시 경험이 저장되어 있고 당시 생성되었던 신경 활동 패턴이 그대로 적용된다. 새로운 자극이 없기 때문이다. 그저 지난번과 동일한 일상적인 차량 운행일 뿐이다. 덕분에 대단히 먼 거리까지 쉽게 운전해 갈 수 있다.

이것은 아주 중요한 과정이다. 과거 경험은 모두 일종의 기억 템플릿인 신경망에 저장되어 새로운 정보 해석에 이용된다. 이 템플릿은 뇌 전체에 퍼져 있는데다 가장 원초적인 기저부부터 정보가 차곡차곡 기억되기 때문에 대부분 어떤 일이 벌어지는지 의식하지도 못한다. 티나가 성인 남자 앞에서 하는 반응도 스스로는 거의 의식하지 못하는 본능적 행동일 뿐이다. 어떤 것에 놀랐을 때 미처 무슨 일인지 알아차리기도 전에 껑충 뛰어올라 본 적이 있는가? 대뇌 피질이 어떻게 할지 생각하기도 전에 뇌의 스트레스 반응 기전이 먼저 잠재적 위협 정보를 전달하여 가능한 한 빠르게 반응하는 것이다. 티나와 같이 극도의 스트레스 환경에 노출되었던 아이는 그 상황을 기억하는 인자도 마찬가지로 강력해서 의식하지도 못하는 사이 특정한 반응을 보일 수 있다.

또한 이런 이유로 유년기의 충격은 이후 어떤 경험보다 더 강력하고 오래간다. 뇌는 과거 경험에서 유사 패턴을 찾아 세상을 인식하며, 연결 고리만 일치하면 관련 패턴을 똑같이 적용하여 '평범'하거나 '예측 가능'한 상황으로 판정, 의식 세계를 잠재우고 무의식적 반응계에 넘겨준다. 아기가 처음 앉는데 성공한 순간을 생각해 보라. 아기는 엉덩이가 전해 오는 낯선 감각에 온 신경을 집중한다. 뇌는 열심히 앉은 자세의 압력 감각을 익히고 운동 전정계는 무게 균형을 인식해서 균형 잡는 법을 찾는다. 하지만 이미 앉는 방법을 터득한 후엔 특별히 불편하거나 감촉이나 모양이 이상하거나 기울어지거나 하지 않는 한 전해 오는 압력이나 몸의 균형 상태를 거의 의식하지 못한다. 이와 마찬가지로 운전할 때에도 거의 모든 것을 무의식적으로 흘려보낸다.

운전 시에는 트럭이 도로를 역주행하는 것과 같은 비정상적인 상황에서만 의식의 스위치가 켜진다. 이렇게 평범한 일을 인지하지 않고 간과해야 즉각적인 대응이 필요한 다른 돌발 상황에 빠르게 반응할 수 있다. 낯선 사건은 대개 위험하거나 낚아채야 할 기회의 신호기 때문에 신경망은 이것에 더 민감하게 반응한다.

기억과 신경 조직은 모두 패턴과 같은 반복적 자극을 통해 발달된다. 즉 반복적으로 자극된 뇌는 변화가 일어나지만 자극받지 못한 뇌는 변화하지 못한다. 이런 '사용 의존적' 발달이야말로 신경 조직의 가장 중요한 특성이다. 단순한 개념 같지만 실제로 이는 매우 광범위한 영향을 미친다.

티나와 같은 아이들을 이해하려면 이 개념을 이해해야 했다. 유년기에 성적 학대를 겪은 티나는 이 불행을 계기로 신경망이 연결되었다. 티나의 뇌는 남자에 대한 경험과 성폭행을 토대로 남자의 의미와 대응 방법에 대한 개념을 형성했다. 유년기의 경험은 주변 세상을 담는 틀을 만든다. 뇌는 매일 엄청난 양의 정보에 직면하기 때문에 일일이 정보에 신경 쓰다 지쳐 버리지 않으려면 이렇게 패턴을 사용하여 세상에 대해 예측해야 한다. 유년기 경험이 비정상이었다면 이런 예측이 아주 잘못된 행동을 야기할 수 있다. 티나의 경험상 자신보다 큰 남성은 티나나 엄마에게 섹스를 강요하는 무섭고 자기 본위적인 존재였다. 그런 남자와 관련된 냄새, 모양, 소리도 세상 인식에 사용하는 '기억 템플릿' 세트에 함께 섞여 들어갔다.

그러니 티나와 처음 만났을 때 성인 남자의 방에 홀로 남겨진 상황에서 내가 섹스를 원할 거라 생각한 건 너무도 당연한 일이었다. 학교에서 다른 아이들과 성적 행위를 벌일 때도 그저 자기가 아는 대로 행동한 것이다. 의식적으로 생각하지 않은 채 잘못 엉켜 버린 성적 템플릿의 치명적인 결함이 행동으로 표출되었을 뿐이다.

아쉽게도 겨우 매주 한 시간짜리 상담 치료만으로는 이런 신경망 결합을 고칠 수 없었다. 다른 유형의 성인 남자 역할을 제시할 수는 있었다. 나는 최선을 다해서 아이에게 성적 행동이 적절하지 않음을 알렸고 충동에 저항하도록 도왔다. 하지만 반복된 유년기 경험으로 어린 뇌에 새겨진 템플릿 패턴을 그리 쉽게 바꿀 수는 없었다. 유년기 트라우마로 인해 삶과 기억이 뒤틀린 아이를 치료하려면 뇌의 반응 기전과 변화 모습에 대해 더 많이 알아내야 했다.

| 2장 |
예쁜이, 널 위한 거야

트라우마로 인한 과민 반응

"날 좀 도와줘요."

일리노이 주 쿡 카운티의 공공 후견인인 스탠 워커(가명)였다. 당시 아동 심리학 과정을 수료한 뒤 시카고 대학 조교수였던 나는 클리닉에서도 일하고 연구실도 운영했다. 때는 1990년이었다.

"다음 주 이 건에 대한 공판이 있을 겁니다."

그가 설명하는 살인 사건은 끔찍했다. 샌디라는 세 살짜리 여자애가 엄마의 살해 장면을 목격했고 1년쯤 지난 지금 검찰 측이 증언을 요구한다는 것이다. 스탠은 솔직히 아이가 견뎌 낼 수 있을지 걱정된다면서 내가 법정에 가기 전에 아이를 도와줄 수 있을지 물었다.

"견뎌 낼 수 있을지 걱정된다고요?"

나는 혀를 찼다.

"그렇게라도 생각해 주시니 고맙네요."

스탠은 이 소송 진행 중 아이를 보호하고 대변해야 할 후견인 Guardian-ad-litem이었다. 시카고가 위치한 쿡 카운티에서는 공공 기관 정직원이 아동 보호 서비스CPS, child protective services 프로그램의 아이들을 대리한다. 다른 지역에서는 대부분 선임 변호사가 이 역할을 수행하는데 아동법에 대해 아무런 교육도 받지 않은 경우가 많다. 쿡 카운티는 변호사가 이 업무에 전념하면 아이들과 학대를 더 잘 이해하여 법정에서 더 유능하게 처신할 수 있을 거라 생각하고 전담 직원을 두었지만, 아동 보호 시스템의 다른 부문들과 마찬가지로 업무는 항상 과중했고 예산은 항상 부족했다.

"아이의 임상의는 누군가요?"

그래도 아이를 오래 지켜봐 온 전문가가 나보다 더 낫지 않을까 하는 생각이었다.

"임상의는 없는데요."

스탠이 대답했다. 조짐이 좋지 않았다.

"임상의가 없다고요? 지금 아이가 어디에서 생활하는데요?"

조심스럽게 물어보았다.

"솔직히 말하면 잘 몰라요. 현재 어떤 위탁 가정에 있지만 검사 측과 아동 복지부에서는 신변 안전을 위해 아이를 철저히 숨기고 있거든요. 지금 경찰에 용의자를 지목해 줄 수 있는 사람은 아이뿐이고 조직 폭력배인 용의자는 청부 살인업자입니다."

설상가상이었다.

"고작 세 살짜리 아이의 증언에 효력이 있었던 겁니까?"

목격 증언은 앞서 설명한 서술식 기억의 특성 때문에 법정에서 쉽게 무력화된다. 특히 기억이란 시간이 지남에 따라 원하는 대로 채워 넣어지곤 한다. 하물며 네 살 아이에게 세 살 때 일을 증언하라고 요구한다고? 검사가 묘안을 내놓지 않으면 변호사는 분명 샌디의 증언을 손쉽게 깔아뭉갤 것이다.

스탠이 조심스럽게 설명했다.

"음…… 하여간 아이는 용의자를 잘 알고 있습니다. 거침없이 그의 행위를 설명했고 여러 사진 중에서 정확하게 지목했거든요."

나는 지푸라기라도 잡는 심정으로 그동안 밝혀진 추가 증인이나 증언이 없냐고 물었다. 다른 증거가 충분하면 굳이 아이를 정신적 충격이 증폭될 증언대에 세우지 않아도 된다.

스탠의 말에 따르면 다른 증거도 충분했다. 무엇보다 용의자는 살인 현장에 수많은 증거물을 남겨 놓았고 옷에도 아이 엄마의 피가 묻어 있었다. 범행 후 국경을 넘어 도망쳤지만 경찰에 붙잡혔을 당시 신발에까지 피가 튀어 있는 상태였다.

"아니 그런데 왜 샌디가 증언을 해야 된다는 겁니까?"

내게 이미 아이의 일은 남의 일이 아니었다.

"그게 좀 이해가 안 가는 부분입니다. 일단 폐쇄 회로 화면으로 증언하게 해주거나 최소한 법정 증언을 준비할 시간이라도 달라고 요청해 놨습니다."

그러고는 살인 사건에 대한 세부 사항, 그 과정에서 아이도 다쳐 입원했다는 것과 이후 전전했던 위탁 가정에 대해 늘어놓았다.

이야기를 듣는 내내 마음속이 복잡했다. 당시 나는 맡은 일이 너무 많아 항상 피곤에 절어 있었던 데다 법적인 문제나 변호사와의 입씨름에는 전혀 소질이 없었다. 하지만 스탠의 이야기는 점점 더 최악으로 치달았다. 아동 복지부는 물론 사법 체계의 모든 사람이 아이에게 미칠 정신적 충격에 대해서는 완전히 무지했다. 최소한 한 사람이라도 아이를 도와야 했다.

"그럼 정리해 볼까요."

내가 어렵게 입을 열었다.

"그러니까 세 살짜리 여자애가 자기 엄마의 강간과 살인 현장을 목격했다는 거죠. 범인은 아이의 목도 흉기로 두 번이나 그은 후 그대로 도주했고요. 아이는 엄마의 시체 옆에 쓰러져 열한 시간이나 피를 흘리고서야 겨우 병원으로 이송되어 상처를 치료받았고, 병원의 의사는 아이의 정신 감정과 치료를 의뢰했습니다. 하지만 아이는 퇴원 후 곧 주 정부의 보호하에 위탁 가정으로 보내졌고 담당 사회 복지사는 정신과 의사 같은 건 생각도 하지 않았다는 거네요. 그래서 의사의 권고에도 불구하고 그 어떤 정신과 상담이나 치료도 받지 못한 채 아홉 달이나 몇몇 위탁 가정을 전전했고요. 도망자 신세였을 테니 위탁 가정 사람들에게조차 제대로 사정을 이야기하지 못했겠죠. 맞나요?"

"네, 그런 사정일 겁니다."

묘사한 모든 상황이 너무나 적나라하고 비참해서 목소리에 낭패감을 감출 수 없었다.

"그럼 이제 공판까지 겨우 열흘 남은 거군요. 이런 상황인 것을 이미 알고 있었습니까?"

"네."

멋쩍은 대답이 돌아왔다.

나도 모르게 한숨이 나왔다.

"언제 아이를 볼 수 있을까요?"

"사실 저도 이제야 사건 파일을 열어 본 거라서요. 잠시만요."

나는 결국 참지 못하고 한마디 내뱉었다.

"그러니까 그 사무실에서는 아무도, 정말 아무도 아이의 정신 감정이 필요하다는 생각을 못했다는 거죠?"

난처한 표정이었다.

"사실 공판 소식을 듣고서야 검토하기 시작했습니다. 이 건 말고도 처리해야 할 일이 산더미 같습니다."

나도 그런 상황을 이미 알고 있었다. 고위험군 가족이나 아이들의 일을 처리하는 공공 기관은 언제나 과중한 업무에 짓눌려 있다. 아동 정신 건강 클리닉 수업을 받던 시절, 클리닉에 들어오는 아동의 30퍼센트 이상이 특수 교육과 소년 사법 제도의 관리를 받는 아이들이었는데도 이상하게 아동 보호 체계에 대한 이야기는 거의 듣지 못했다. 사법 체계와 교육 간의 관점 차이가 너무 심했던 것이다. 그런 상황이 얼마나 아이들에게 파괴적인 결과를 초래하는지 이제야 알 것 같았다.

"아이를 언제 어디에서 볼 수 있습니까?"

내가 물었다. 이젠 어쩔 수 없었다. 다음 날 법원 사무실에서 샌디를 만났다.

사실 스탠이 내게 온 것은 의외였다. 그해 초 '부당 행위 정지 명령'을 보냈던 장본인이기 때문이었다. 네 단락에 걸친 긴 편지에서 그는 거주 치료 센터의 아이들에게 정신 건강 상담을 진행하던 중 아이들의 '통제'에 왜 클로니딘이라는 의약품을 사용했는지 즉시 타당한 이유를 제시하라고 요구하면서 제대로 설명하지 못하면 즉시 이 '실험적' 치료를 중지해야 할 것이라고 엄포를 놓았다. 편지에는 후견 변호사라는 공적 자격으로 스탠 워커의 이름이 서명되어 있었다.

나는 즉시 그에게 약을 사용한 이유와 왜 처방을 중단하면 안 되는지를 설명했다. 거주 치료 센터 아이들은 주 정부의 골칫거리 중 하나였다. 여기에는 심각한 행동 및 정신적 문제로 인해 양부모 집에서 '적응에 실패한' 100여 명의 사내아이가 머물러 있었다. 연령대는 일곱 살에서 열일곱 살까지 다양했지만 누구나 평균 십여 군데의 위탁 가정을 거쳐 온 경력이 있었다. 즉 대부분 열 쌍이 넘는 양부모가 포기한 문제아들인 것이다. 그중 쉽게 감정이 격해지는데다 진정시키기도 힘들었던 아이 셋은 보호자나 치료사, 교사 누구에게도 적응하지 못하고 계속 문제를 일으켰다. 결국 이들은 위탁 가정, 보육 시설, 학교, 심지어 치료 시설에서도 쫓겨났다. 세상이 모두 버린 아이들의 마지막 기회가 우리 센터인 셈이었다.

현재 센터에 있거나 과거에 거쳐 간 사내아이 200여 명의 기록을 전부 검토해 보니 모두 심각한 트라우마나 학대를 경험한 아이들이었다. 단 한 명의 예외도 없었다. 대부분 여섯 가지 이상의 트라우마를 겪었고 모든 아이가 혼란스럽고 위험하며 트라우마를 야기하는 환경에서 태어나 자랐다. 아예 공포가 가득한 환경 속에서 태어났다고도 할 수 있다.

아이들은 센터 입소 전후로 여러 번 평가를 받으며 대부분 과잉행동장애, 적대적반항장애, 행동장애와 같은 십 수 가지 DSM 진단 결과가 꼬리표처럼 따라다녔다. 하지만 놀랍게도 이들의 증상을 '정신적외상'이나 '스트레스성장애'로 판단하는 경우는 매우 드물어서 이들의 트라우마를 진단과 관련짓지 못했다. 티나도 마찬가지였다. 가정 내 폭력의 기나긴 역사에도 불구하고 부모의 비명횡사나 질병사, 육체적 학대, 성적 학대를 비롯한 지나치게 스트레스를 주는 여러 가족 관계가 무시되는 일이 많았다. 그 결과 외상후스트레스장애 진단을 내리는 일은 거의 없었다. 심지어 PTSD는 유사한 증상에 대해 가능한 여러 진단을 나열하고 하나씩 제외하는 '변별 진단'에도 포함되어 있지 않았다.

당시 외상후스트레스장애는 비교적 새로운 개념이었다. 1980년대 DSM 진단 체계에 퇴역한 베트남 참전 군인에게서 발견되는 증후군이 처음 소개되었다. 이들은 심한 불안감과 수면 장애, 전쟁 중 발생했던 사건이 끊임없이 반복되는 시도 때도 없는 '회상'으로 고통을 겪었다. 신경질적이거나 아주 작은 위협에도 과도한 공격 반응을 보이는 경우가 많았고, 악몽에 시달리고 총소리 같은 큰 소음을 들으면 곧장 남아시아 정글로 돌아간 착각에 빠지곤 했다.

일반 정신 의학 수업에서도 PTSD로 고통받는 퇴역 군인을 만났다. 아직 초기였음에도 불구하고 강간이나 자연재해 등 다양한 트라우마를 경험한 성인에게 PTSD가 빠르게 퍼져 나갔다. 특히 놀라운 것은 PTSD에 시달리는 성인의 경우 당시 충격이 비교적 짧은 경우에도 (보통 최대 몇 시간 정도) 그 영향은 몇 년, 심지어 몇 십 년 후까지 행동에 영향을 미친다는 사실이었다. 겨우 몇 분간의 스트레스로도 평생 뇌 손상을 입는 세이무어 레빈의 새끼 쥐 실험을 연상시켰다. 그러니 어린아이의 경우 이런 트라우마 경험의 영향이 얼마나 크겠는가!

이후 정신 의학 일반 레지던트 과정을 밟으면서 본격적으로 PTSD를 앓는 퇴역 군인을 대상으로 스트레스 반응 기전[1]에 대해 연구했다. 이들의 스트레스 반응 기전은 반응성이 너무 강했고 '과민했다.' 즉 아주 작은 스트레스 요인에 노출되어도 엄청난 위협에 직면한 것처럼 반응했다. 스트레스 반응에 관여하는 뇌 체계가 지나치게 활발해진 나머지 말 그대로 다 타버려서 보통은 쉽게 중재할 수 있는 기분, 사회적 관계, 추상적 인지 등 다른 기능의 통제력이 손상된 경우도 있었다.

센터의 사내아이를 치료하던 시기에도 스트레스와 관련된 신경 전달 물질 체계가 어떻게 발달하는지에 대한 연구는 멈추지 않았다. 아드레날린, 노르아드레날린은 물론 세로토닌, 도파민과 내인성 진통제로 알려진 엔케팔린, 엔도르핀도 연구했다. 세로토닌은 프로작이나 졸로프트와 함께 항우울 효과로 잘 알려진 물질이고, 도파민은 코카인이나 암페타민 같은 마약에 '취했을 때' 쾌락과 자극을 일으키는 화학 물질이며, 체내에서 합성되는 오피오이드는 헤로인, 모르핀과 같은 효과를 발휘한다. 이런 화학 물질은 몸이 싸우거나 도망치는데 필요한 아드레날린, 노르아드레날린, 자신감과 목표 달성 능력을 부여하는 도파민과 함께 스트레스 대응에 중요한 역할을 수행한다. 세로토닌의 작용은 사실 명시하기 더 어렵다. 하지만 오피오이드는 스트레스나 위협에 대응할 수 있도록 마음은 진정시키고 긴장을 완화하며 고통을 줄여 준다.

나는 티나의 증상 중 과각성스트레스반응hyperaroused stress system의 일종으로 판단되는 주의 집중력 저하와 충동성과 같은 스트레스 반응을 진정시키기 위해 약물 치료를 시도했다. 가장 오래되고 안전한 약물로 인정받고 있는 클로니딘은 일반적으로 평소 혈압은 정상이지만 스트레스를 받으면 급상승해서 고혈압 증상을 보이는 사람에게 처방되었고 이런 일련의 반응을 '진정시켜 주는' 효과가 있었다. 예비 연구에 의하면 이 약물은 참전 군인의 PTSD와 관련된 과각성 증상 완화에도 도움을 주었다. 거주 치료 센터에 머무는 남자아이 중 상당수가 항상 부산하고 스트레스 반응이 지나치게 강했는데 나는 이런 신체 증상에 대해 후견인의 허락을 받아 클로니딘을 처방했다.

이 약물은 많은 경우 효과가 있었다. 약 복용 후 몇 주일 이내에 아이의 심박 수가 낮아지고 수면 장애가 개선되면서 집중력이 올라가고 충동적 행동이 줄어들었다. 사회적 상호 작용 능력이 좋아지면서 아이의 성적이 올라가는 경우도 많았다. 당연한 일이었다. 약물의 효과로 과각성 스트레스 반응이 줄어들면서 위협 신호에 점차 둔감해지자 학습 교재나 일상의 사회적 신호에 좀 더 집중할 수 있었고, 그 결과 학교 성적이 올라가고 대인 관계가 개선되었다[2](상세한 내용은 부록의 그림 3 참조).

나는 이미 과거 스탠 워커와 부딪혔을 때 이 모든 것을 설명한 적이 있었다. 그러자 그는 놀랍게도 자신의 반대 의견을 모두 철회하고 트라우마와 아이들에 대한 정보를 더 요청해 왔다. 아쉽게도 당시에는 이 주제에 대한 기록이 그다지 많지 않았기 때문에 몇 편의 논문과 내가 직접 쓴 글들을 보냈고, 이후 아무런 회신이 없었다. 그러다가 갑자기 스탠의 전화가 걸려왔던 것이다.

다음 날, 나는 면담 준비를 하면서 아이가 목격한 범죄를 아이의 관점에서 상상하려 애썼다. 9개월 전, 아이는 피로 뒤범벅 된 채 살해된 엄마의 벌거벗은 시체 옆에서 훌쩍이고 있었다. 네 살도 채 되지 않은 어린아이였다. 이후 이 아이는 절대 지울 수 없었을 끔찍한 영상을 매일매일 어떻게 견뎌 왔을까? 어떻게 하면 아이가 어른에게조차 위협적인 경험을 파헤쳐 검증하고 반증하며 치열하게 대립할 법정의 증언을 대비할 수 있을까? 증언 후 아이는 어떤 상태가 될까?

솔직히 말해서 아이가 지금까지 정신적 충격을 어떻게 견뎌 왔는지 놀라웠다. 그 조그만 꼬마가 끔찍한 트라우마로부터 어떻게 자신을 보호할 수 있었을까? 대체 곤경에 빠진 아이를 취급하는 전문가가 이 아이에게 도움이 필요하다는 것을 몰랐다니, 진정 제정신인가?

불행히도 당시 아이와 트라우마에 대한 일반적인 생각은 '아이들은 금방 회복된다.'는 것이었다. 트라우마 대응팀을 처음 발족했던 동료와 함께 살인 현장에 간 적이 있다. 범죄나 사고 현장을 처음 수습하는 사람들을 돕기 위한 단체였다. 초기 대응팀, 즉 경찰, 의료 요원, 소방수 등의 눈앞에는 매일같이 끔찍한 죽음, 상해나 파괴의 현장이 펼쳐지기 마련이어서 정신적으로 큰 충격을 받을 수 있다. 동료는 이런 전문가를 돕는 자신의 역할에 상당한 자부심이 있었다. 살인 현장에는 아직도 소파와 벽에 핏방울이 어지럽게 뿌려져 있었다. 그런데 갑자기 구석에서 좀비처럼 서 있는 아이들 셋이 눈에 들어왔다.

"저 아이들은 뭐죠?"

아이들은 모두 피투성이였다. 살인 현장을 목격했을 터였다. 그는 고개를 들어 아이들을 쳐다보고 잠시 생각하더니 대답했다.

"아이들은 금방 회복돼요. 다들 괜찮을 겁니다."

나는 감명을 받은 것처럼 고개를 끄덕였지만 마음속으로 비명을 지르고 있었다.

오히려 아이들이 어른보다 트라우마에 취약하다. 이미 세이무어 레빈의 새끼 쥐 실험에서 증명한 바 있다. 아이의 회복력은 타고나는 것이 아니라 성장 과정에서 형성되는 것이다. 뇌 기능 발달은 유아기 경험에 가장 민감하게 영향 받는다. 좋은 경험이든 나쁜 경험이든 마찬가지다. 이것이 보통 '성격 발달에 중요한' 경험이라 부르는 언어 학습, 사회적 뉘앙스, 운전 방법을 비롯한 여러 가지를 아동기에 더 쉽고 빠르게 습득하는 이유다. 아이의 회복력은 유아기에 경험한 스트레스와 양육 패턴의 결과다. 이것에 대해서는 책의 뒷부분에서 상세하게 설명할 것이다. 이 때문에 어릴수록 트라우마로 인한 장애도 더 빠르고 쉽게 입는다. 처음에는 잘 알아채지 못해도 일단 트라우마가 아이에게 어떤 흉터를 남기는지 알고 나면 도처에서 그 후유증을 알아볼 수 있다.

당시 신경 생물학 메커니즘을 연구 중이었기 때문에 스트레스에 대한 회복력과 취약성의 연관성을 알고 있었다. 약물은 흥미롭게도 신경망을 자극했다. 매우 중요한 사실이었다. 감작感作(생물체에 어떤 항원을 넣어 그 항원에 대해 민감하게 만드는 일 ― 옮긴이)과 내성이라는 두 효과는 사람의 마음과 반응을 이해하는데 큰 도움을 준다.

특정 자극에 대해 감작되면 이후 유사한 자극이 왔을 때 민감도가 증가한다. 유전적으로 스트레스에 민감하거나 스트레스에 노출된 경험 때문에 민감해진 베트남 파병 병사나 쥐에게서 보이는 현상이다. 뇌가 민감해지면 작은 스트레스 원인에도 과도한 반응을 일으킨다. 반대로 내성은 반복될수록 이런 반응을 진정시킨다. 두 가지 모두 기억의 기능적 측면에서 중요한 요인이다. 익숙해진 경험에 대해서도 내성이 생기지 않는다면 날마다 새로운 일투성이 일 것이고 결국 뇌는 너무 지쳐 버린다. 그러면 곧 뇌의 저장 용량이 초과되어 구식 컴퓨터처럼 고장나 버릴 것이다. 마찬가지로 어떤 일에 대해 점점 더 민감해지면 더 현명하게 반응하는 법을 배우지 못한다.

흥미롭게도 하나의 약을 같은 양만큼 복용하는 것으로 두 가지 효과를 모두 얻을 수 있다. 약물의 사용 패턴이 달라지면[3] 정반대의 결과가 나오는 것이다. 예를 들어 쥐나 사람이 코카인이나 헤로인을 소량으로 자주 복용하면 도파민과 오피오이드 분비 기전이 활성화되어 약물이 힘을 잃는다. 이런 현상이 중독이다. 중독되면 내성이 생겨서 약을 더 많이 써야 동일한 수준으로 취할 수 있다. 반대로 동물에게 일일 정량을 주되 복용 간격을 멀리 하면 약물의 효과가 더 강해진다. 약한 효과만 보이던 약물을 2주일 후 동일한 분량만큼만 복용해도 상당한 과잉 반응을 일으킬 수 있다. 따라서 이 경우 과용이라고 할 수 없는 용량으로도 약물에 지나치게 감작되어 발작을 일으키거나 심지어 사망할 수도 있다. 슬프게도 약물을 더 자주 찾는 중독자의 행동은 내성을 키우는 패턴이어서 시간이 갈수록 원하는 만큼 취할 수 없게 되는데, 반대로 코카인으로 인한 피해망상 같은 약의 부작용은 감작된다.

마찬가지로 스트레스에 대한 회복력이나 취약성은 이전 경험으로 인한 신경망의 내성이나 감작 정도에 따라 달라진다. 이런 효과 때문에 스트레스와 트라우마는 완전히 다르며, 티나와 샌디 같은 아동을 대할 때에는 둘 사이의 차이를 잘 이해해야 한다. 체육관에서는 사용하지 않으면 퇴화한다는 말을 자주 듣는다. 근육은 움직이지 않으면 약해지고 자주 사용하면 더 강해진다. 이것을 '사용 의존성use-dependence'이라고 한다. 마찬가지로 뇌의 신경망도 많이 사용할수록 시냅스가 더 많이 연결되고 유지된다.

패턴화한, 반복적인 행동이 근육 세포에게 '이 수준으로 작업하라.'는 신호를 주면 해당 세포는 그 작업에 적합하도록 분자 수준의 변화를 일으켜 근육이 발달한다. 하지만 이런 변화가 일어나려면 패턴화한 반복 행위가 반드시 필요하다. 11킬로그램짜리 아령을 서른 번 들어 올리는 근육 운동을 연속 세 번 반복하면 근력을 강화시킬 수 있다. 하지만 아령 운동을 불규칙하게 하면 똑같이 하루 서른 번을 한다 해도 근육에 전달되는 신호가 일관성 없이 혼동되어 근육 세포를 단련시키기 힘들다. 동일한 총중량을 동일한 패턴으로 반복 운동해야만 만족할 만한 결과가 얻어진다. 따라서 효과적인 '기억'을 만들어 근력을 증강시키려면 동일한 패턴의 운동을 반복적으로 해야 한다.

이 원리는 신경 세포, 신경망, 뇌에도 동일하게 적용된다. '경험의 패턴화'가 핵심이다. 세포 단위로 보면 다른 조직은 패턴화한 반복적 신호에 응답하여 변화를 일으키기에 적합하지 않다. 사실 신경 세포는 바로 이런 일을 하기 위해 만들어진 것이고 이런 과정을 통해 '기억'이라는 신비한 현상을 선물한다. 시냅스가 서로 연결되면서 먹거나 타자를 치고 사랑을 나누거나 야구공을 던지는 모든 활동이 가능해진다. 뇌 속에 거미줄 같은 신경망이 복잡하게 얽히면서 이 모든 일을 주관한다.

하지만 근육이나 뇌가 일을 하려면 먼저 이들에게 '스트레스'를 주어야 한다. 생명체는 균형을 유지하려는 속성이 있다. 제대로 기능하려면 모든 상태를 현재 활동에 적합한 특정 범위 내로 제한하여 유지해야 하며, 바로 뇌가 이런 평형 상태를 유지하는 기능을 담당한다. 실제 경험은 스트레스 요인이고 이것에 대한 생물체의 영향이 스트레스다. 운동 중 탈수 상태에 빠지면 이 스트레스로 인해 갈증을 느끼고 뇌가 몸에게 필요한 음료를 가지러 가라고 명령한다. 마찬가지로 아이가 새로운 단어를 배울 때에도 대뇌 피질에 작은 스트레스가 가해지고 정확하게 생각해 내려면 반복적 자극이 필요하다. 스트레스가 없다면 몸은 신경 써야 할 새로운 것이 무엇인지 알 수 없게 된다. 즉 스트레스가 항상 나쁜 것은 아니다.

사실 예측 가능하고 패턴화한 적정 수준의 스트레스는 생물체를 더 강하고 잘 기능하도록 만든다. 이 때문에 과거 적당한 스트레스를 여러 번 견뎌 낸 근육일수록 더 강한 힘을 발휘한다. 뇌의 스트레스 반응 기전에도 같은 원리가 적용된다. 적당하고 예측 가능한 자극에는 스트레스 반응 기전도 적절하게 활성화되어 회복력을 뛰어나게 해주고 유연한 스트레스 반응 능력을 길러 준다. 과거 패턴화한 적당한 스트레스를 여러 번 견뎌 낸 반응 기전이 스트레스에 더 잘 견디는 것이다.

하지만 이것이 전부는 아니다. 체육관에 처음 가자마자 100킬로그램짜리 역기를 들어 올린다면, 설사 어찌어찌 애써서 들어 올리는 데 성공한다 해도 근육이 강화되기는커녕 오히려 찢어지거나 다치기 십상이다. 즉 경험의 패턴과 강도도 고려해야 한다. 체육관에서 등 근육을 무리하게 혹사하거나 뇌의 스트레스 네트워크가 트라우마를 초래할 정도의 스트레스에 맞닥뜨렸을 때와 같이 신체에 과부하가 걸리면, 즉 감당할 수 있는 수준 이상으로 움직이면 심각한 기능 악화나 손상, 기능 장애를 초래할 수 있다.

트라우마가 될 강력한 스트레스도 과거에 패턴화한 적당한 경험으로 강화 효과를 본 사람은 견뎌 낼 수 있다. 훈련받지 않은 사람은 움직이지도 못할 엄청난 무게를 가뿐하게 들어 올리는 보디빌더처럼 미리 단련된 사람은 정신에 장애를 일으키는 트라우마 사건도 잘 다룰 수 있게 된다. 이 경우 다른 무엇보다 타이밍과 반응이 가장 중요하다. 편모슬하의 두 살짜리 아기가 겪는 부모의 죽음은 자녀까지 둔 마흔 살의 남자가 겪는 부모의 죽음에 비해 훨씬 더 심각한 트라우마가 된다.

티나나 센터 남자아이들이 겪은 스트레스 경험은 해당 연령대의 아동이 견딜 수 있는 정도를 훨씬 넘어섰다. 적절하지도, 예측 가능하지도 않았으며 스트레스 반응 기전을 자극받을 수도 없었다. 예측할 수도 없고 끝도 없는 극단적인 경험에 시달린 이들의 어린 생명에는 씻을 수 없는 흉터가 남았다. 하지만 샌디에게도 같은 일이 벌어진 것인지 알 방법은 없었다.

아이를 만나기 전, 나는 샌디의 배경과 과거에 대해 가능한 한 자세히 알아내려 애썼다. 현재 위탁 부모와 새로 배정된 사회 복지사를 면담했고 현재 가정의 다른 가족도 전부 만나 보았다. 아이는 수면 장애가 심각했고 불안 증세도 엿보였다. 이유 없이 화들짝 놀라는 반응도 점점 심해져서 과거 상담했던 적이 있는 트라우마를 겪은 베트남 퇴역 장병처럼 아무리 작은 소리라도 갑작스러운 소음을 들으면 펄쩍 뛰어올랐다. 일시적 백일몽 증세도 있었는데 다른 경우에 비해 아이를 '현실로 꺼내기가' 더 어려웠다. 과거 이력을 모르는 상태에서 아이를 진료했던 의사는 소아결신간질absence epilepsy이나 소발작간질petit mal epilepsy로 진단했다. 아이는 주변에 오가는 대화를 따라잡기 힘들어 보였다.

샌디는 공격적일 때가 많았고 번번이 짜증을 폭발시키곤 했다. 위탁 가정의 가족은 무엇이 그런 행동을 유발하는지 종잡을 수 없었다. 더구나 이 외에도 이상 행동이 있었다. 샌디는 은 식기를 절대 사용하지 않았고 칼을 대단히 무서워했다. 칼에 대한 공포는 사실 당연한 일이겠지만 우유도 마시지 않았고 심지어 우유병을 쳐다보는 것조차 소스라치게 싫어했다. 초인종이 울릴 때마다 겁에 질린 고양이처럼 어디론가 숨어 버렸고, 너무나 깊이 숨어서 20분이 지나도록 찾아내지 못한 적도 있었다. 그럴 때마다 아이는 침대 밑이나 소파 밑, 부엌 싱크대 아래에서 얼어붙은 채 흐느끼곤 했다.

회복력이란 그런 것이다. 이런 놀람 반응startle reaction은 아이의 스트레스 반응 기전이 예민해져 있음을 보여 준다. 법정 증언은 분명 악몽의 밤을 고통스럽게 되살리게 될 것이다. 아이가 그런 스트레스를 견딜 수 있는지 알아내는 것이 내 일이었다. 정말 내키지 않는 일이지만 첫 만남에서 어떤 식으로든 고통스러운 기억을 건드려서 샌디의 반응을 확인해야 했다. 약간의 고통을 미리 경험하면 훨씬 더 큰 고통에 대해서도 스스로를 보호할 수 있게 되며 심지어 치유 과정으로 들어서는 데 도움이 될 수도 있다는 것에 애써 위안을 삼았다.

샌디를 처음 만난 곳은 평범하고 단조로운 청사 내 작은 방이었다. 작은 유아용 가구, 인형, 크레파스, 색칠 공부 책과 종이가 놓여 있는, 어쨌든 '아이들에게 맞게' 꾸며진 곳이었다. 벽에는 몇몇 만화 주인 공도 그려져 있었다. 하지만 타일이 깔린 바닥과 콘크리트 블록 구조에서 여전히 '체제'의 무게가 그대로 느껴졌다. 방에 들어가니 바닥의 인형들 틈에 앉은 샌디가 눈에 들어왔다. 크레파스로 색칠을 하고 있었다. 아, 얼마나 작은 아이던가. 티나를 처음 만났을 때처럼 너무나 조그마한 아이의 모습에 충격을 받았다. 키가 120센티미터도 안 될 것 같았다. 큰 갈색 눈에, 길고 굵게 구불거리는 머리 모양을 하고 있었다. 목 양쪽에는 귀 밑부터 얼굴 앞부분까지 그어진 흉터가 선명했다. 하지만 우려했던 것보다는 그렇게 눈에 띄지 않았다. 성형 수술의 효과가 놀라웠다. 내가 스탠과 함께 걸어 들어가자 아이는 하던 일을 멈추고는 얼어붙은 채 나를 쳐다보았다.

스탠이 나를 소개했다.

"샌디, 이쪽은 전에 말해 줬던 의사 선생님이야. 너와 좀 이야기를 나눠도 되겠니?"

걱정스러운 말투였다. 샌디는 미동도 하지 않았고 잔뜩 경계하는 표정이었다. 스탠은 나를 한 번 돌아보더니 다시 아이를 향해 미소를 지으며 유치원 선생님 같은 호들갑스러운 목소리로 입을 열었다.

"좋아요, 좋아. 자 이제 둘이 재미있는 시간을 보내시길!"

그러고는 내 옆을 스쳐 나가 버렸다. 나는 스탠의 바보스러운 행동에 놀라 그저 멍하니 지켜보았다. 그는 샌디가 대답하지 않는 것에 전혀 신경 쓰지 않았다. 샌디는 여전히 무표정한 얼굴로 묵묵히 앉아 있을 뿐이었다. 나는 머리를 흔들고 어깨를 으쓱하고는 살짝 미소를 지었다. 그러자 마치 거울에 비친 것처럼 샌디도 내 행동을 똑같이 따라 했다.

옳지! 드디어 소통의 문이 열렸다! 이 정도면 괜찮은 출발인걸? 기회를 놓칠 수는 없었다. 나같이 거대한 남자가 작디작은 아이에게 성큼성큼 다가가면 분명 아이의 과민해진 반응 기제에서 요란한 사이렌 소리가 울려 댈 것이다. 아이는 이미 대단히 낯선 환경에 던져진 상태였다. 낯선 어른들, 낯선 장소, 낯선 상황의 연속이었다. 일단 아이를 최대한 진정시켜야 했다.

"같이 색칠해도 될까?"

나는 아이에게서 눈을 돌려 색칠 책만 보면서 말했다. 이럴 때는 가능한 한 예측할 수 있게 행동하여 아이가 천천히 익숙해지도록 해야 한다. 갑작스럽게 움직이는 것은 금물이다. 나는 바닥에 웅크리고 앉았다. 직접 쳐다보면 안 된다. 얼굴을 바짝 들이대지 마라. 성급해지는 마음을 애써 다스리며 크레파스를 들어 천천히 신중하게 색칠하기 시작했다. 아이에게서 몇 십 미터 정도 떨어진 곳이었다. 조금 후 차분하고 진정된 목소리를 내려 애쓰며 입을 열었다.

"빨간색은 정말 좋아. 빨간색 차로 칠할 거야."

그리고 색칠 책의 자동차 그림을 가리켰다.

샌디는 내 얼굴과 손, 느릿느릿한 행동을 노려보았다. 내가 하는 말에는 그다지 신경 쓰지 않았다. 아이의 입장에서는 이런 의심과 경계가 당연한 일이었다. 나는 한참이나 혼자 색칠만 하면서 이 색이 좋겠다는 둥 저 색으로 할 거라는 둥 수다를 떨었다. 일상적이고 친근하면서도 지나치게 '밝은' 목소리를 내지 않으려 애썼다. 스탠의 호들갑은 어른이 두려움을 숨길 때 쓰는 바보스러운 방법이다. 마침내 샌디가 먼저 분위기를 깼다. 꾸물꾸물 움직여 곁으로 조금 다가오더니 불쑥 자기가 고른 크레파스를 내밀었다. 나는 그걸 받아 색칠했다. 아이가 다시 다른 색을 내밀었고 이제 나도 수다를 그만두었다. 그렇게 우리는 함께 오랫동안 침묵 속에서 색칠만 했다.

물론 불편한 질문을 해야 하는 의무가 사라진 것은 아니지만 아이는 이미 내가 왜 거기 있는지 알고 있었고, 내가 그 사실을 깨달았다는 사실까지도 모두 이해하고 있었다. 아이의 '새로운' 삶에 등장한 모든 어른은 언젠가는 어떤 방법으로든 아이를 그날 밤으로 돌려보내야만 했으니까.

"목은 왜 그랬니?"

드디어 내가 샌디의 목 흉터를 가리키며 입을 뗴었다. 아이는 짐짓 못들은 척 표정의 변화가 없었고 그대로 색칠만 계속했다.

나는 질문을 반복했다. 아이의 몸이 경련을 일으키며 멈칫했다. 색칠하던 손을 멈추고 공허하고 흐린 눈으로 멍하니 허공을 응시했다. 한 번 더 질문했다. 갑자기 크레파스를 집어 들더니 정성껏 그리던 그림을 마구잡이로 칠해 엉망으로 만들어 버렸다. 하지만 여전히 대답은 없었다.

다시 질문했다. 진절머리 나는 일이었다. 내 질문이 아이를 고통스러운 기억으로 몰아붙이고 있었다.

샌디는 벌떡 일어나 토끼 인형을 집어 들어 귀를 움켜쥐더니 크레파스로 인형의 목을 거듭해서 그어 댔다. 목을 그을 때마다 섬뜩한 목소리로 중얼거렸다.

"예쁜이, 다 널 위해서야."

한 번, 또 한 번. 머릿속에 박혀 버린 기억이었다. 아이는 갑자기 인형을 바닥에 던지고 라디에이터 쪽으로 달려가더니 기어 올라갔다가 뛰어내리기를 반복했다. 조심하라고 소리쳤지만 듣지 않았다. 아이가 다칠까 봐 걱정된 나는 급히 일어나서 다시 뛰어내리는 아이를 낚아챘다. 아이는 그대로 내 품속에서 무너져 내렸다. 우리는 몇 분이나 그렇게 끌어안은 채 가만히 앉아 있었다. 아이의 격렬한 헐떡임이 가라앉고 마침내 멈추자 천천히 그날 밤에 대해 이야기하기 시작했다. 느리고 무미건조한 말투였다.

남자가 아파트를 찾아왔다. 엄마가 아는 사람이었다. 남자가 초인종을 울리자 엄마가 맞아들였다.

"엄마가 소리 지르니까 나쁜 사람이 엄마를 아프게 했어요."

그리고 아무런 감정이 실리지 않은 기계적인 음성으로 덧붙였다.

"내가 그 아저씨를 죽였어야 했는데."

아이는 말을 이었다.

"방에서 나와 보니 엄마는 자고 있었어요. 아저씨가 날 보더니 칼로 그었어요. 그러고는 말했어요. '예쁜이, 다 널 위해서야.'"

살인자는 아이의 목을 칼로 그었다. 그것도 두 번이나. 샌디는 그대로 넘어졌다. 한참 시간이 지난 후 정신이 든 아이는 엄마를 '깨우려' 애썼다. 냉장고에서 우유를 꺼내 꿀꺽꿀꺽 마셨지만 목의 칼자국을 통해 도로 다 흘러나왔다. 엄마에게도 먹이려 했지만 "엄마는 목이 마르지 않았다." 그 후 아이는 아무도 없는 아파트에서 열한 시간 동안 엄마 옆을 배회했다. 결국 샌디의 엄마가 전화를 받지 않는 것을 걱정한 친척이 들렀다가 이 끔찍한 범죄 현장을 발견했다.

분명 그날의 공포가 샌디를 압도하고 있었다. 아이에겐 도움이 절실했고 증언을 하려면 더 많은 시간이 필요했다. 그러므로 재판 일정을 연기해야 했다. 스탠도 동의했다.
"아이의 치료를 맡아 주시겠습니까?"
그가 물었다. 물론이지. 이젠 아니라고 말할 수 없었다.

면담을 통해 알게 된 샌디의 모습은 너무 충격이어서 수시로 마음을 어지럽혔다. 겨우 세 살짜리 꼬마 여자애가 목을 칼로 반쯤 잘린 채 끝없이 눈물과 피를 흘린다. 피투성이로 힘없이 쓰러진 나체의 엄마 옆에서 위안을 찾으며 흔들어 깨우려 하지만 결국 엄마는 차갑게 식어 간다. 얼마나 무기력하고 혼란스럽고 무서웠을까! 아이가 보인 '멍한' 증상, 내 질문에 대한 회피 반응, 사람을 피해 숨는 증상, 공포 반응 등 모든 것은 궁지에 몰렸던 트라우마가 두뇌에 그대로 각인되어 나타난 방어 기제다. 샌디와 같은 아이를 도우려면 이런 방어 기제를 이해하는 것이 대단히 중요하다.

태아에서부터 태어난 후까지, 사람의 뇌는 매일 매 순간 감각에서 입력 신호를 끊임없이 받아들이고 처리한다. 시각, 청각, 촉각, 후각, 미각의 감각 기관에서 들어온 원시 감각 데이터는 모두 뇌의 하부로 모아진 뒤 여러 단계를 거쳐 분류되고 이전에 저장된 패턴과 비교하여 필요하면 어떤 행동을 유발한다.

입력된 신호 패턴이 반복적이고 익숙하며 안전하다고 판단하면 이 패턴에 대한 템플릿이 기억 속에 깊이 각인되며 이후부터는 같은 패턴의 신호를 받아도 무시한다. 이것이 '습관'이라고도 하는 내성의 한 형태다.

사람은 이렇게 일상적이고 익숙한 패턴을 무시하는 방법으로 매일 매일 하루의 상당한 부분을 잊어 가며 산다. 이것이 이를 닦거나 옷을 입는 것 같은 반복적인 행위를 무의식적으로 해낼 수 있는 이유다.

하지만 이런 일상적인 패턴이 캠핑을 간다거나 일출 장면을 보면서 이를 닦는 등 정상 범위를 벗어나면 새롭게 기억에 저장된다. 이런 아름다운 장면의 기억은 매우 강력하여 평생 유일한 순간으로 기억하게 해준다. 감정은 삶의 어떤 지점에 대단히 강력한 표시를 남긴다. 이 경우 일출의 즐거움과 감동이 '이 닦기' 기억 패턴에 특별한 표시를 남겨 좀 더 생생하게 기억에 남길 수 있다.

마찬가지로 지진으로 집이 무너지는 순간 이를 닦고 있었다면 두

가지 사건이 강력한 연상 작용을 일으켜 마음에 남아 이후 이를 닦을 때마다 지진을 회상하게 될 것이다. 흔히 긍정적인 감정보다 부정적인 감정이 더 오래도록 기억에 남는다. 위험한 상황을 기억해 내어 이후로는 최대한 그런 상황을 피하는 것이 생존에 필요한 경우가 많기 때문이다. 쥐가 한번 죽을 뻔한 후에도 고양이를 피할 줄 모른다면 앞으로 살아남아 자손을 퍼트리기 어려울 테니까 말이다. 이런 연상 작용이 트라우마와 관련된 여러 증상을 야기한다. 이를 닦다가 집이 무너져 내린 경험을 한 지진 생존자는 이후 칫솔만 봐도 총체적인 공포 반응을 일으킬 수 있다.

샌디의 경우에는 이런 대상이 우유였다. 과거에는 마시는 음식물에 불과했던 물질이 이제는 목의 칼자국에서 쏟아져 나오고 죽어 버린 엄마가 '거절한' 액체로 새롭게 각인되었다. 지금까지는 은빛 물체가 음식을 먹는 도구였지만 이제는 죽이고 다치게 하는 공포의 물건이 되었다. 초인종 소리와 함께 나타난 살인자의 기억으로 인해 딩동 소리만 들려도 아이의 머리에는 그날 밤의 공포스러운 기억이 모두 되살아났다.

평범하고 일상적인 대상이 지속적으로 아이의 공포감을 유발하는 단초로 작용하자 아이의 경험에 대해 자세히 모르는 위탁 부모와 교사는 혼란스러울 수밖에 없었고 무엇이 이상 행동을 일으키는지조차 알아채지 못하는 경우도 많았다. 이들은 그토록 상냥하고 순하던 아이가 왜 다음 순간 충동적이고 반항적으로 돌변하여 사방을 무섭게 공격해 대는지 이해할 수 없었다. 이런 감정적 폭발은 어른들이 기억하는 당시의 상황이나 의사소통 내용과는 전혀 관계가 없어 보였다. 하지만 겉으로 보기에는 예측 불가능한 행동도 아이가 경험한 일을 알고 나면 충분히 이해가 되었다. 샌디의 머리는 그저 세상에 대해 겪은 이전의 경험을 바탕으로 아이를 보호하려던 것뿐이었다.

두뇌는 항상 현재의 입력 패턴을 과거 저장해 둔 템플릿이나 연관 관계와 비교해 본다. 비교 작업은 뇌의 가장 단순하게 생긴 하부에서 이루어지며 이전에 저장해 둔 기억 템플릿을 기억해 내는 순간 위협에 반응한다. 정보는 뇌의 아래에서 위로 이동하며 처리되기 때문에 뇌가 데이터를 다시 분석해서 좀 더 복잡하게 고려하고 재통합해 볼 수도 있다. 하지만 처음에는 오로지 하나에만 집중한다. 지금 입력된 데이터가 위험을 야기할 가능성이 있는가?

경험이 평소 안전하게 느끼는 익숙한 것이면 뇌의 스트레스 반응이 활성화되지 않는다. 하지만 입력 정보가 평소 기억하던 패턴과 다르거나 새롭고 낯설면 뇌는 스트레스 반응 기전을 작동시킨다. 스트레스 기전이 얼마나 광범위하게 작동하느냐는 현재 상황이 얼마나 위협적으로 보이느냐에 따라 달라진다. 우리의 뇌는 기본적으로 수상쩍으면 받아들이지 않으려 한다. 최소한 새롭고 낯선 활동 패턴에 직면하면 좀 더 경계심을 갖는다. 이 경우 뇌는 상황을 조사해서 좀 더 많은 정보를 얻어내 이것이 얼마나 위험한 것인지 판단한다. 사람이란 항상 다른 사람에게 매우 치명적인 동물이기 마련이어서 우리 모두는 사람이라는 위협에 대해 말투, 얼굴 표정, 몸짓과 같은 비언어적 신호를 민감하게 모니터링한다.

이런 판단 단계에서 익숙한 어떤 대상이 상황을 무시하고 새로운 활동 패턴을 유발하기도 한다. 조용한 도서관에서 책을 읽고 있는데 누군가가 무거운 책을 탁자에 쾅 집어 던졌다고 생각해 보자. 아마 즉시 독서를 중단하게 될 것이다. 그런 다음 뇌의 반응 기제가 활성화되면서 소리가 난 쪽을 돌아보고, 이것이 성가시긴 하지만 걱정할 필요는 없는 안전하고 익숙한 사건임을 확인한다. 반면 도서관에서 큰 소음을 듣고 돌아보았는데 주변 사람들이 모두 공포에 질려 총을 든 남자를 쳐다보고 있다면 뇌는 즉시 경계경보를 울려 대고 커다란 공포감에 압도당하게 된다. 하지만 얼마 후 이것이 그냥 짓궂은 학생의 질 나쁜 장난이란 게 밝혀지면 각성 단계도 천천히 안정 상태로 돌아간다.

공포 반응은 뇌가 감지한 위협 수준에 따라 등급을 매길 수 있다(부록의 그림 3 참조). 점점 더 공포에 질리면 뇌의 위험 시스템이 입력 정보를 계속 통합하고 신체의 총체적 반응을 이끌어 내 살아남을 수 있도록 돕는다. 그 뒤 감정의 폭풍이 끝나면 신경이나 호르몬계와 상호 작용하면서 뇌와 몸의 나머지 부분이 제대로 동작하도록 한다. 먼저 전두엽의 활동이 순식간에 멈추면서 해당 사건과 관계없는 일에 대한 생각이 중단된다. 그런 다음 주변의 다른 사람에게 집중한다. 변연계의 '사회적 힌트 읽기' 시스템을 인계받아 자신을 보호할 사람인지 위협하는 건지 판단하려는 것이다. 싸우거나 도망쳐야 할 때를 대비하여 심장 박동 수가 증가하여 근육으로 더 많은 피를 펌프질해 보내고, 근육 긴장도도 높아져서 배고픔과 같은 감각은 한쪽으로 밀어 둔다. 이렇게 뇌는 수천 가지 방법으로 몸의 보호 태세를 갖춘다.

침착한 상태에서는 추상적 개념을 심사숙고하거나 계획을 세우고 미래를 꿈꾸고 독서하는 등 대뇌 피질만을 이용해 뇌를 가장 고차원적으로 활용할 수 있다. 하지만 어떤 사건이 뇌의 관심을 끌어 생각에 침투하면 경계심이 높아지면서 구체화되고, 뇌의 피질부 활동 균형이 깨지면서 모든 감각이 극도로 예민해지고 필사적으로 위협을 탐지한다. 각성 단계가 공포로 넘어가면 좀 더 반응 속도가 빠른 뇌 하부에 의존해야 한다. 예를 들어 완전한 공황 상태에서는 반응이 반사적으로 이루어지며 사실상 이성의 통제에서 벗어난다. 공포는 사람을 글자 그대로 바보로 만들고 단기간에 주변 상황에 즉각적으로 반응하게 만들어 생존을 돕는다. 하지만 동시에 공포감이 지속되면 환경에 대한 적응성을 저해할 수 있다. 위협 반응은 사람을 계속 과민한 상태로 만들기 때문이다. 이런 '과각성' 반응으로 이해하면 샌디의 증상 중 많은 것을 설명할 수 있었다.

하지만 이것이 전부가 아니다. 뇌는 위협에 대한 적응 기제를 하나만 가진 게 아니다. 이 경우 샌디는 너무나 작고 무기력하며 위협에 지나치게 압도되어 맞서 싸우지도, 도망치지도 못했다. 이런 경우 심장 박동 수를 올려 근육이 어떤 행위를 하도록 준비하면 상처를 입었을 때 출혈이 더 커져서 오히려 생명이 위험해진다. 놀랍게도 사람의 뇌는 이런 상황에 대한 적응 기제도 준비해 놓았다. '해리 반응'이 그것으로, 트라우마 관련 증상을 이해할 때 꼭 알아야 하는 현상이다.

해리는 매우 원시적인 반응이다. 초기 생명체(또는 고등 동물종의 새끼)의 경우 스스로 위급 상황을 피할 힘이 거의 없다. 그러므로 누군가가 자신을 공격하거나 해칠 때 대응할 수 있는 유일한 방법은 기본적으로 조용히 쓰러져서 가능한 한 몸을 작게 웅크리고 기적을 바라며 도와 달라고 우는 것이다. 이런 반응은 가장 원시적인 뇌 조직인 뇌간과 그 인접 부위에서 나온다. 싸우지도, 도망가지도 못하는 영아나 유아의 경우 극도의 스트레스 상황에서 해리 반응을 보이는 경우가 흔하다. 남자보다는 여자에게 좀 더 자주 나타나고, 해리 상태가 지속되면 외상후스트레스 증상을 악화시킨다.

해리 상태에 들어간 사람의 뇌는 일단 상해에 대비한다. 팔다리에 혈액 공급이 줄어들고 심장 박동도 느려져서 부상을 당해도 혈액 손실이 적게 한다. 뇌에 존재하는 자연 상태의 헤로인과 같은 물질인 오피오이드가 쏟아져 나와 몸의 긴장을 풀고 고통을 없애 주며 마음을 평온하게 안정시킨다. 또한 벌어지고 있는 일에 심리적 거리감을 부여한다.

해리 반응도 과각성 반응처럼 각 단계들이 연속적으로 나타난다. 보통 상태는 백일몽을 꾸는 것과 유사하며, 잠에서 막 깨어나는 순간이 해리의 중간 정도 형태다. 최면에 걸린 것 같은 무아지경도 있다.

하지만 극단적인 해리 현상을 겪으면 현실과 완전히 단절된 채 자신의 내부로만 침잠한다. 생각을 관장하는 뇌 영역은 계획 활동을 중단하고 짐승과 같은 생존 본능으로 자기 자신만을 보호한다. 시간은 느려지고 벌어지고 있는 모든 일이 '비현실적'으로 느껴진다. 호흡도 느려진다. 고통이나 공포감조차 사라진다. 감정이 없어지고 무감각해지며 심지어 눈앞에서 벌어지는 일이 영화의 한 장면처럼 느껴지기도 한다.

하지만 트라우마를 겪을 때에는 대부분 이런 주요 반응들이 복합해서 나타난다. 사실 많은 경우 트라우마 사건이 벌어지는 도중 중간 정도의 해리 현상을 일으키면 집중력이 떨어지고 지속적인 과각성 반응이 동반된다. 전투에 나선 병사가 감정이 '마비'되어 로봇처럼 변하면 공황에 빠지지 않고 효과적으로 임무를 수행할 수 있다. 하지만 한두 가지 패턴만이 우세하게 나타나는 경우도 있다. 이렇게 나타난 패턴이 반복적으로 오랫동안 활성화되면 트라우마의 강도, 지속성, 패턴 등으로 인해 이런 반응을 중재하는 뇌에 '사용 의존적' 변화가 발생한다. 그 결과 뇌가 과잉 반응하고 과민해져서 오랜 시간이 지난 후까지 감정, 행동 및 인지 장애를 야기한다.

PTSD로 인한 수많은 증상은 사실상 외상을 입힌 기억에 대한 해리나 과각성 반응과 관련되어 있다. 이 반응들은 외상이 가해지는 당시에는 우리를 보호해 주지만 이것이 지속되면 삶의 다른 영역에 심각한 문제를 야기하여 일탈을 조장한다.

트라우마 관련 문제의 가장 좋은 예는 거주 치료 센터 사내아이들이다. 트라우마 영향은 물론 흔히 발생하는 증상에 대한 오해로 인해 사실상 모든 아이들이 집중력과 행동장애 진단을 꼬리표처럼 가지고 있다. 안타깝게도 일반 교실의 학습 환경에서는 해리나 과각성 반응의 증상이 집중력장애, 과잉행동 또는 반항성장애와 대단히 유사하게 나타난다. 해리 반응이 심각한 아동은 주위 상황에 전혀 집중하지 못한다. 마치 백일몽을 꾸거나 '정신을 놓은' 듯하며 수업은 물론 주위 세상에 대해 완전히 무관심하다. 과각성을 보이는 아동은 수업 내용 자체가 아닌 선생님이 내는 소리의 미묘한 음정이나 다른 학생의 몸짓 등에만 집중하기 때문에 과잉행동이나 집중력결핍 진단을 받곤 한다.

　싸우거나 달아나는 반응이 야기하는 공격성과 충동성도 반항이나 적대감으로 오인된다. 사실 이것은 아이가 계속해서 되새기는 과거 트라우마 상황에 대한 반응의 잔존물이다. 스트레스를 받으면 사슴에게 갑자기 자동차 헤드라이트를 비추었을 때처럼 순간 동작을 멈추는 '동결freezing' 반응도 반항적 거부로 오해하는 교사가 많다. 해리 반응을 보일 때는 아이에게 어떤 명령을 해도 전혀 응답을 하지 못하기 때문이다. 모든 ADD가 과잉 행동이나 반항성을 보이는 것은 아니고 모든 반항성 장애가 트라우마와 관련된 것은 아니지만, 트라우마에 대한 인식이 높아지면서 이런 진단을 받게 된 증상의 원인이 트라우마로 밝혀지는 경우가 늘어나고 있다.

처음 치료차 샌디를 만난 곳은 교회의 휴게실이었다. 아이는 범죄에 직접 가담했다는 증거가 없어 체포할 수 없었던 살인자의 동료들을 피하기 위해 아직 증인 보호 프로그램에 속해 있었다. 그래서 우리는 불규칙한 시간과 장소에 만나곤 했고 일요일에 교회에서 보는 경우가 많았다. 나는 위탁 부모와 함께 온 샌디에게 반갑게 인사했지만 아이는 나를 알아보았음에도 웃지 않았다.

일단 위탁모를 치료에 사용할 방으로 안내했다. 어린이집의 교실 같은 곳이었다. 그리고 크레파스와 종이를 가져와서 바닥에 늘어놓았다. 얼마 후 샌디를 데려와서 함께 색칠을 시작했다. 나는 위탁모를 쳐다보며 아이에게 말했다.

"샌디, 샐리 아줌마는 교회에 가야 한대. 우린 여기서 놀고 있지 않을래?"

아이는 고개도 들지 않은 채 대답했다.

"네."

우리는 조용히 바닥에 앉아 색칠만 했다. 법정에서 처음 만났을 때와 비슷한 상황이었다. 하지만 10분쯤 지나자 변화가 왔다. 샌디가 색칠을 멈추더니 내 손에서도 크레파스를 빼앗아 내려놓았다. 그러고는 내 팔을 잡아 어깨를 세게 당겨 바닥에 얼굴을 대게 만들었다.

"이건 무슨 놀이야?"

나는 신난다는 목소리로 물었다.

"아니, 말하지 말아요."

아이가 말했다. 샌디는 대단히 심각하고 위압적이었다. 내 무릎을 꿇게 하더니 팔을 등 뒤로 돌려 깍지 끼웠다. 이제 나는 사지가 묶인 꼴이 되었다. 그리고 샌디는 범죄 현장을 재연하기 시작했다. 아이는 이후 40분간이나 교실을 왔다 갔다하며 잘 들리지 않는 목소리로 낮게 중얼거렸다.

"이게 좋아. 먹을 수 있겠는데." 하며 플라스틱 야채를 가져와 내게 먹이는 시늉을 했고 담요로 나를 덮어 주었다. 이렇게 첫 치료 시간 내내 아이는 다가와 나를 쓰러뜨리고, 잡아 흔들며 입과 눈을 열어 보고, 다시 다른 곳으로 가서 장난감 같은 것을 가져오기를 반복했다. 자신의 사건을 재연하는 것은 아니었고 이후 아이를 치료하는 동안에도 그런 적은 없었다. 하지만 아이는 돌아다니면서 계속해서 중얼거렸다.

"예쁜이, 널 위해서야."

샌디가 이런 행동을 할 때면 완전히 따라 주어야 했다. 말하지 말고 움직이지 말고 방해하지 말고 중단시키지도 말아야 한다. 아이는 자신이 재연하는 상황을 완전히 통제해야만 했다. 나는 이런 통제가 샌디의 상처 치료에 대단히 핵심적인 요소임을 깨닫기 시작했다.

트라우마를 겪을 때, 특히 달아날 방법이 없었기 때문에 해리 반응을 보였던 경우 중요한 요소는 통제력의 완벽한 상실과 극단적인 무력감이다. 그렇기 때문에 통제력 회복이야말로 트라우마 스트레스 극복에서 가장 중요하다. 이것은 '학습된 무기력learned helplessness'이라는 현상의 고전적 연구에서도 명백하게 나타난다. 펜실베이니아 주립대학의 마틴 셀리그먼Martin Seligman은 다음과 같은 실험적 패러다임을 만들어 냈다. 우선 두 마리 동물(이 경우에는 쥐)을 서로 분리되어 있지만 인접한 우리에 넣었다. 우리 하나에서는 쥐가 레버를 누를 때마다 음식이 나오는데 그전에 전기 충격이 가해진다. 이것은 물론 쥐에게 대단히 스트레스를 주지만, 시간이 지나면서 전기 충격이 지나가면 음식을 먹을 수 있다는 걸 습득하면서 환경에 적응하여 내성이 생긴다. 쥐는 레버를 누를 때에만 전기 충격이 온다는 걸 인지한다. 즉 상황에 대해 어느 정도는 통제할 수 있다. 앞에서 언급한 것처럼 예측 가능하고 통제할 수 있는 스트레스 요인은 시간이 지남에 따라 개체에 실제로 미치는 '스트레스' 정도가 약해지며 내성은 더 강해진다.

하지만 두 번째 우리에서는 조건이 조금 다르다. 첫 번째 우리와 마찬가지로 레버를 누르면 음식을 얻을 수 있지만, 다른 우리의 쥐가 레버를 누를 때 두 번째 우리의 쥐에게 전기 충격을 주었다. 즉 두 번째 우리의 쥐는 언제 전기 충격이 올지 전혀 알 수 없으며 상황을 전혀 통제할 수 없는 것이다. 이 경우 쥐는 스트레스에 대해 점점 더 과민하게 반응하게 되지만 익숙해지지 못한다. 두 쥐의 뇌를 살펴보면 스트레스 관장 부위에서 큰 차이를 볼 수 있다. 스트레스를 통제할 수 있는 쥐의 경우 건강한 변화가 관찰되지만 스트레스를 통제할 수 없는 쥐는 조절 기능이 악화되고 저하되었다. 전기 충격을 조절할 수 없는 쥐는 대부분 궤양이 생기고 몸무게가 줄어들며 면역 체계가 손상되어 여러 질병에 노출되었다. 또한 조건을 바꾸어 전기 충격을 통제할 수 있게 해주어도 스트레스를 통제할 수 없는 상황에 오랫동안 방치되었던 쥐는 공포감에 휩싸여 어떻게 해야 도움을 받을 수 있을지 알아낼 용기도 내지 못한다. 낙담한 사람에게서도 비슷한 사기 저하와 체념 현상을 볼 수 있다. 유년기에 통제할 수 없는 스트레스 상황을 너무 많이 경험하면 우울증에 시달릴 위험이 높다. 당연히 우울증에 외상후스트레스장애가 동반되는 경우도 많다.

이런 통제와 습관, 통제 부족과 감각 사이의 연결 고리로 인해, 트라우마로부터 회복되려면 희생자가 예측 가능하고 안전한 상황으로 돌아와야만 한다. 뇌는 기본적으로 트라우마를 확인하고 이해해서 내성이 생기도록 한다. 심적으로 완전히 무기력한 트라우마 기억을 어느 정도 통제할 수 있는 기억으로 바꾸는 것이다.

샌디가 하는 재연 행동이 바로 이것이다. 아이는 치료 시간 동안 자신이 스트레스 정도를 '적정하게 조절'할 수 있는 방법으로 이 행위를 통제했다. 약의 효능과 부작용을 엄밀하게 저울질하여 정확한 용량을 정하는 의사처럼 샌디도 자신의 재연극을 통해 스트레스에 노출되는 정도를 스스로 통제해 나갔던 것이다. 이 과정에서 뇌는 스스로 일정 부분을 드러내고 능동적으로 잊어 주는 좀 더 예측하기 쉬운 경험으로 바꾸어 내성이 더 강한 스트레스 패턴을 만들어 낸다.

아이의 뇌는 이런 재연을 통해 트라우마를 예측 가능하고 희망적인 것으로 대체해 나가며 궁극적으로 뇌를 지루해지게 만든다. 핵심은 패턴과 반복이다. 패턴화한 반복 자극을 받으면 내성이 생기는 반면 혼란스러운 무작위 신호에 시달리면 극도로 과민해진다.

사람의 뇌는 마음의 평정을 되찾기 위해 작은 '용량'의 회상을 끝없이 반복하여 과민해진 트라우마 관련 기억을 달래고 진정시킨다. 그러면 감작되었던 뇌에 내성이 생긴다. 많은 경우 이 방법은 아주 효과적이다. 사람은 극심한 스트레스를 받거나 트라우마 상황을 겪은 직후에는 계속해서 당시 상황을 회상한다. 어떤 일이 벌어진 건지 계속 생각하고 의도하지 않아도 자꾸만 불현듯 회상하게 되며 꿈에까지 트라우마 사건이 재연된다. 또한 주변의 친구나 연인에게 그 사건에 대해 반복하여 하소연한다. 아이는 놀이, 그림이나 일상의 관계에서 트라우마 상황을 반복적으로 재연한다. 하지만 경험이 너무나 강렬하고 압도적이면 트라우마 관련 기억을 모두 둔감하게 만들기는 어려워진다.

샌디가 나를 도구로 사용한 이 재연 행위는 자신의 끔찍한 트라우마 기억에 대해 내성을 키우려는 시도였다고 볼 수 있다. 아이가 재연 행위 전체를 통제할 수 있었고 이런 통제 행위가 아이의 스트레스 수준을 상당히 완화시켜 주었다. 너무 정신적 고통이 심해지면 언제든 자기 의지대로 연극의 방향을 바꿀 수 있었고 실제로 자주 그렇게 했다. 나도 평가를 위해 어쩔 수 없이 아이를 고통스러운 기억으로 밀어붙여야 했던 첫 만남 후로는 아이의 행동을 방해하거나 과거를 기억해 내라고 강요하지 않았다.

한 달여 동안 우리의 진료 시간은 항상 똑같은 방식으로 시작했다. 둘 다 아무 말도 하지 않는 침묵 속에서 아이가 내 손을 잡고 방 가운데로 데리고 가 나를 밀쳐 바닥에 넘어뜨리는 시늉을 한다. 그러면 나는 바닥에 누워 돼지를 묶은 듯한 자세로 웅크린다. 샌디는 방 이곳저곳을 다니며 나에게 돌아왔다가 멀어지기를 반복한다. 마지막으로 내게 돌아와서는 나를 똑바로 눕힌다. 그리고 조용히 노래를 흥얼거리며 내 몸을 살살 흔든다. 나는 최대한 말을 하거나 자세를 바꾸지 않았고 아이에게 모든 통제력을 부여하려 애썼다. 대단히 지루한 일이었다.

트라우마가 있는 아이의 반응은 오해받는 경우가 많다. 심지어 위탁 가정에서조차 샌디를 제대로 이해하지 못했다. 트라우마를 경험한 아이는 새로운 환경만으로도 이미 스트레스를 받은데다 혼란스럽고 예측 불가능한 집 안 환경을 '당연하다고' 생각하는 경우가 많기 때문에 편안하고 안전한 상황에서조차 공포감을 드러낼 수 있다. 혼란 속에서 살아온 아이는 필연적으로 자기 마음대로 상황을 통제하려 하고, 마음을 좀 더 편히 하고 주위 환경을 예측 가능하게 만들기 위해 일부러 난장판을 만든다. 이 때문에 위탁 가정에서 서로 호의적으로 대하기 마련인 첫 '허니문' 기간에 오히려 반항적, 파괴적 양상을 보인다. 자신이 여태 익숙하게 보아 왔던 상황, 즉 말썽을 부리면 상대방이 비명을 지르고 거칠게 혼내는 과정을 일부러 유발하는 것이다. 누구나 익숙한 것을 더 편하게 생각한다. 가족 심리 치료사 사이에서 유명한 말이 있다. "불확실하다는 비참함보다 비참하다는 확신이 낫다." 아동의 보호자가 트라우마의 이런 반응을 제대로 이해하지 못하면 심각한 문제를 야기하게 된다.

다행히 이 경우에는 늦지 않게 샌디를 돌보는 사람들에게 어떤 일이 벌어질 것이고 어떻게 대응해야 하는지 충분히 교육할 수 있었다. 하지만 아직도 치료실을 벗어나면 수면 장애, 불안감, 행동상의 문제 등 풀리지 않는 문제가 많았다. 샌디의 휴식기 심장 박동 수는 120을 넘어 갔다. 또래 여아에게는 지나치게 높은 수치였다. 때때로 심각한 해리 반응을 보이긴 했지만 그 외에는 항상 과민하고 '울부짖는' 상태인 셈이었다. 어떤 면에서 거주 치료 센터에서 만난 사내아이들과 유사했다. 나는 일단 아이의 위탁 가정, 사회 복지사와 스탠에게 클로니딘이 긍정적 효과를 미칠 수 있다고 설득했다. 모두의 동의를 얻어 약을 처방하기 시작하자 수면 장애가 즉시 개선되었고 아이가 이성을 잃고 무너지는 빈도, 강도 및 지속 시간도 현저하게 줄어들었다. 집에서는 물론 보육 시설에서도 더 수월하게 지내고 배울 수 있게 되었다.

치료도 계속되었다. 열두 번의 진료 시간이 지나자 아이가 나를 눕히는 자세가 바뀌었다. 더 이상 손발을 묶는 식이 아니라 모로 눕혔다. 의식은 동일했다. 방을 두루 돌아다니며 여러 가지 물건을 바닥에 누워 움직이지 않는 내게로 가져와 내 머리를 잡고는 먹이는 시늉을 했다. 그리고 나를 똑바로 눕히고는 천천히 흔들며 뜻 모를 소리를 흥얼거렸다. 얼어붙은 듯 모든 일을 멈추는 때도 있었다. 가끔 울기도 했다. 40분가량 진행되는 치료 시간 동안 나는 거의 언제나 아무 말 없이 침묵을 지켰다.

하지만 시간이 흐르면서 아이의 재연 행동이 조금씩 바뀌어 갔다. 위협하고 방을 돌아다니는 시간은 줄어들고 대신 몸을 천천히 흔들며 흥얼거리는 일이 많아졌다. 몇 달이나 나를 바닥에 눕힌 끝에 결국 어느 날, 샌디는 방 가운데로 걸어가 바닥에 누우려는 내 손을 잡아 흔들의자로 데려가 앉혔다. 그리고는 책장에 가서 책 한 권을 꺼내더니 내 무릎 위로 기어 올라왔다.

"읽어 주세요."

책을 읽기 시작하자 아이가 덧붙였다.

"흔들어 주세요."

나머지 시간 동안 나는 무릎에 샌디를 앉힌 채 흔들의자를 천천히 흔들며 책을 읽었다.

이것으로 모든 것이 치유된 것은 아니지만 꽤 괜찮은 출발이었다. 이후 아이는 생물학적 부친, 외할머니와 아이를 보내지 않으려는 위탁 가정 사이의 지긋지긋한 양육권 싸움에 휘말려야 했다. 하지만 샌디는 잘 견뎌 냈고, 느리지만 꾸준히 좋아졌다. 특히 양육권 분쟁이 위탁 가정의 승리로 끝나 이후 유년기를 안전하게 보낼 수 있게 되자극적으로 호전되었다. 여전히 어려운 상황을 헤쳐 나가야 했지만 대부분 놀랄 만큼 잘 해냈다. 친구를 만들고 좋은 성적을 얻었으며 다른 사람과의 관계를 너그럽고 풍부하게 일구어 갔다. 여러 해가 지나가면서 더 이상 아이에 대한 소식을 듣지 못했다. 하지만 나는 지금도 샌디와 그 애가 내게 가르쳐야 했던 것에 대해 기억하곤 한다. 이 글을 쓰는 지금은 겨우 몇 달 전에 샌디에 대해 반가운 소식을 들었다. 아이는 여전히 잘 해나가고 있었다. 아이의 상황으로 인해 자세한 내용은 들을 수 없었지만, 최소한 만족스럽고 생산적인 삶을 살고 있었다. 이것이야 말로 우리 모두가 바라는 것 아닌가. 나는 진심으로 기뻐해 주었다.

| 3장 |

천국으로 가는 계단

트라우마가 만들어 낸 판단력 상실

텍사스 주 와코에 있던 사교邪敎 집단 다윗 파의 아이들은 공포와 두려움의 세상에서 살았다. 아기들은 아무도 예방 접종을 하지 않았다. 사교 집단의 지도자 데이비드 코레시는 생후 8개월 미만인 영아를 '빛 가운데' 있게 하려면 엄격한 육체적 단련을 통해 아이의 의지를 꺾어야 한다고 믿었다. 코레시는 변덕이 심했다. 친절하고 사려 깊게 사람들을 돌보다가도 다음 순간 분노의 화신이 되곤 했다. 그의 격노는 피할 수도, 예측할 수도 없었다. 카멜 산의 종교 공동체를 의미하는 다윗 파 사람들은 언제나 코레시의 기분에 극도로 민감했고 어떻게 해서든 그의 비위를 맞춰 복수를 피하려 애썼지만 번번이 수포로 돌아갔다.

코레시는 이런 변덕스러운 기질이나 무시무시한 분노로 사람들에게 친절하고 주의 깊은 보살핌을 베풀다가도 종종 극단적인 위협을 일삼아 추종자를 언제나 불안하게 했다. 그는 공동체를 철권통치하여 일상생활의 모든 면을 통제했다. 부부나 부모 자식, 친구 등 그의 신적인 위치에 도전할 수 있는 일체의 인간관계를 파탄 내 그 자신만이 모든 사람의 삶에서 가장 강력한 힘을 발휘할 수 있게 만들었다. 마치 바퀴살이 바퀴 중심에 일제히 연결되듯 모든 사람의 사랑이 그에게 집중되었다. 오직 코레시 혼자만 모든 통찰력과 지혜, 사랑과 권력을 독점했다. 실로 신과도 같은 존재였다.

그는 공포로 군림하는 신이었다. 아이들은 물론 때로 어른들까지 우유를 쏟는 것과 같은 아주 사소한 실수로도 무자비한 체벌을 받거나 공개적으로 망신당했다. '조력자'라는 나무 막대기로 피투성이가 되도록 두들겨 맞는 일도 흔했다. 아이들을 굶기는 형벌도 횡행했다. '버릇없는' 아이들에겐 며칠씩 음식을 주지 않거나 말라빠진 감자나 빵만으로 연명하게 했다. 밤새도록 혼자 가두어 두기도 했다. 모든 여자아이는 열 살이 넘으면 '다윗의 신부'가 되어 코레시의 성적 노리개로 전락했다. 과거 다윗 파였던 사람의 말에 의하면 코레시는 자신이 범하는 사춘기가 되지 않은 소녀의 심장이 사냥해 놓은 산짐승처럼 뛴다고[1] 말한 적도 있다.

하지만 코레시가 사람들에게 주입한 가장 원초적인 공포는 '바빌론 사람들'에 대한 것이었다. 이것은 외부인이나 정부 관료, 즉 믿음이 없는 자를 의미하는 말이었다. 코레시는 설교를 통해 공동체가 '최후의 성전'에 대비해야 한다고 끊임없이 독려했다. 다윗 파 사람들은 누구나 갑작스럽게 닥칠 종말을 완벽하게 준비해야 했다. 아이들도 예외가 아니었다. 이 때문에 공동체에서의 코레시 별명이 랜치 아포칼립스Ranch Apocalypse(목장의 계시라는 의미 — 옮긴이)였다. 매일같이 엄격한 군사 훈련과 야간 비상, 일대일 대련이 이어졌다. 전투 훈련에 적극적으로 참여하지 않거나 잔인하게 굴지 못하는 아이는 창피를 당하거나 심지어 두들겨 맞았다. 아주 어린아이들까지 모두 총기 훈련을 받았고 입천장의 말랑말랑한 부분을 쏘는 가장 치명적인 총기 자살 기술을 배웠다. 바빌론 사람들에게 붙잡혔을 때를 대비한 교육이었다. '불신자'는 결국 모두를 죽이고 말 거라는 이유였다. 하지만 이 최후의 성전이 끝나면 공동체 형제자매는 모두 하늘나라에서 가족들과 다시 만나게 되며 코레시가 이 땅에 다시 내려와 적들을 모두 물리칠 것이다. 코레시 자신이 바로 신이었다.

나는 1992년 당시 텍사스로 돌아와 휴스턴의 베일러 의과 대학 BCM 정신 의학과 연구 부문의 부과장을 맡았고, 텍사스 소아 병원TCH 정신과 과장인 동시에 휴스턴 제대 군인 관리국VAMC의 트라우마 극복 프로그램의 책임자이기도 했다. 티나, 샌디와 거주 치료 센터 사내아이들을 비롯한 유사한 증례를 많이 다뤄 본 경험에 비추어 볼 때 그동안 트라우마와 이것이 아동의 정신 건강에 미치는 영향에 대해 제대로 알려진 바가 없었다. 우리는 트라우마가 특정 아동의 성장기에 어떻게 특정 문제를 야기하는지, 왜 어떤 사람은 트라우마로부터 자연스럽게 회복되고 어떤 사람은 심각한 정신병을 일으켜 행동상의 문제를 야기하는지 이유를 알지 못했다. 외상후스트레스장애와 같은 파괴적인 증후군이 어떻게 발생하는지, 왜 어떤 아이들은 해리 증상을 보이는데 다른 아이들은 지나친 경계심을 보이는지 연구해야 했다. 이런 의문들을 해결하는 가장 좋은 방법은 트라우마 사건 직후에 있는 많은 아이들을 가까이 관찰하는 것이었다. 하지만 아이들이 우리에게 넘겨질 때는 대부분 트라우마가 발생한 직후가 아니라 이미 몇 년이나 고통받은 다음인 경우가 많았다.

나는 이런 문제 해결에 접근해보고자 BCM, TCH, VAMC 모두의 도움을 받아 긴급 대응 트라우마 평가 팀을 발족했다. 아동들이 저격, 차량 사고, 자연재해를 비롯한 여러 생명을 위협하는 상황의 극심한 트라우마를 극복하도록 도우면서 트라우마를 겪은 직후의 아동이 어떻게 반응하는지 확인하고 이것이 이후 겪게 될 증상과 어떻게 연관되는지 알아내는 것이 목표였다. 불행한 일이지만 와코의 아이들이 바로 이런 연구 기회를 제공하게 되었다.

1993년 2월 28일, 알코올·담배·무기국BATF이라는 이름의 바빌론 사람들이 다윗 공동체에 쳐들어와 데이비드 코레시를 체포했다. 총기법 위반 혐의였다. 하지만 그는 순순히 자신의 살아 있는 육체를 넘겨주지 않았고 검거 과정에서 BATF 요원 네 명과 적어도 여섯 명 이상의 다윗 파 사람들이 목숨을 잃었다. 코레시도 사망했다. 이후 사흘간 FBI와 인질 협상 팀이 끈질기게 설득하여 간신히 스물한 명의 아이들이 풀려났다. 그 시점에서 공동체에서 풀려난 첫 번째 아이들을 돕기 위해 우리 팀이 투입되었다. 하지만 이 아이들을 끝으로 이후 단 한 명도 더 구조되지 못했다. 4월 19일 요새에 더 파멸적인 두 번째 기습 공격이 개시되었고 스물세 명의 아이들을 포함한 여든 명이 소름 끼치는 화재 속에서 죽어 갔다.

내가 다윗 파 공동체의 첫 번째 검거 작전을 들은 것은 대부분 사람들처럼 텔레비전 뉴스를 통해서였고, 뉴스가 끝나기도 전에 이런 기습 공격이 아이들에게 어떤 영향을 주게 될지 묻는 전화가 쇄도했다. 공동체에서 풀려난 아이들을 어떻게 도와야 하느냐는 질문에 나는 주 정부가 잘 해나갈 것이라고 대답했다.

하지만 다음 순간 나는 내 입에서 나온 말이 사실이 아님을 깨달았다. 만성적 예산 부족과 과중한 업무에 시달리는 아동 보호 서비스와 같은 정부 기관에게 갑작스럽게 몰려든 이 많은 아이들을 돌볼 구체적인 계획이 존재할 리가 없었다. 더구나 와코에서 벌어진 것과 같은 급작스러운 돌발 상황에서는 법 집행 기관과 CPS를 둘러싼 연방 정부, 주 정부, 지방 정부 당국 사이의 명령 체계가 명확하지 않을 때가 많았다.

여기까지 생각이 미치자 우리 트라우마 평가 팀의 아동 트라우마 전문가가 나서야 한다는 절박함이 들기 시작했다. 아이들의 담당자에게 기본적인 정보를 제공하고 전화를 통해 특정 문제 해결을 돕거나 상황을 더 잘 이해할 수 있도록 도울 수도 있을 것이다. 즉시 관련 당국 몇 군데에 전화를 걸어 보았으나 누가 '담당자'인지 모르겠다는 답변만 돌아왔다. 주지사 관저에 연락하자 드디어 실마리가 보였다. 몇 시간 후 CPS 주 사무실에서 전화를 걸어 와코로 와 달라고 부탁해왔다. 일회성 상담일 것으로 예상되었다. 하지만 그날 오후의 회의는 6주간이나 내 발을 묶어 놓았고 이 사건은 한 번도 겪어 본 적 없는 가장 난해한 사안이 되었다.

와코에 도착하자마자 눈앞에 펼쳐진 광경은 혼란 그 자체였다. 위기 대응 팀이나 아동 보호국 모두 어찌할 바를 모른 채 우왕좌왕하고 있었다. 처음 며칠간에 걸쳐 공동체에서 풀려난 아이들은 커다란 탱크 같은 차량에 실려 이송되었고, 풀려난 시간이 밤이든 낮이든 즉시 몇 시간씩이나 FBI와 텍사스 경찰의 질문 공세에 시달렸다. FBI의 의도는 순수했다. 빨리 유용한 정보를 얻어내 농장의 상황을 진정시키고 더 많은 사람을 안전하게 구출할 생각뿐이었다. 반면 텍사스 경찰은 BATF 요원 살해 사건을 고발하기 위해 이후 형사 재판에 쓸 증거를 수집해야 했다. 목격자 증언도 필요했다. 하지만 두 기관 모두, 보금자리가 끔찍한 공격으로 불타는 것을 목격한 뒤 부모와 헤어진 아이에게 군대 냄새가 물씬 풍기는 곳에 데려가서 완전 무장한 낯선 사람들이 끝없이 질문해 대는 상황이 얼마나 공포스러운 경험인지 알지 못했다.

첫 공격 후 다윗 파 아이들을 모두 한곳에 수용한 것은 천만다행이었다. 사실 텍사스 CPS는 아이들 수가 너무 많아 위탁 가정에 뿔뿔이 보내지 못했을 뿐이었지만 이것이야말로 이 사례에서 가장 훌륭한 치료 결정이었던 것으로 밝혀졌다. 아이들은 서로에게 크게 의지하고 있었던데다 큰 충격을 받은 직후여서 친구나 형제자매와 헤어지면 스트레스가 더 심각해졌을 것이다.

아이들은 위탁 가정으로 가는 대신 기숙사 같은 분위기의 감리교 고아원에 수용되었다. 이들이 지내는 커다란 단층집 주위에는 텍사스 경찰 두 명이 항상 지켰다. 교대로 이들과 함께 사는 '하우스 마더', '하우스 파더'가 일상생활을 돌봐 주었다. 주 정부는 이들의 정신 건강도 돌보고자 노력했지만 별 효과가 없었다. 정부 기관은 한 시간만 시간을 낼 수 있으면 정신 관련 전문가 누구에게든 기꺼이 도움을 받아들였다. 그러다 보니 정신 건강 관련 전문가가 일정한 시간이나 간격 없이 수시로 방문했고 아이들은 그렇지 않아도 낯선 사람들 틈에서 이런 만남에 더 위축되고 혼동되었다.

처음 며칠간은 수용소 분위기도 혼란 그 자체였다. 여러 사법 기관 공무원들이 밤낮 할 것 없이 수시로 나타나서는 특정 아이를 데려가 면담하곤 했다. 규칙적인 일과도 없었고 지속적으로 만나는 익숙한 사람도 없었다. 당시 내 짧은 지식으로도 트라우마를 겪은 아동에게는 예측 가능성, 규칙성, 도와주는 사람이 자신을 잘 통제해 준다는 믿음과 안정된 인간관계가 절실하게 필요했다. 더구나 다윗 파 아이들에게는 다른 경우보다 규칙적인 생활과 규율이 훨씬 더 중요했다. 여러 해 동안 언제라도 대파국을 맞이할 수 있다는 위협 속에서 극도로 긴장하며 살아왔기 때문이다.

주요 당국자들과 가졌던 첫날 오후의 만남에서 나는 줄곧 이 점에 집중하여 아이들 일상에 일관성과 규칙성을 부여하고 익숙함을 주어야 한다고 주장했다. 규칙을 세우고 경계를 명확하게 그어 주어야 하며, 조직 간 의사소통을 개선하여 정신 건강 관련 담당자 수를 줄이는 대신 이들이 정기적으로 아이들과 시간을 보내라고 조언했다. 또한 경찰과 FBI의 법의학 면담은 아동 면담 전문가만 해야 한다고 제안했다. 회의가 끝나자 CPS는 나에게 내가 제안한 조치를 직접 책임지고 수행할 생각은 없는지 물어 왔다. 그날 오후 FBI 요원과의 회의를 마친 후에는 면담 전문가로 직접 일해 달라는 요청도 받았다. 나는 당시만 해도 이 위기 상황이 며칠 내로 종결될 것이라고 믿었기 때문에 흔쾌히 동의했다. 아이들을 도우면서 한편으로는 관련 트라우마 사례를 연구할 수 있는 좋은 기회라고 생각했다. 나는 즉시 이 특이한 아이들을 수용한 건물을 향해 차를 몰았다.

수용소에 도착하자마자 정문에서 경찰의 제지를 받았다. 텍사스 사법 기관 고유의 제복을 입고 모자를 쓴 훤칠한 남자였다. 그 앞에선 장발에다 청바지를 입은 채 아이들을 도우러 왔다는 심리학자는 참으로 보잘 것 없어 보였다. 경찰은 신분증을 내밀어 내가 페리 박사임을 분명히 증명했음에도 불구하고 도저히 의사 같지 않다고 고개를 흔들었고, 무례하게 이죽거렸다.

"이 아이들은 정신과 의사 나부랭이는 필요 없수. 약간의 사랑을 쏟아 준 다음 가능한 한 빨리 여기에서 벗어나게 해주면 되는 거요."

나쁜 사람이었던 건 아니다. 그는 아이들이 수용소에 머문 몇 주일 동안 언제나 적극적으로 아이들을 치유하려 애썼던 경찰이었고, 항상 차분하고 친절하게 아이들을 대했으며 어떻게 해야 아이들을 도울 수 있을지 직관적으로 이해했다. 하지만 나 같은 침입자에게는 그런 친절이 해당되지 않았다. 어쨌든 나는 그의 제지를 뚫어야 했다.

"그렇다면 알겠습니다. 한 가지 이야기해 주지요. 심장 박동 수 재는 법을 알고 있겠지요?"

나는 근처 소파에 잠들어 있는 어린 소녀를 가리켰다. 그러고는 아이의 심장 박동 수는 100 이상일 것이며, 만일 그 이하면 나는 그대로 집으로 돌아가겠다고 말했다. 보통 그 아이 또래의 휴식기 심장 박동 수는 분당 70~90회 사이다.

그는 몸을 굽혀 부드럽게 아이의 손목을 잡았다. 잠시 후 경찰의 얼굴에 경악한 표정이 떠올랐다.

"의사를 불러 줘요!"

그가 소리쳤다.

"내가 의사요."

내 대답이었다.

"당신 말고 진짜 의사 말입니다! 아이의 박동 수가 160에 달해요!"

나는 인내심을 가지고 정신과 의사도 기본적인 의학 교육을 모두 받은 의사임을 알려 주었다. 그리고 트라우마의 심리적 효과가 아동에게 미치는 영향에 대해 설명했다. 아이의 심장 박동 수가 지나치게 높은 것은 아이의 스트레스 반응 기전이 지속적으로 활성화되었음을 의미한다. 그는 싸우거나 달아나기 반응을 쉽게 이해했다. 사법 기관 종사자라면 누구나 이 반응을 여러 번 경험했을 터였다. 스트레스가 극심한 일을 당할 때 뇌에 쏟아져 들어가는 호르몬과 신경 전달 물질이 심장 박동 수 조절에도 영향을 미친다. 몸이 스트레스에 반응하여 어떤 행동을 취하려면 우선 심장 박동을 변화시켜야 하기 때문이다. 트라우마를 경험한 아이들은 사건 후 몇 달, 심지어 몇 년이 지나도 과도한 스트레스 반응을 보이는 경우가 흔하다. 그러니 지금 막 끔찍한 경험을 한 이 소녀의 심장 박동이 어떨지는 너무나 뻔한 일이었다.

결국 경찰은 나를 안으로 들여보내 주었다.

다윗 파 아이들은 2월에 있었던 첫 삼 일간의 충돌 중 한 번에 두 명에서 네 명씩 나뉘어 풀려났다. 연령대는 5개월짜리 아기에서 열두 살 먹은 아이까지 있었고 대부분은 네 살에서 열한 살 사이였다.

서로 다른 열 쌍의 가족 출신이었고 스물한 명 중 열일곱 명은 최소한 한 명 이상의 형제자매와 함께 풀려났다. 과거 다윗 파였던 사람들이 아동 학대 가능성을 적극 부정하고 나도 방송에 아이들이 학대당한 것 같지는 않다고 말하는 실수를 범했지만, 아이들 모두 지금까지 살아온 생활은 물론 공동체가 공격당하는 과정에서도 분명 트라우마를 겪었을 터였다.

공동체에서 풀려난 한 어린 소녀는 옷에 종이쪽지를 달고 있었다. 아이의 엄마는 이미 이 세상 사람이 아닐 테니 써놓은 주소의 친척에게 쪽지를 보여 주라는 내용이었다. 다른 엄마는 아이에게 작별 키스를 하고는 FBI 요원에게 넘겨주며 떨리는 목소리로 말했다.

"이 사람들이 우리를 모두 죽일 거다. 나중에 천국에서 만나자."

또한 구조된 아이들은 최소한 한 명 이상이 풀려나는 시점에 부모가 살아 있는 것을 눈으로 보았음에도 불구하고 공동체가 불타 버리기 훨씬 전부터 이미 부모가 다 사망한 것으로 간주했다. 처음 아이들을 만난 것은 점심 식사 시간이었다. 어린아이들이 방 한가운데로 걸어가는 나를 향해 물었다.

"이제 우릴 죽이러 온 건가요?"

아이들은 결코 자유를 얻었다고 생각하지 않았다. 그동안 외부인에 대해 교육받은 내용과 마지막에 겪은 공동체 붕괴로 인해 바빌론 사람들의 포로가 된 것이라고 믿었다. 이들은 모두 공동체에서 살 때보다 더 큰 공포에 질려 있었다. 갑작스럽게 가족과 익숙한 환경을 강탈당했기 때문만은 아니었다. 외부인의 공격에 대한 코레시의 예언이 현실화되었기 때문이었다. 불신자가 몰려올 것이라는 코레시의 예상이 맞아떨어졌으니 그들이 가족 모두를 죽일 거라는 예언도 맞지 않겠는가.

이런 이유로 아이들은 기본적으로 언제나 공포에 질려 있었다. 이들에게 필요한 도움을 주려면 먼저 이런 공포심이 뇌에 어떤 영향을 주고 이후 행동에 어떤 변화를 야기하는지 이해해야 했다.

공포는 진화론적으로 대단히 중요한 감정이다. 공포감이 없으면 인간의 조상은 거의 살아남지 못했을 것이다. 공포는 말 그대로 뇌 중심에서 솟아나 뇌 전체와 기능에 영향을 미친다. 머릿속에서는 사방으로 전기 화학적 신호가 빠르게 확산된다. 아드레날린과 노르아드레날린 같은 화학 물질은 앞에서 이미 설명했지만, 코르티솔cortisol이라는 스트레스 호르몬도 중요한 역할을 담당한다. 뇌 영역 중 노르아드레날린 신경 대부분이 몰려 있는 청반과 편도라고도 하는 대뇌 변연계의 아몬드 모양 부분에서 주로 공포를 주관한다.

앞에서 언급했던 것처럼 뇌는 내부에서 외부 방향으로 진화하며 발달할 때에도 같은 순서를 따른다. 더 아래쪽, 더 원시적인 영역인 뇌간은 태아 및 신생아 시절에 대부분 완성된다. 중뇌와 변연계가 그 다음에 발달하기 시작하여 만 세 살까지 폭발적으로 만들어진다. 10대 자녀의 부모라면 계획, 자제심, 추상적 사고를 관장하는 대뇌 피질

전두엽이 사춘기 후반까지도 완성되지 못한다는 사실에 놀랄 것이다. 이 부분은 20대 초반에 들어서야 제대로 조직된다.

뇌는 순차적으로, 생애 첫 몇 년 동안 대단히 급격하게 발달하기 때문에 특히 유아의 뇌가 트라우마에 영구적으로 손상을 입을 가능성이 더 크다. 뇌가 아직 발달 단계이기 때문이다. 미성숙한 뇌는 사랑의 감정이나 언어 등의 습득에 기적과도 같은 적응력을 보이지만 마찬가지로 부정적인 경험에 대해서도 대단히 쉽게 영향을 받는다. 3개월 된 태아가 특정 독소에 매우 취약한 것처럼 아동기에 겪은 트라우마는 영구적 손상을 남길 가능성이 높다. 즉 트라우마를 경험한 시기가 언제냐에 따라 나타나는 증상이 달라질 수 있다. 예를 들어 아직 말을 배우지 못한 유아가 고통스러운 성적 학대를 반복적으로 당하면 이후 모든 종류의 신체 접촉을 혐오하고 인간관계와 친밀감 형성에 광범위한 문제를 겪으며 지속적인 불안감에 시달린다. 하지만 동일한 학대라도 열 살짜리 아이가 겪으면 당시의 구체적 상황에 대한 공포감이 형성되며 특히 학대와 관련된 장소, 사람, 방법을 고의적으로 피하는 행동을 보인다. 이 경우 어떤 암시로 인해 괴로웠던 기억이 되살아나면 불안감이 마구 증폭되다가 시간이 지남에 따라 점차 약해진다. 좀 더 연령대가 높아지면 대뇌 피질에서 중재하는 수치심이나 죄책감이 뒤섞인 감정을 경험한다. 유아기에는 이 영역이 미성숙 상태기 때문에 이 시기에 학대를 경험하고 더 자라기 전에 중단되면 이런 감정과 관련된 증상은 줄어든다.

하지만 어떤 연령대라도 공포에 질리는 상황에 맞닥뜨리면 대뇌 피질의 제일 위쪽 영역이 가장 먼저 기능을 중단한다. 먼저 계획하는 능력을 잃고 배고픔을 느끼지 못하게 된다. 두 가지 모두 즉각적인 생존에는 크게 상관없기 때문이다. 극심한 위협을 당하면 '생각'을 못하게 되거나 심지어 언어 구사력을 상실하는 경우도 있다. 그리고 그저 본능에 따라 반응한다. 공포감이 오래 지속되면 뇌 자체가 만성적이거나 심지어 영구적으로 변형된다. 지속적인 공포로 뇌에 변형이 일어나면, 특히 아기처럼 피해자의 나이가 어릴수록 세상에 대해 더 충동적, 공격적이면서 사려 깊지 못하고 배려가 없는 사람으로 자랄 수 있다.

이것은 뇌의 체계가 앞에서 언급한 것처럼 사용 의존적 방식으로 변화하기 때문에 나타나는 현상이다. 근육과 마찬가지로 뇌 체계 역시 스트레스 반응이 자꾸 활성화 할수록 더 많이 변형되고 기능 장애의 위험도 더 높아진다. 따라서 스트레스를 통제하고 조절하는 피질부가 적게 사용될수록 변형되는 정도도 경감된다. 만성적 공포와 스트레스에 노출된 사람은 마치 제동 장치가 약해진 차에 더 강력한 엔진을 추가 장착한 것과 비슷한 상태가 된다. '기계'의 위험한 폭주를 막아 줄 안전장치를 풀어 버린 것과 같은 상태가 되는 것이다. 세상에 대한 기억으로 형성되는 뇌의 사용 의존적 템플릿처럼 상대적으로 영향력이 큰 변형은 인간 행동을 심각하게 제한한다. 대참사가 벌어진 공동체의 첫 공격 직후 구출된 아이들처럼 트라우마가 있는 아이를 다루려면 반드시 뇌의 사용 의존적 변형이 얼마나 중요한지 이해해야 한다.

  오늘날 보기엔 이상하겠지만, 당시는 치유 과정에 인간관계가 얼마나 중요한지를 막 깨닫기 시작할 때였다. 트라우마 전후의 아이들을 관찰한 결과, 이들이 맺는 인간관계의 특징이 트라우마에 대한 반응에 중요한 역할을 담당하는 것 같았다. 능숙하고 능력 있는 보호자의 품에서 안전하게 생활하는 아이들은 더 쉽게 회복되며 영구적으로 상처를 남기기 쉬운 트라우마 사건의 부정적 영향에서 벗어나는 경우도 많다. 어쨌든 인간관계는 뇌를 통해 트라우마의 완충 작용을 한다.

  하지만 어떻게? 동물이 생물학적으로 성공하려면 뇌가 다음 세 가지 기본 능력을 갖추어야 한다. 우선 살아남아야 하고, 두 번째로 자손을 퍼뜨려야 하며, 마지막으로 인간처럼 무기력한 어린 시절을 보내야 하는 동물이라면 새끼가 스스로 먹이를 찾아먹을 수 있을 때까지 보호하고 먹여 살려야 한다. 사람의 뇌도 이 세 가지 기능을 해내기 위해 수천 가지 복잡한 기능이 다양한 방법으로 서로 연결된다.

  사람과 같은 사회적 동물은 이 세 가지 기본 기능이 상호 관계를 형성하고 유지하는 뇌의 능력에 크게 의존한다. 자연 상태에서 사람은 느려 터진 데다 약해 빠져서 다른 사람의 도움 없이 혼자서는 살아남기 어렵다. 원시 사회에서는 고립된 사람은 금방 죽고 대가족을 이루고 다른 사람과 협력하며 다 같이 모여 살면서 사냥과 수집 활동을 해야 살아남을 수 있었을 것이다. 때문에 아이들은 아는 사람과 함께 있으면 안전하고 편안하다고 느끼고, 안전하고 친숙한 환경에서는 심장 박동과 혈압이 낮아지고 스트레스 반응 체계가 조용히 잠든다.

하지만 인간의 역사에는 언제나 우리를 지켜 주는 친구와 우리를 해치는 나쁜 적이 동시에 존재한다. 인간의 가장 큰 적은 인간 자신이다. 그래서 우리의 스트레스 반응 체계는 사람의 사회적 신호를 읽고 반응하는 체계와 밀접하게 연관되어 있다. 상대방의 얼굴 표정, 몸짓, 분위기에 대단히 민감하게 반응하는 것이다. 우리는 주위 사람들을 관찰하여 위협을 해석하고 스트레스 처리 방법을 배워야 한다. 심지어 사람의 뇌에는 직접 움직이거나 감정을 표현할 때는 잠들어 있다가 다른 사람의 움직임이나 감정 표현을 지켜볼 때에만 활성화되는 특별한 세포도 존재한다. 사람의 사회생활은 서로가 서로를 비추어 보고 긍정적이거나 부정적인 결과 모두에 대해 반응하는 능력을 통해 이루어진다. 즐거운 날이었다 해도 직장 상사의 기분이 엉망이면 금세 내 기분도 가라앉는다. 교사가 화를 내거나 좌절감을 느끼면 반 아이들도 잘못된 행동을 하기 시작한다. 교사가 은연중에 표출한 강렬한 감정에 영향을 받는 것이다. 마찬가지로 공포에 질린 아이를 진정시키려면 먼저 나 자신이 침착한 상태여야만 한다.

정신과 치료는 물론 양육, 보호, 교육 등의 효과를 극대화하려면 관계와 관계의 실마리가 얼마나 강력한 힘을 발휘하는지 알아야 한다. 다윗 파 아이들의 치료에도 이것이 가장 핵심적인 문제로 대두되었다. 아이들을 돕는 CPS 요원, 사법 기관 종사자 및 정신 건강 의료인 모두 입을 모아서 이들 모두가 공포에 질려 스트레스에 시달리는 데다 주변을 지나치게 경계한다고 보고했기 때문이다.

더구나 코레시나 다윗 파에 대해 알면 알수록 다윗 파 아이들을 완전히 이질적인 문화에서 온 것처럼 접근해야 한다는 확신이 들었다. 특히 이들의 세계관은 새로운 보호자가 알고 있는 것과 너무나 달랐다. 불행히도 사람들을 서로 친밀하게 묶어 주는 능력은 다 같이 단합하여 공통의 적을 쳐부수는 형태로도 발휘된다. 위대한 사랑을 보여 주는 힘이 그 이면에서는 우리를 '좋아하지 않거나' 우리 사회에 '속하지' 않는 사람을 배척하고 인간성을 말살하는 폭력으로도 작용한다. 이런 부족주의tribalism야말로 가장 극단적인 형태의 증오와 폭력을 낳는 원흉이다. 또한 아이들은 코레시로부터 계속 주입받은 가르침 때문에 외부인, 즉 불신자를 모두 위협으로 간주했다. 이제 이들에게 무엇을 해주어야 할지 결정해야 했다.

와코에서의 첫 이틀 동안 우선 각 아이들을 개별 면담했다. 아이들에게 뭐든 유용한 정보를 얻어 내 FBI 협상 전문가가 요새를 해방시킬 수 있도록 도울 목적이었다. 아동 학대가 의심되는 상황에서는 언제나 이런 면담이 대단히 어렵다. 아이들이 자기 부모가 곤경에 처할까 봐 걱정하기 때문인데 이것은 아주 합리적인 반응이다. 이 사건의 경우에는 더욱 복잡했다. 다윗 파 아이들 모두가 바빌론 사람들은 하느님의 적이기 때문에 얼마든지 속여도 좋다고 교육받았기 때문이었다. 이들에게는 우리에게 협력하는 것이 부모에 대한 배신인 동시에 신에게 돌이킬 수 없는 죄를 짓는 것이었다.

오싹하게도 아이들 모두 크고 심각한 비밀을 감춘 듯한 인상을 주었다. 공동체에서 벌어지는 일에 대해 물으면 "아저씨도 곧 알게 될 거예요."와 같은 불길한 대답이 돌아올 뿐이었다. 어느 아이나 부모에 대해 노골적으로 물으면 "엄마 아빠는 죽었어요."라든지 "모두 죽어 가고 있어요."라고 대답했다. 나중에 데이비드가 재림하여 불신자를 모두 처단하고 나면 부모를 다시 만날 수 있다고 장담했지만 더 이상 구체적으로 설명하지는 못했다.

아이들은 어떤 것을 숨기려 할 때라도 자신의 행동이 가족에게 영향을 미치는 경우에는 속이거나 거부하거나 고의로 거짓말하지 않는 것이 보통이다. 하지만 이 아이들은 그림을 그리게 해도 진심을 알아내기 힘들었다. 좀 큰 아이들과는 나란히 앉아 이야기를 나누며 함께 색칠을 했다. 처음 상담했던 열 살짜리 마이클이라는 사내아이에게 그림을 그려 보라 했더니 금방 풀이 무성한 언덕에 잘생긴 유니콘을 쓱쓱 그려 냈다. 하늘의 구름 사이로 큰 성과 무지개가 보였다. 그림 실력이 대단하다고 감탄하자 아이는 코레시가 자신이 그린 말을 좋아했다고 말했다. 또한 하늘의 성 연출 방법과 그림에 그룹의 상징인

다윗의 별을 함께 사용한 것이 훌륭하다고 데이비드와 사람들에게도 칭찬을 받았다고도 했다.

그런데 다음으로 그린 자화상은 거의 봉선화stick figure(머리는 원, 사지와 몸은 직선으로만 그린 인체 그림 — 옮긴이) 수준으로 네 살짜리 아이의 그림을 연상시켰다. 가족을 그리라 하자 아예 완전히 손을 멈추고 어찌할 바를 몰랐다. 결국 아이는 종이의 제일 오른쪽 아래 구석에 자기 모습만 아주 조그맣게 그리고는 더 이상 아무것도 그리지 못했다. 나는 아이의 그림에서 그룹의 교육을 엿볼 수 있었다. 절대 군주와도 같았던 코레시가 인정한 작품은 더더욱 공들이게 되어 정교해지지만, 이들에게 가족 개념은 혼란스럽고 빈약했으며 자아상도 매우 미숙하고 의존적이었다.

다윗 파 아이들을 알아 갈수록 유사한 사례가 도처에서 발견되었다. 아이들은 단편적 재능과 지식만을 습득해 왔고 방대한 나머지 영역은 완전히 무시되었다. 대부분 또래 아이들보다 읽기 능력이 뛰어났다. 성경을 계속 읽고 공부해야 했기 때문이다. 하지만 수학은 거의 아는 것이 없었다. 반복하여 강화 학습된 뇌 영역은 뛰어난 재능을 보이고 그에 대한 보상을 받았다. 마이클의 경우처럼 아이들 대부분이 개발 기회가 거의 없었던 영역에 대해서는 대단히 무지했다. 스스로 어떤 것을 선택하는 능력이 턱없이 부족했고 자신이 무엇을 좋아하는지, 자기가 누구인지조차 잘 알지 못했다.

이들은 무엇을 먹고 무엇을 입을지, 심지어 생각하고 기도하는 방법까지 복잡한 의사 결정은 모두 다른 사람이 정해 준 대로 살았다. 뇌의 모든 다른 영역과 마찬가지로 자의식 발달 관련 영역도 사용 빈도에 따라 성장하거나 정체된다. 자아를 형성하려면 끊임없이 뭔가를 선택하고 그 결과로부터 뭔가를 배워야 한다. 평생 다른 사람의 지시에 따르기만 한 사람이 스스로 좋아하고 원하는 것을 알아내기란 대단히 어렵다.

곧 여섯 살이 되는 소녀도 있었다. 아이에게 살고 있는 집을 그려 보라 했더니 공동체 건물을 그렸다. 그런데 여기에 어떤 일이 있는 것 같으냐고 물으니 건물 전체가 화염에 휩싸인 그림을 그려 냈다. 건물 꼭대기에는 긴 사다리가 있었고 그 끝이 하늘까지 닿았다. 요새가 끝내 파국으로 치달을 것이라는 암시였다. 첫 번째 기습 후 며칠 되지 않았을 때였다. 다른 아이들도 화재나 폭발 그림을 많이 그렸고, 심지어 "우린 당신들을 모두 날려 버릴 거예요." "하나도 남김없이 다 죽을 거예요."라고 말하기도 했다. 이것은 FBI 인질 협상 팀과 리더십 팀leader-ship team에 알려야 하는 중요한 정보였다.

우리는 여러 사법 기관과 우리 팀 사이의 의사소통을 원활히 하기 위해 미리 협의 기구를 구성해 두었다. 그리고 FBI와 미리 협상했다. FBI는 우리가 아이들의 치료를 위해 만들어 둔 경계를 존중해 주고, 우리는 일을 하면서 알아낸 정보를 FBI에 전달해 교착 상태의 협상을 돕기로 한 것이다. 아이들의 그림을 보고 이야기를 들은 나는 즉시 FBI에게 공동체를 다시 공격하면 대참사가 벌어질 수 있다고 경고했다. 정확하게 어떤 형태일지는 알 수 없었지만 폭발이나 화염에 휩싸이는 파국이 올 수 있었다. 아이들의 말, 그림과 행동은 모두 공동체가 다 같이 죽음을 택한다는 공통된 믿음을 암시했다. 즉 아이들이 묘사한 것은 기본적으로 집단 자살을 의미했다. 최악의 경우 다윗파는 일부러 FBI를 자극하여 최후의 성전을 일으킬지도 모른다. 나는 FBI 연락책과 거듭 접촉했고, 나중에 알게 된 사실이지만 FBI 행동 과학 팀에서도 법 집행을 서둘러도 항복을 받아 내지 못할 것이며 오히려 재앙을 일으킬 것이라는 내 의견에 동의했다. 하지만 안타깝게도 이들은 책임자가 아니었다. 공동체와 대치한 전술 부대는 우리의 의견을 한 귀로 듣고 흘려버렸다. 이들 눈에 다윗 파 요새는 그저 사기꾼과 범죄자의 온상일 뿐이었다. 다윗 파 추종자는 코레시를 진짜 하느님의 사도로, 심지어 재림한 예수로까지 믿었으며 이런 믿음에는 무한한 자기희생적 헌신과 의무가 내포되어 있었다. 전술 부대는 이것을 전혀 이해하지 못했다. 이런 집단 간 세계관의 충돌이 서로의 행동을 더 자극하고 가속화시켜서 대참사를 야기하고야 말았다.

일차 면담을 마친 직후 감사하게도 휴스턴 본교에서 열두 명이 넘는 지원군이 와코로 몰려왔고 이들로 클리닉 팀을 구성할 수 있었다. 팀원들은 경비원, CPS 근무자, 감리교 본산 직원과 함께 수용소의 무질서한 혼란을 바로잡고자 애썼다. 우선 취침 시간을 일정하게 규제하고 식사를 규칙적으로 제공했으며 수업 시간과 자유 시간을 구분했다. 또한 아이들에게 요새에서 벌어지는 일을 주기적으로 알려 주었다. 요새의 대치 상황이 어떻게 끝날지 알 수 없었기 때문에 텔레비전이나 다른 매체는 보여 주지 않았다.

처음에는 팀 내부에서 아이들의 '치료'를 시작하자는 주장이 많았다. 하지만 당장은 규칙적인 생활을 회복해야 했고, 무엇이든 도와주고 자유롭게 의사소통하며 충분한 식사를 제공하는 것, 아이들을 존중하고 이야기를 들어 주며 함께 놀아 주는 것, 무엇보다 '현재 상태를 유지하는 것'이 가장 중요했다. 방금 큰 사건을 겪은 아이들이 이 방인, 특히 바빌론 사람들에게 통상적인 치료를 받아 봐야 오히려 스트레스만 가중될 뿐이었다.

와코 사건 후에 진행된 여러 연구에 의하면, 트라우마 사건 직후 온갖 치료사나 상담사가 몰려와 사람들에게 '보고를 들으며' 법석을 떠는 것이 오히려 치료를 방해하고 도움이 되지 않는데다 사실상 역효과인 경우도 많다. 심지어 이런 '취급'으로 인해 외상후스트레스장애가 더 가중되는 사례[2]도 발견된다. 우리 업무를 봐도 기존 사회 지원망, 특히 극단적이고 오래 지속되는 외상후증후군에 시달리는 가족에게는 심각한 트라우마의 정보와 이로 인해 예상되는 영향에 대해 교육하고 지원하는 것이 가장 효과적이었다.

이 아이들은 자신만의 속도와 방법으로 현재 벌어지는 상황을 이해하고 감당하도록 배려할 필요가 있었다. 이야기할 상대가 필요하면 언제든 편한 직원을 지목해서 이야기할 수 있었고, 이야기하기 싫으면 그냥 안전하게 놀이를 즐기며 이전의 공포로 가득 찬 삶의 기억 대신 좀 더 아이들에게 어울리는 행복한 경험을 일구도록 배려했다. 우리는 이들에게 안정감을 주되 경직시키지는 않고 최선을 다해 돌보되 사랑을 강요하지는 않았다.

매일 밤 아이들이 잠들면 팀원 모두가 모여 회의를 열어 그날의 일을 검토하고 각 아이들에 대해 토론했다. 이 토론 과정을 통해 치료를 위해 어느 정도의 접촉 시간이 필요한지 그 패턴이 드러나기 시작했다. 각각의 사례에 의하면 공식 '치료' 시간 없이도 아이들의 친밀감이 높아지고 교육이나 치료 효과를 얻을 수 있었다. 아이는 더 잘 공감할 수 있고 감각을 공유할 수 있는 어른과 함께할 때 더 잘 통제되었다. 팀원 중에는 신체 접촉에 능하고 아이들을 잘 돌보는 사람, 유머 감각이 뛰어난 사람은 물론 상대방의 말을 잘 들어 주거나 유용한 정보를 많이 아는 사람도 있었다. 아이들은 원하는 대로 필요한 팀원을 골라 이야기를 나눌 수 있었다. 이런 과정을 통해 강력한 치료 네트워크가 생겨났다.

아이는 자기 성격, 기분이나 발달 단계에 맞는 특정 직원에게 끌리기 마련이다. 나는 크게 야단법석을 떨며 우스갯소리를 떠벌이곤 했기 때문에 활동적으로 놀고 싶은 아이들이 나를 찾았다. 아이들이 오면 나는 그림을 그리거나 게임을 했고 질문에 대답했다. 그들이 느끼는 공포감을 다독이기도 했다. 아이에 따라 섬세하게 내 행동을 조절했다. 사내아이 하나는 내게 살금살금 다가와 깜짝 놀래며 깔깔대곤 했다. 나는 놀란 척할 때도 있었지만 실제로 아이가 다가오는 것을 지켜보면서도 예기치 못한 급습에 진짜 깜짝 놀랄 때도 있었다. 이런 까꿍 놀이, 또는 숨바꼭질은 매우 사랑스럽고 재미있었다. 이런 짧은 접촉들이 아이와의 유대감을 만들었고 신뢰와 안정감을 느끼게 해주었다. 아이들은 모두 상담을 주도하고 다른 팀원들이 모두 인사를 건네는 내가 뭔가 '힘'을 쥔 사람임을 정확하게 알고 있었다. 자라 온 환경 때문에 아이들 모두 권력의 냄새에 민감했고 현재 가장 힘이 센 사람이 누군지 본능적으로 알아보았다. 코레시가 강요한 집단 체제에 단련된 결과였다.

아이에게는 '여기에서 제일 센 대장이 나와 놀아 준다.'는 사실이 상당한 안정감을 주는 것 같았고, 대장과 이야기하고 친하게 지내면서 자신의 삶에 대한 통제력과 자신감을 회복해 갔다. 이전 삶에서 겪은 무기력이나 공포와 대조적인 감정이었다. 엄마를 걱정하던 소녀는 여자 팀원에게 자기 마음을 털어놓았다. 어느 경우든 이야기가 너무 깊어져 두려워지면 언제든 일어나 나가 버리거나 그냥 함께 있으면서 인형 놀이만 해도 상관없었다. 팀원 회의에서는 매일 각 아이들의 접촉 현황을 그래프로 그려서 모두가 아이들 각각의 상황을 자세히 파악하고 다음 번 약속을 적절하게 계획할 수 있도록 했다.

하지만 이야기하고 의논할 상대를 선택하는 자유만으로는 부족했다. 이 아이들에게는 규칙적인 생활이 주는 안정감이 필요했다. 전담 기관이 정해지지 않았던 첫 며칠간, 아이들은 즉시 데이비드 코레시가 절대 권력을 휘둘렀던 공동체에서의 권위적인 생활 습관을 재현했다. 우선 아이들은 공동체에서처럼 남녀 무리로 나뉘어 남자 열두 명이 여자들에게서 분리되었다.

제일 나이가 많았던 남매가 '대리자'를 자처하여 여자 대리자는 여자 쪽을 통솔했고 남자아이는 남자 쪽과 여자 대리자를 함께 관리했다. 다른 아이들은 아무런 불평 없이 시키는 대로 열을 지어 지시에 따랐다. 식사를 할 때도 남녀가 서로 다른 탁자에 나누어 앉았고 놀이도 따로 했으며 꼭 필요할 때가 아닌 한 완강하게 서로 접촉을 피했다. 다윗의 '신부'가 될 나이가 많은 여자아이들은 노란 포스트잇에 다윗의 별을 그리거나 "다윗은 신이다."라고 써서 숙소 앞에 붙였다.

하지만 뭔가 선택해야 할 때에는 아주 단순한 것에 대해서도 너무나 무능했다. 땅콩버터만 바른 샌드위치와 그 위에 젤리를 얹은 샌드위치를 함께 주면 당장 혼란에 빠지고 심지어 화를 내기도 했다. 공동체에서는 아주 작은 결정 하나까지도 모두 다른 사람이 해주었기 때문이다. 아주 기본적인 선택도 금지되었던 아이들은 보통 자신이 뭘 좋아하는지는 물론 나아가 자신이 누구인지도 잘 알지 못하고, 자의식 형성이 어려워진다. 이들에게는 스스로 결정한다는 것이 완전히 낯선 새로운 개념이나 마찬가지였기 때문에 적지 않은 불안함을 느꼈고, 대신 대리자에게 결정권을 위임한 뒤 지시대로 따르는 편을 택했던 것이다.

우리는 이 문제를 어떻게 다루어야 할지 난감했다. 아이들이 '자기 집에 있는 것처럼' 편안하게 지내기를 원했고 그러자면 안정감을 주는 이런 의식을 존중할 필요가 있었다. 하지만 동시에 곧 마주할 낯선 외부 세계에도 적응할 수 있도록 도와야 했다.

하나하나 시행착오를 겪으며 해 나가는 수밖에 없었다. 우선 어느 날 점심시간에 여자 쪽 탁자에 앉아 보았으나 결과는 실패였다. 즉시 모든 아이들이 눈살을 찌푸리며 동요했고 서너 살 정도 되는 여자아이가 항의했다.

"여기 앉으면 안 돼요!"

왜 안 되냐고 묻자 단호한 답변이 되돌아왔다.

"남자잖아요!"

"그걸 어떻게 알아?"

나는 웃으며 농담으로 상황을 모면하려 했으나 아이는 물러서지 않고 여자 대리자를 쳐다보았다. 여자 대리자는 고개를 끄덕여 남자임을 확인해 주었다. 내가 자리에 계속 앉아 있으니 거의 모든 아이들이 분노하며 적대감을 드러냈고 분위기가 험악해졌다. 폭동이라도 일어날 기세였다. 결국 몇몇 아이들이 자리에서 일어나 공격 태세를 취해 할 수 없이 자리에서 일어나야 했다. 이후 일단은 테이블을 나눠 앉는 문제나 과일과 야채를 함께 먹으면 안 된다는 것과 같은 코레시가 강요한 이상한 식사 규칙을 그대로 존중해 주었다.

우리는 이런 생활 습관 문제를 강요하지 않기로 결정했다. 그저 매일 우리들의 생활 모습이나 서로 대하는 방식을 보고 시간이 지남에 따라 부정적 자각 없이 우리처럼 자연스럽게 행동하게 되기를 바랐다.

다음으로는 징계와 훈육이 커다란 문제로 대두되었다. 엄격한 규제를 비롯하여 공동체에서 신물 나게 겪었을 징계 방법인 체벌, 격리, 신체 구속 등의 방법은 의도적으로 피했다. 드물게 아이들이 물리적으로 공격하거나 독설을 하는 경우 조심스럽게 아이가 진정하도록 유도하고 필요하면 사과하도록 했다. 많은 아이들이 외상후증후군으로 계속되는 흥분이나 두려움에 시달렸고 이로 인해 충동적, 공격적으로 행동하거나 다른 아이들의 이런 반응에 즉시 대응하지 못했다. 이런 자연스러운 반응을 이유로 벌을 주는 일은 없어야 했다.

이번 공동체 공격과 같은 공포를 겪은 직후에는 대부분 다른 일에 대해서도 사건 당시 반응과 유사한 방식으로 대응하게 된다. 예를 들어 공포 상황에서 도망쳤다면 이후에서도 회피로 대응하고 맞싸웠다면 이후에도 공격적인 반응을 보이기 마련이다. 또한 심신이 현실에서 괴리되는 해리 반응을 일으켰으면 이후 여러 상황에서도 같은 증상을 보이는 경우가 많다. 다윗 파 아이들도 화가 나거나 법 집행 기관자에게 불려 가는 등 미처 생각하지 못했던 상황에 맞닥뜨릴 경우 이런 반응을 보이는 것을 관찰할 수 있었다.

여섯 살짜리 여자아이 수지가 상담 중 보여 준 해리 반응은 전례가 없을 정도로 극단적이었다. 엄마가 어찌 되었을 것 같으냐고 물었지만 아이는 질문을 전혀 듣지 못한 것처럼 행동했다. 탁자 밑으로 기어들어가 태아처럼 몸을 웅크리고 아무런 말도 하지 않고 얼어붙었다. 어떻게든 달래 보려고 토닥였지만 수지는 6분간이나 아무런 반응을 보이지 않았고 그 후 내가 방을 나가는 것도 알아차리지 못했다. 방에서 나온 나는 옆방으로 들어가 양방향 거울을 통해 아이를 지켜보았다. 3분이 더 지나서야 아이가 꿈틀 움직였다. 해리 반응 후 다시 외부 자극을 인지하기까지 10분도 넘는 시간이 필요했던 셈이다. 공격성을 드러내기도 했다. 보통 남자아이가 이런 반응을 보였지만 간혹 여자아이도 있었다. 트라우마 사건을 회상하게 만드는 질문을 받으면 물건을 던지거나 폭언을 쏟아 냈고 크레파스를 부러뜨리거나 이야기를 중단하고 나가 버리는 경우도 있었다.

아이들을 괴롭히는 것은 우리의 질문만이 아니었다. 하루는 아이들이 밖에서 놀고 있을 때 수용소 위로 방송사 헬리콥터가 날아들었다. 코레시는 아이들에게 FBI가 헬리콥터에 타고 날아와 머리 위로 기름을 들이부은 뒤 불을 붙일 것이라고 가르쳤다. 순식간에 아이들 모두 전쟁 영화 속 군인들처럼 엄폐물을 찾아 숨어 버렸다. 헬리콥터가 사라지자 아이들은 남자, 여자별로 열을 지어 「주님의 병사되어」라는 성가를 부르며 건물 안으로 행진해 들어갔다. 소름 끼치는 광경이었다.

공동체가 공격받기 전 보았던 ATF 차량과 비슷하게 생긴 흰색 배달 트럭이 나타났을 때에도 비슷한 상황이 벌어졌다. 눈 깜짝할 사이에 아이들 모두가 사라져 버렸다. 외상후스트레스장애는 스트레스 사건이 발생하고 오랜 시간이 흐른 뒤 나타나는 새로운 증상들이 아닌, 사건 당시에는 효과가 있었던 대처 방식3이 이후 그대로 지속되어 부적응이 고착되는 상태를 의미한다. 아이들의 행동은 외상후스트레스장애로 진단할 수 있었다.

와코의 고립된 생활이 지루해진 팀원들은 말 그대로 다윗 파 아이들과 24시간 함께 생활했다. 나도 가끔 휴스턴으로 돌아가서 최소한의 관리 업무를 처리하고 가족을 돌보았을 뿐, 거의 대부분의 시간을 와코에서 보냈다. 여러 관련 기관과 몇 시간이나 계속되는 마라톤 회의를 통해 파국을 막으려 애썼고, 우리를 도와주면 아이들에게 안전하고 건강한 가족을 찾아 주고 지속적인 정신과 치료 필요 여부를 확인하겠다고 약속했다. 우리의 말을 귀담아 듣고 대응 전략을 바꿀 가능성이 조금이라도 있는 사람이면 누구에게나 집단 자살 또는 공동체를 포위한 사람들에 대한 자살 테러 가능성이 높다고 끝없이 설득했다. 만나는 FBI 요원마다 붙들고 불타는 건물 그림을 보여 주며 아이들이 반복적으로 들이대는 위협을 이야기했고, 남자아이든 여자아이든 장난감으로 가득 찬 상담실에 들어왔을 때 얼마나 금방 실제와 유사하게 만든 장난감 총을 집어 드는지, 또 얼마나 능숙하게 탄창을 열어 장전 상태를 확인하는지 설명했다. 네 살짜리 여자아이 하나는 총을 집어 들어 수동 노리쇠를 당겨 보더니 역겹다는 듯이 말했다.

"뭐야, 가짜잖아."

하지만 불행하게도 작전을 담당한 전술 팀은 끝까지 코레시를 실질적인 종교 지도자가 아닌 일개 사기꾼으로 치부했다. 사이비 종교 집단만이 사람들을 소름 끼치는 결정을 내리도록 몰아붙이는 것이 아니다. 이 그룹 역학group dynamics은 법 집행 기관 내에도 마찬가지로 적용되었다. 두 집단 모두 자신의 세계관이나 관점에 맞지 않는 정보는 무시해 버렸다. 비극이었다. 법 집행 기관의 폐쇄된 분위기는 코레시에 대한 소문을 제멋대로 부풀려 갔다. 일례로 이들이 핵무기를 개발해서 건물에 배치할 계획이었다는 억측까지도 퍼졌다. 양쪽 모두 기본적으로 이미 믿고 있는 바를 맞다고 박수쳐 주는 사람에게만 귀를 기울였다.

다윗 파 아이들을 돌보고 와코 사건을 내부에서부터 알아 나가면서 나는 집단이라는 것이 인간의 삶에 얼마나 강한 영향을 미치는지, 사람의 뇌는 다른 사회화 수준이 높은 동물과 마찬가지로 자신의 아는 현재 삶 외의 세상을 이해하기가 얼마나 힘든지 거듭거듭 아프게 절감했다.

4월 19일 새벽, 휴스턴에 있던 내게 낯선 FBI 요원의 전화가 걸려 왔다. 즉시 와코로 돌아와 달라는 요청이었다. 결국 요새를 함락시켜 내부의 아이들을 구출하기 위해 공권력이 투입되었던 것이다. 라디오를 튼 채 급하게 차를 몰아 와코로 달려갔지만 도시 경계의 언덕을 넘는 순간 짙은 연기 기둥과 오렌지색 불꽃이 눈에 들어왔다. 나는 차머리를 돌려 감리교 고아원으로 달렸다. 사람들은 슬퍼 보였지만 가능한 한 아이들에게 스트레스를 주지 않으려 애썼다. 지금까지 수용소에서는 형제자매의 증언이나 코레시가 찍어 FBI에게 보낸 비디오테이프를 통해 확인된 공동체 내에 남아 있던 아이들 스무 명을 맞이할 준비를 해왔다. 하지만 모두가 사망한 지금, 이 죽음이 앞서 구출되어 수용 중이던 아이들에게 어떤 영향을 미칠지 알 수 없는 상황이었다.

슬프게도 지금껏 아이들에게 심어 주려 애썼던 믿음이 대부분 물거품으로 변했다. 우리는 아이들에게 우리가 적이 아니며 부모형제와 친구들도 죽이지 않을 것이라고 말해 왔다. 하지만 이젠 코레시의 예언이 더욱 정확하게 확인된 셈이었다. 그의 말대로 '나쁜 사람들'이 공동체를 공격했고 마지막에는 그의 예언대로 큰 화재로 모든 것을 쓸어 버렸다. 아이들의 트라우마에 기름을 붓는 꼴이었다. 또한 당연하게도 지상에 재림하여 모든 불신자를 처단한다는 코레시의 다음 예언은 가르침을 어기고 피신한 아이들을 자신이 불신자 무리에 포함되었다는 공포에 몰아넣을 터였다.

일단은 최선을 다해 뉴스를 차단할 수밖에 없었고 다음 날까지 기다리기로 했다. 당시에는 생존자 여부를 알지 못했기 때문이다.

날이 밝자 수용소의 강당에 모두를 모이게 했다. 이때쯤에는 아이들 각자 최소한 한두 명의 팀원과 긴밀한 관계를 맺고 있었다. 발생한 일을 최대한 사실에 입각해서 명료하게 전달한 다음 질문을 받을 예정이었다. 그 후 각 아이들이나 형제자매 단위로 친하게 지내던 팀원 두세 명이 함께 있어 줄 것이다.

클리닉을 운영한 이래 가장 어려운 순간이었다. 열 명이 넘는 아이들에게 그들의 아버지가, 형제가, 어머니가, 자매가, 친구가 죽었다고 전하는 기분이 어떻겠는가? 더구나 모든 사람이 지금껏 아이들에게 그런 일은 일어나지 않을 것이라고 수없이 강변했던 코레시의 예언 그대로 죽었다고 말이다. 우선 일부는 믿을 수 없다는 반응을 보였다. 많은 사람들이 사랑하는 사람의 죽음을 겪을 때 보이는 반응이기도 하다.

"설마요, 그럴 리가 없어요."

하지만 일부의 반응은 더욱 가슴 아팠다.

"이럴 줄 알았어."

"내가 그럴 거라고 했잖아요."

무엇보다 슬픈 것은 이런 비극적인 결말을 얼마든지 피할 수 있었다는 것이다. 최종 공격에 대한 다윗 파 공동체의 대응은 충분히 예측 가능했고 인명 손실을 완전히 막을 수는 없었더라도 얼마든지 줄일 수 있었다. 하지만 연방 정부는 가장 최악의 재앙을 가져올 만한 방법을 선택했다. 그 결과 사실상 아이들이 남아 있는 것으로 알고 있던 80명 전원이 죽음을 맞이했다.

공동체가 불타오르며 최후를 맞이할 무렵 수용소 아이들은 대부분 다윗 파에 속해 있지 않은 다른 친척들에게 인계되고 열한 명만 남아 있었다. 당연하게도 이 사태는 이들에게 심각한 후유증을 남겼으며 코레시의 식사 관례나 성별 구분에서 관찰되었던 것과 유사한 트라우마 증상을 보였다.

정말 조심해야 하는 시기였다. 예를 들어 남녀가 서로 다른 식탁에 나뉘어 식사하는 문제가 자꾸 논란을 불러일으키자 아예 식탁 하나를 없애 버리기로 했다. 왜 식탁이 하나뿐이냐고 묻는 여자아이에게 나는 아이들 수가 줄어 하나로 충분하다고 답했다. 아이가 보기에도 남은 아이들 수가 크게 줄었기에 별다른 의심 없이 내 말을 받아들였다. 처음에는 여자아이들은 식탁 한쪽 끝에, 남자아이들은 다른 쪽 끝에 앉았으나 시간이 지나면서 자연스럽게 섞여 앉게 되었다. 마찬가지로 여러 트라우마 증상과 코레시의 규칙에 대한 집착도 서서히 줄어들었다.

14년이 지난 지금까지 우리는 간간히 다윗 파 아이들 소식을 듣곤 한다. 아이들은 모두 당시 사건으로 인해 영구적이고 심각한 영향을 받았다. 반 정도는 여전히 코레시를 따르는 친척에게 맡겨졌고 일부는 어릴 때 배웠던 교리를 그대로 따르며 자라났다. 대학에 가거나 취직한 아이도 있고 가정을 이룬 경우도 있다. 아직까지 어려움을 겪으며 혼란스러운 삶을 위태롭게 이어 가기도 한다.

여러 가지 조사와 연방 의회 청문회가 열렸고 수많은 책과 폭로 기사가 쏟아져 나왔다. 하지만 이 모든 관심은 몇 달 지나지 않아 시들해졌다. 분노의 고함으로 가득했던 일련의 재판이 끝나자 휴스턴의 우리 팀을 비롯하여 CPS, FBI, 경찰까지 모든 기관이 대부분 이전의 삶과 업무로 되돌아갔다. 그러나 평범해 보이는 일과와 달리 우리의 생각에는 큰 변화가 있었다.

우리는 이 사건을 통해 가장 좋은 치료는 '치료하지 않는 것'임을 배웠다. 대신 자연스럽게 나와 같은 치료사와 아이, 숙모와 겁에 질린 소녀, 조용한 텍사스 경찰과 흥분하기 쉬운 소년 사이에 건강한 관계를 형성시키는 것이 가장 좋다. 다윗 파의 악몽 후 가장 회복이 빨랐던 아이들은 스트레스를 가장 적게 받은 아이도, 수용소에서 우리와 가장 열심히 이야기를 나누었던 아이도 아니었다. 바로 사건 후 가장 건강하고 사랑이 넘치는 환경으로 가게 된 아이였다. 그것이 여전히 다윗 파의 방식을 믿는 가족이든 코레시를 완전히 배척하는 보호자든 마찬가지였다. 사실 심각한 트라우마 피해 아동에게 가장 효과적인 치료는 정확하게 다음과 같이 요약할 수 있다. 가장 효과가 큰 방법은 아이의 삶에서 관계의 질과 수를 증가시켜 주는 것이다.

또한 서로 완전히 다른 사람들이 모이면 더 효과적일 수 있다는 것을 알았다. 심지어 서로의 목표가 충돌하는 경우라도 마찬가지다. 십수 개의 주, 연방 정부와 지방 정부가 다 함께 합심하여 아이들을 돌보았고, 모두 자기 위치에서 가능한 모든 시간과 노력을 들여 서로 협의하여 아이들을 도왔다. 관계란 중요한 것이다. 건전한 협력 관계가 갖추어지자 신뢰가 자라났고, 그 신뢰를 토대로 체계적 변화가 용인되었다. 치료 프로그램이 중요한 게 아니다. 정말 중요한 것은 바로 사람이 사람을 변화시키는 과정이다. 사건 자체는 비극적인 파국으로 끝났지만 협력과 존중, 협동을 통해 우리도 변화를 만들어 낼 수 있다는 소중한 사실을 배울 수 있었다. 와코의 잿더미 위에서 트라우마에 시달리는 아이들을 치료할 수 있는 새로운 희망의 씨앗이 뿌려진 셈이다.

| 4장 |
나를 안고 흔들어 주세요

스킨십 부재로 인한 성장부전

의사도 다른 사람과 마찬가지로 자신의 업적을 인정받고 싶어 한다. 의학적 명성을 높이는 가장 확실한 방법은 새로운 병을 발견하거나 어려운 의학적 수수께끼를 풀어내는 것이다. 텍사스 어느 병원 723E 병실의 조그만 여자아이야말로 바로 이런 수수께끼였고 절망에 빠진 의사들은 결국 내게 상담을 요청해 왔다. 몇 주일이나 코로 연결한 튜브를 통해 고칼로리 유동식을 쏟아부었음에도 불구하고 네 살짜리 로라의 몸무게는 겨우 11.8킬로그램이었다. 간호사는 내 앞에 거의 1미터가 넘는 의료 기록 파일을 쌓아 놓았다. 꼬마 숙녀의 키는 이 파일 높이에도 미치지 못했다. 로라의 이야기는 와코 아이들과 마찬가지로 아이들이 유아기 경험에 어떻게 반응하는지에 대해 우리에게 많은 것을 알려 준다. 왜 몸과 마음은 별개의 것으로 취급할 수 없는지, 유아에게 건전한 두뇌 발달이 왜 필요한지, 또한 이런 요구가 충족되지 못할 때 아이의 성장에 얼마나 총체적인 악영향을 미치는지 웅변한다.

로라의 파일에서는 말 그대로 수천 쪽에 달하는 내분비학자, 위장병학자, 영양학자를 비롯한 여러 의학 전문의의 방문 기록이 쏟아져 나왔다. 피 검사, 염색체 검사, 호르몬 수치, 생체 조직 검사에 대한 연구 보고서도 끝이 없었다. 침습성 검사들도 많았다. 목구멍에 관찰용 기구인 스코프를 집어넣어 위장을 직접 조사하거나 직장에 스코프를 넣어 장을 더듬어 보기도 했다. 수많은 의사가 상담해 온 보고서만도 수십 가지에 달했다. 심지어 배에 튜브를 삽입하여 내부 장기를 면밀히 검토하는 복강경 검사까지 받아야 했다. 이 과정에서 조금 잘라낸 아이의 창자 조직을 국립보건원에 보내 분석을 의뢰한 상태였다.

마지막으로 한 달간 특수 위장 검사를 시행하고 나서야 사회 복지사가 로라의 의사에게 정신 의학 상담을 요구했다. 몇 년 전 로라를 처음 본 위장학자 무리가 주장한 '창자간질'과 마찬가지로 정신과 의사들도 로라에 대해 새로운 이론을 제시했다. 식이장애 전문 상담자로 소개받은 한 심리학자는 '영아거식증infantile anorexia'의 최초 사례라며 흥분하여 동료들과 토론을 벌였다. 결국 그는 나에게 아이를 상담해 줄 수 있는지 물어 왔다. 학술 출판 분야에 발이 넓은 내가 이 사례를 기사화해 줬으면 했던 것 같다. 그는 나에게 아이가 몰래 먹은 걸 다 토해 내거나 밤마다 과격한 운동을 하는 게 틀림없다고 귀띔했다. 그렇지 않다면 대체 어떻게 그렇게 엄청난 칼로리를 섭취하고도 자라지 않을 수 있단 말인가? 그는 내가 최초로 어린아이에게 나타난 이 까다로운 문제를 깨끗하게 풀어 주기를 원했다.

나도 호기심이 생겼다. 영아거식증이라니? 한 번도 들어본 적이 없는 사례였다. 병원에 도착한 나는 항상 하던 것처럼 먼저 기록을 검토했다. 상담하기 전 아이의 이력에 대해 가능한 한 많은 정보를 얻어야 유리하기 때문이다. 하지만 4년간 스무 번 입원하고 여섯 군데 전문 클리닉에서 치료받은 아이의 파일더미는 그 높이만도 1미터에 달했다. 나는 일단 입원 서류를 찾아 환자와 그 어머니에 대해 훑어보기 시작했다.

아이의 병실 풍경은 보기 괴로웠다. 스물두 살 된 로라의 엄마 버지니아는 아이에게서 몇 미터 떨어져 앉은 채 텔레비전 보고 있었다. 엄마와 딸 사이에 대화나 감정 교류 같은 건 찾아볼 수 없었다. 너무나 작고 창백한 로라는 퀭한 눈으로 조용히 앉아 식판을 쳐다보았다. 아이의 코에 끼워진 위장용 급식 튜브는 쉴 새 없이 위장에 영양분을 펌프질해 넣고 있었다. 나중에 알게 된 사실이지만 식이장애 심리학자가 로라가 식사하는 동안에는 다른 사람과 일체 접촉하지 말도록 지시해 놓은 상태였다. 먹기를 거부하는 교활한 아기인 로라가 엄마나 다른 사람을 교묘하게 이용해 음식을 버리거나 게우지 못하도록 막은 것이다. 이 이론에 따르면 거식증 환자는 먹지 않을 때 받는 관심을 즐기고 이것을 이용해서 가족을 마음대로 휘두르므로 이들에게 이런 '보상'을 주지 않으면 오히려 회복에 도움이 된다. 하지만 병실에서 내가 본 것이라곤 비쩍 마르고 기운 없는 아이와 한가한 엄마뿐이었다.

뇌는 역사를 간직한 장기로 개인의 지나온 세월이 속속들이 저장되어 있다. 살아온 경험을 통해 뇌에 만들어지는 기억들이 사람의 됨됨이를 결정하고 이런 기억들을 이용해서 무의식적으로 행동하는 경우가 명료하게 의식하고 처리하는 경우보다 훨씬 더 많다. 그러므로 뇌와 관련된 임상 문제를 판단할 때에는 환자가 그동안 겪은 생활에 대해 정확하게 파악해야 한다. 두뇌 개발 중 많은 부분이 영아기에 이루어지기 때문에 어린 시절 양육 방식에 따라 두뇌 개발 정도가 엄청나게 달라진다. 또한 사람은 자신이 어릴 때 받았던 보호 방식 그대로 자신의 아이들을 대하는 경향이 있기 때문에 아이들의 훌륭한 '두뇌'는 멀리 보호자의 유아기와 어린 시절 경험에서부터 그 뿌리를 찾을 수 있다. 로라를 이해하려면 먼저 로라의 가족을 알아야 했고 이 경우에는 로라의 엄마가 유일한 가족이었다.

나는 우선 로라의 엄마 버지니아에게 간단한 질문 몇 가지를 던졌다. 대답과 거의 동시에 의심이 솟아났다. 로라의 문제가 본인도 아직 어려서 잘해 보려고 애쓰지만 미숙하기 짝이 없는 아이 엄마의 과거에 뿌리를 둔 건 아닐까?

"고향이 어디세요?"

나는 로라의 엄마를 보며 부드럽게 물었다.

"오스틴일 거예요."

그녀가 대답했다.

"부모님 고향은 어디인데요?"

"잘 몰라요."

버지니아는 위탁 가정을 전전하며 어린 시절을 보냈다. 그녀는 약물 중독자 엄마가 아버지도 모르는 채 낳아 유기한 아이였다. 당시 아동 복지 시스템에서는 위탁 가정에 사는 영유아를 6개월마다 새로운 가정으로 이동시키는 게 일반적이었다. 아이와 임시 보호자가 너무 특별한 애착 관계를 형성하면 좋지 않다는 게 이유였다. 물론 오늘날에는 소수의 지속적 보호자에 대한 영아의 초기 애착 관계가 이후 정신 건강은 물론 육체 발달에도 아주 중요하다는 게 일반적인 이론이다. 하지만 당시에는 이런 지식이 아동 복지 담당자들에게 그다지 많이 퍼져 있지 못했다.

사람의 유아기는 어떤 동물보다 더 연약하고 의존적이다. 뱃속에 있을 때나 영아기에는 엄마는 물론 간접적으로는 더 큰 범위의 가족의 도움이 많이 필요하다. 하지만 출산의 끔찍한 고통, 임신과 수유의 불편함, 신생아 돌보기에 들어가는 끝없는 노동에도 불구하고 아기 엄마는 대부분 아기를 돌보고 먹이고 보호하는 데 전력을 기울이며 이런 고행을 기쁘게 받아들인다. 하지만 병적인 상태에서는 그렇지 못할 수 있다.

　부모가 아닌 사람이 보기에 이런 행동은 참으로 불가사의하다. 무엇이 부모가 잠과 성생활, 친구와 사생활은 물론 삶의 다른 모든 즐거움을 기꺼이 포기하고 이 짜증나게 시끄러우며 오줌을 질질 싸대는 조그만 생명체 돌보기에 매달리도록 하는 걸까? 비밀은 바로 육아가 많은 면에서 말로 표현할 수 없는 기쁨을 준다는 놀라운 사실에 있다. 우리의 뇌는 자녀, 특히 영아와의 상호 작용을 통해 큰 보상을 얻는다. 아기가 편안할 때 내는 옹알이와 아기 냄새, 부드러운 피부, 특히 예쁜 얼굴은 우리를 기쁨으로 충만하게 만든다. '귀여움'이란 사실 부모가 자녀를 돌보고 아기의 요구 사항을 충족해 주며 이런 생색도 안 나는 끝없는 노동을 기꺼이 감당하게 만드는 진화론적 적응이다.

　이런 과정을 통해 우리는 성장하는 동안 적절하고 사랑스러운 보살핌을 받을 수 있다. 춥고, 배고프고, 목마르거나, 공포에 질리거나 스트레스를 받아도 울음을 터뜨리기만 하면 언제든 보호자가 달려와 우리의 욕구를 채워 주고 사랑과 관심으로 스트레스를 해소해 준다. 이렇게 돌봄을 받는 아기의 뇌에서는 지속적으로 두 가지 주요 신경망이 자극된다. 첫 번째는 보호자의 얼굴, 미소, 목소리, 어루만지기, 냄새와 같은 사람 사이의 상호 작용을 통한 복잡한 지각 인식이다. 두 번째는 '즐거움'을 조절하는 신경망 자극이다. 이런 '보상 시스템'은 다양한 방법으로 활성화되며 그중 하나가 스트레스 해소다. 목마를 때 마실 것을 주고 배고플 때 먹여 주고 불안감을 해소해 주는 모든 행위는 즐거움과 만족감을 안겨 주며, 앞에서 이야기했던 것처럼 이런 두 가지 신경 활성 패턴이 동시에 자주 발생하면 두 패턴 사이에 연결 고리가 생성된다.

부모가 아기의 요구에 적절히 반응하며 돌보는 경우 아기의 뇌에서는 즐거움과 대인 관계가 아주 밀접하게 결합된다. 즐거움과 대인 관계와의 상호 연결은 건강한 인간관계를 잇고 만들어 주는 중요한 신경 생물학적 접착제가 된다. 사람이 사람에게서 받을 수 있는 가장 훌륭한 보상은 사랑하고 존경하는 사람의 관심, 인정, 애착이며 가장 극심한 고통은 관심, 인정, 애착의 상실이다. 물론 가장 명백한 실례는 사랑하는 사람의 죽음일 것이다. 아무리 위대한 연구나 운동, 직업적 성과를 달성해도 기쁨을 나눌 사람이 없으면 공허할 뿐이다.

사랑이 넘치는 가정에서 태어난 아기는 대부분 엄마나 아빠 같은 지속성 있는 양육자가 원하는 것을 반복적으로 충족시켜 준다. 배고프거나 춥거나 두려울 때 울기만 하면 어김없이 누군가 즉시 달려와 해결해 주고 달래 준다. 이런 양육자는 아기의 두뇌 발달 과정에 맞추어 인간관계에 활용될 템플릿을 제공한다. 애착은 인간관계를 지지해 주는 기억 템플릿으로 관계의 주된 '세계관'으로 작용한다. 여기에는 상냥하고 적절하게 양육되었는지, 일관성이 없고 발달을 방해받거나 학대 또는 방임되었는지 여부가 큰 영향을 미친다.

앞에서 언급했듯 뇌는 사용하면 할수록 더 잘 발달한다. 자주 사용되는 신경망일수록 더 우세해지고 그렇지 못한 신경망은 점점 퇴화한다. 아이가 제대로 성장하려면 뇌의 많은 신경망이 적절히 자극받아야 하며 각 신경망이 최상의 상태로 기능하도록 적절한 시기에 적절한 순서대로 자극하여 사용 의존적 발달을 도와야 한다. 이런 '민감기sensitive period'를 놓치면 일부 신경망은 평생 제 기능을 발휘하지 못할 수 있으며 방임으로 인한 결손이 영구적 손상을 초래하는 경우도 있다. 갓 태어난 새끼 고양이의 눈을 몇 주간 가려 놓으면 눈의 기능은 완벽한데도 불구하고 앞을 보지 못한다. 뇌의 시각 회로가 제대로 작동하려면 시각 경험이 꼭 필요하다. 눈을 가려 시각적 자극을 없애면 시신경이 눈에 보이는 영상과 거리 감각 사이의 중요한 연결고리를 만들지 못한다.[1] 마찬가지로 아기가 영아기에 적절한 언어적 자극을 받지 못하면 언어를 말하거나 들어도 이해하지 못한다.[2] 또 사춘기 전부터 제2외국어에 자주 노출되면 유사한 억양을 가진 다른 언어도 쉽게 말할 수 있게 된다.[3]

일반 애착 발달기에 언어나 시각에서와 마찬가지로 정해진 '민감기'가 존재하는지는 아직 밝혀지지 않았으나 만 3세 정도까지 한두 명의 주요 보호자와의 영구적 인간관계를 형성할 수 없었던 버지니아와 같은 아이는 타인과 사랑이 넘치는 원만한 관계를 맺는 능력에 영구적 손상을 받는다고 알려져 있다. 일관성 있는 스킨십이나 사랑스러운 유대 관계가 없었던 아이는 정형화된 반복적 자극을 받지 못해 보상이나 즐거움과 인간관계를 연관시켜 주는 뇌 신경망 구축에

장애를 입는다. 바로 이런 일이 버지니아에게 일어났다. 아동기에 여러 보호자의 손을 전전한 결과 그녀는 보통 엄마가 아기를 안거나 냄새를 맡거나 의사소통하며 얻게 되는 보상이나 즐거움을 제대로 알지 못했다.

버지니아는 다섯 살이 되어서야 겨우 한 위탁 가정에 정착하여 아동기 대부분을 보낼 수 있었다. 위탁 부모는 자상하고 도덕심이 높은 독실한 기독교 신자로 훌륭한 부모가 되어 주었다. 이들은 버지니아에게 예절과 '다른 사람을 대하는 방법'은 물론 평범하고 인도적인 수많은 삶의 태도를 가르쳐 주었다. 도둑질이 나쁘다고 가르쳐서 다른 사람의 것을 허락 없이 훔치지 않게 되었고 약물 중독의 해악을 경고하여 평생 마약을 하지 않았으며 학교를 다니며 열심히 공부하도록 이끌었다. 이들은 버지니아를 입양하려 했고 버지니아도 강렬하게 원했으나 주 정부는 친부모의 친권에 집착하여 담당 사회 복지사를 통해 생모와의 재결합 가능성을 계속 제기했고 끝내 입양은 무산되고 말았다. 18세가 되자 주 정부는 더 이상 법적으로 버지니아를 '책임지지 않게 되었고' 그녀를 위탁 가정에서 강제로 격리했다. 이들은 담당 사회 복지사의 뜻을 따르지 않으면 다른 아이들도 모두 빼앗길 처지였기 때문에 어쩔 수 없었다. 결국 버지니아는 아동 보호보다는 시스템의 법적 책임을 줄이는 데에만 급급했던 비인도적인 아동 복지 정책에 희생양이 되어 평생 처음으로 만났던 진정한 의미의 부모를 잃었다.

고등학교를 갓 졸업한 버지니아는 위탁 가정에서 '나이가 찬' 아이들을 보내는 한 사회 복귀 시설에서 지내며 저임금 노동자로 일했고, 사랑하는 사람과의 단절, 따라야 할 규칙의 부재, 애정 결핍의 고통 속에서 얼마 지나지 않아 임신하게 되었다. 아이 아버지는 쉽게 도망가 버렸지만 그녀는 위탁 가정에서 만난 부모의 가르침대로 사랑하는 아기를 위해 옳은 일을 선택했고 낙태하는 대신 산전 관리 기관을 찾아 고위험 산모를 위한 프로그램에 가입했다. 하지만 아이가 태어나는 순간부터 임산부를 위한 프로그램의 보호를 받을 수 없게 되었고 아기에 대한 책임은 모두 어리고 미숙한 버지니아에게 지워졌다.

 버지니아는 일단 아기와 함께 병원을 나왔지만 무엇을 어떻게 해야 할지 알지 못했다. 유아기의 애착 관계가 갑작스럽고 거칠게 중단되었던 그녀에겐 모성 본능이라 할 만한 것이 부족했다. 머리로는 아기를 먹이고 입히고 씻기는 등 기본적으로 해야 할 일을 알고 있었다. 하지만 감정이 결여된 상태였다. 아무도 버지니아에게 신체적 접촉을 통해 사랑을 표현하지 않았으므로 그녀도 자신의 아기에게 어떻게 해야 할지 몰랐다. 무엇보다 그녀 자신이 이런 사랑 표현과 신체 접촉에서 즐거움을 느끼지 못했고 그렇게 해야 한다고 가르쳐 주는 사람도 없었다. 버지니아는 대뇌 변연계나 정서 체계에 자극을 받지도, 정보를 전달하는 대뇌 피질의 인식 능력에 이끌리지도 못한 채 정서적 연결 고리가 단절된 방식으로 양육을 계속했다. 아이를 바닥에 누인 채 우유병을 받침대에 괴어 먹였고 가슴에 안아 쓰다듬지도 않았다. 아이를 안아 달래거나 자장가를 불러 주거나 얼러 주거나 눈을 맞추거나 작지만 완벽한 발가락을 세어 보는 등, 일견 바보 같지만 평범한 유아기를 보낸 사람이라면 누구나 아기를 돌볼 때 본능적으로 하게 되는 아주 중요한 신체 접촉을 거의 이해하지 못했다. 모든 포유동물의 성장에는 이런 신체적, 감정적 자극이 꼭 필요하기 때문에 로라의 성장이 멈춰 버린 것이다. 버지니아는 언제나 올바르게 행동하려 노력했지만 그것은 어디까지나 엄마가 '해야 하는 의무'를 충실히 따랐을 뿐이지 정말 마음에서 우러나오는 감정을 느끼지 못했다. 평범한 부모가 아이를 돌볼 때 감정적, 신체적 어려움을 극복할 수 있게 해주는 아기로부터의 만족감과 즐거움을 얻지 못했기 때문에 좌절감을 느끼면 아이를 가혹하게 벌하거나 무시해 버렸다.

평범하고 건강하게 태어난 아기가 이런 식의 감정적 방임 끝에 제대로 성장하지 못하거나 체중이 감소하는 현상을 '성장부전'이라고 한다. 로라가 아직 아기였던 18개월에도 성장부전은 학대나 방임에 노출된 아이들에게 발생하는 잘 알려진 증후군이었다. 특히 개인적 관심과 영양 공급을 제대로 받지 못했을 때 더 심각한 양상으로 나타났다. 여러 나라에서 관련 사례가 보고되었으며 보통 개별적으로 충분히 관심을 주거나 돌보기 힘든 고아원 같은 시설에서 자주 발생했다. 이 증상은 발견이 늦어지면 치명적이었다. 1940년대에 행해진 한 연구 결과에 의하면 보호 기관에서 충분한 관심을 받지 못하고 자란 아이들 중 3분의 1 이상이 두 살 이전에 사망했다. 이런 사망률은 대단히 높은 수치다.[4] 책 뒷부분에서 보게 될 오늘날 동유럽의 고아와 같이 정서적 박탈 환경에서 살아남은 아이들은 심각한 행동장애나 섭식장애를 겪는 일이 많고 낯선 사람에게는 지나치게 호의적이면서 가까운 지인과의 관계 유지에는 어려움을 겪을 수도 있다.

버지니아가 처음 생후 8주가량 된 로라를 데리고 병원을 찾았을 때에는 성장부전이라는 정확한 진단이 내려졌고 입원해서 영양 공급을 받았다. 하지만 누구도 버지니아에게 이 병에 대해 설명해 주지 않았다. 퇴원할 때 아기의 섭식과 영양에 관련 조언만 받았을 뿐 양육법에 대해서는 들은 말이 없었고 사회 복지사도 어떤 연락도 받지 못했다. 의사들 대부분이 의료 문제의 심리나 사회적 측면보다는 '생리적' 문제를 더 중요하게 생각했기 때문에 엄마의 방임 행동은 의료 체계 내에서 무시되었다. 무엇보다 버지니아는 누구 눈에도 무관심한 엄마로 보이지 않았다. 어떤 무신경한 엄마가 아기에 대해 제3자의 공식 개입을 요청하겠는가?

하지만 로라는 이후로도 전혀 자라지 않았다. 몇 달 후 버지니아는 아기를 다시 응급실로 데려왔다. 버지니아의 초기 애착 관계 문제를 알지 못하는 의사는 이제 로라가 두뇌가 아니라 위장관 문제일지 모른다고 의심했다. 그때부터 4년간 로라는 각종 검사, 치료, 식이 요법, 수술, 경관 급식 등에 끝없이 시달려야 했다. 하지만 여전히 버지니아는 아기를 안아 주고 얼러 주고 놀아 주며 육체적 자극을 줘야 한다는 사실을 전혀 알지 못했다.

아기는 처음부터 스트레스에 반응하는데 꼭 필요한 요소를 지닌 채 태어나며 이것은 뇌의 가장 원시적인 부분인 기저부에 자리 잡고 있다. 영아의 뇌는 올바르지 못한 신체 내부의 신호나 외부 자극을 스트레스 요인으로 받아들인다. 영양분이 필요할 경우에는 '배고픔', 탈수 상태에서는 '목마름', 외부의 위협을 인지하면 '두려움'이 스트레스 요인이다. 이 요인이 해결되면 영아는 즐거움을 느낀다. 바로 이것이 신경 생물학에서 스트레스 반응이 뇌의 즐거움과 보상 영역은 물론 고통, 불편함, 두려움을 대표하는 영역과도 상호 연관된다고 하는 이유다. 즉 스트레스 요인이 줄어들어 생존 능력이 향상되면 즐거움을 경험하게 되고 위험이 커지는 경험은 스트레스를 유발한다.

영아는 즉시 누군가가 먹여 주고 안아 주고 쓰다듬어 주고 부드럽게 흔들어 주는 것이 즐겁다는 것을 깨닫는다. 주의 깊게 양육되어 배가 고프거나 두려울 때마다 누군가가 일관성 있게 돌봐 준다면 아기는 금방 먹이거나 달래줌으로 얻는 즐거움과 위안을 사람의 관계와 연관시키게 된다. 그러므로 이런 평범한 유아기를 보내면 돌봐 주는 보호자와 친밀한 관계가 형성되고 그 관계에서 큰 행복을 얻을 수 있다. 즉 아기의 건강이 증진되고 이후 인간관계에서 즐거움을 느끼게 하려면 아기가 울 때마다 반복하여 적절하게 요구를 들어주어야 한다.

관계나 쾌락을 중재하는 뇌 신경계는 모두 스트레스 반응 기전과 연결되어 있기 때문에 사랑하는 사람과의 상호 작용이야말로 가장 뛰어난 스트레스 조절 메커니즘이다. 처음에는 보호자가 아기를 먹여 줌으로 인해 먹을 것을 구할 수 없다는 두려움과 공포를 다스려 주지만 시간이 지나면 아이 스스로 이런 심리적 스트레스를 다스릴 수 있게 된다. 즉 보호자로부터 감정과 요구에 반응하는 방법을 배운다. 배고프면 먹여 주고 무서우면 달래 주며 감정적, 육체적으로 필요한 것을 지속적으로 적절하게 채워 주면 아기는 점차 스스로 감정을 조절하고 위로할 수 있게 되어 이후 일상의 부침에 대처할 힘을 키워 나간다.

서너 살 꼬마가 넘어져 무릎이 까지면 반사적으로 엄마를 쳐다본다. 엄마가 걱정하는 기색이 없으면 아이도 울지 않지만 엄마의 얼굴에 두려움이 떠오르면 아이도 당장 울음을 터뜨리기 마련이다. 보호자가 아이에게 감정적 자기 조절을 가르치는 복잡한 과정의 한 예다. 물론 아이마다 유전적으로 스트레스 요인이나 자극에 대한 민감도는 다르지만 이런 유전적 강점이나 취약성은 아이가 갖는 첫 인간관계를 좀 더 부각시키거나 무디게 만드는 정도에 그친다. 성인을 포함한 대부분의 사람들은 친밀한 사람이 함께하고 사랑하는 사람의 목소리와 얼굴을 보고 들으면 스트레스 반응 신경계의 활동이 실질적으로 조절되어 스트레스 호르몬을 제어하고 스트레스를 줄일 수 있다. 사랑하는 사람의 손을 잡기만 해도 어떤 스트레스 조절 약을 먹은 것보다 더 큰 효과가 있다.

뇌에는 다른 사람의 행동과 똑같이 느끼고 반응하는 '거울 뉴런'이라는 신경 세포도 있다. 이런 상호 조정 능력도 애착 관계의 기초를 제공한다. 예를 들어 아기가 웃으면 엄마의 뇌에 있는 거울 뉴런도 스스로 웃었을 때와 거의 동일한 패턴으로 반응하고 이런 거울 효과로 인해 결국 엄마도 미소를 짓는다. 엄마와 거울 뉴런을 통해 깊은 즐거움과 동질감을 나누는 아이는 엄마의 행동을 모방하고 발전시키며 감정 이입과 관계 대응 능력을 키워 나간다.

하지만 반복해서 아이의 웃음을 무시하고 아이가 울어도 그대로 내버려 두는 경우, 제때 먹여 주지 않거나 다정하게 안아 주지도 않은 채 거칠게 먹이면 인간관계의 긍정적 연관성이나 안정감, 예측 가능성, 즐거움 등을 이해하지 못하는 아이로 자라난다. 또한 버지니아의 경우처럼 보호자와의 체취와 목소리, 웃음이 익숙해져 애착 관계가 형성될 무렵 강제로 분리되어 새로운 보호자와 관계를 시작해야 하는 일이 몇 번이나 반복되면 이런 자아 형성 과정이 제대로 진행되지 못하며 아무리 다시 사랑을 주고 익숙해지는 과정을 반복해도 복구되지 않는다. 사람은 대체할 수 있는 물건이 아니기 때문이다. 사랑의 크기만큼 상실의 고통도 커지며 아기의 성장에 큰 상처를 남긴다. 아기와 첫 보호자 사이의 애착 관계는 대단히 중요하다. 아기가 보호자에게 느끼는 사랑은 세상에서 가장 로맨틱한 관계다. 이 말할 수 없이 중요한 애착 관계의 기억이야말로 어른이 되었을 때 건강하고 친밀한 관계를 형성하게 만드는 원동력이다.

유년 시절 보호자에게 익숙해질 만하면 계속 다른 집으로 옮겨 가야 했던 버지니아는 사랑을 배울 기회가 없었고, 인간관계와 즐거움을 연관시키는데 꼭 필요한 특별한 관계 반복이 존재하지 않았다. 그 결과 아기와 공감하는 기본적인 신경 생리학적 능력이 부족하여 자신의 아기에게 육체적 사랑을 주지 못했다. 좀 자란 후에는 안정감 있고 사랑이 넘치는 가정에서 살았기 때문에 두뇌의 더 고차원적인 인지 영역은 잘 개발되어 부모로서 '의무'가 무엇인지는 배울 수 있었지만 자연스럽게 아기를 돌보기 위한 감정적인 기반이 없었다.

로라를 낳은 버지니아는 아기를 사랑해야 한다는 사실을 머리로는 이해했지만 다른 사람과 같은 방식의 사랑을 느낄 수 없었고 육체적 접촉을 통해 표현하지도 못했다.

로라에겐 이런 자극의 결핍이 매우 파괴적인 영향을 미쳤고 호르몬 실조로 인해 아무리 많은 영양을 공급받아도 제대로 성장할 수 없었다. 이런 증상은 다른 포유동물에서 나타나는 '발육부전증후군'과 유사하다. 쥐, 생쥐는 물론 강아지나 고양이의 경우에도 외부에서 개입하지 않으면 한배 새끼 중 가장 작고 약한 새끼는 몇 주 후 죽는 경우가 많다. 이 새끼는 너무 약해서 어미의 젖꼭지를 자극하여 우유가 나오게 할 수 없거나(포유류는 특정 젖꼭지를 배타적으로 차지하고 젖을 먹는다.) 어미의 적절한 그루밍을 유도하지 못하며, 어미도 이런 제일 약한 새끼를 무시해 다른 새끼들처럼 핥아 주거나 돌보지 않는다. 이 과정이 다시 새끼의 성장을 방해한다. 어미의 그루밍을 받지 못하면 호르몬이 생성되지 않기 때문에 다른 방법으로 영양을 충분히 공급받아도 제대로 자라지 못한다. 이 메커니즘은 제일 약한 새끼에겐 잔인한 결과를 낳지만 전체적으로는 어미가 더 성공적으로 새끼를 키울 수 있도록 돕는다. 체력을 아끼고 더 건강한 새끼를 우선적으로 돌봐서 더 많은 개체가 건강하게 살아남아 유전자를 성공적으로 전달할 수 있게 해준다.

성장부전으로 진단받은 유아에게서도 성장 호르몬 감소[5]가 관찰되며 로라의 체중이 증가하지 않는 이유도 이것이다. 호르몬 분비에 필요한 신체적 자극이 없었기 때문에 로라의 몸은 음식물을 쓰레기로 취급했다. 토하거나 심하게 운동해서 살을 뺀 것이 아니라 신체적 자극 부족이 체중 증가를 방해했던 것이다. 사랑을 받지 못한 아기는 글자 그대로 '자라지 못한다.' 로라는 거식증에 걸린 게 아니었다. 한배 강아지들 중 제일 약한 새끼처럼 자신이 '결핍 상태'임을 깨닫고 제대로 성장하기 위해 필요한 호르몬을 분비하지 못했을 뿐이다.

내가 휴스턴에 처음 도착했을 때 아이들을 클리닉에 자주 데려오던 위탁모를 만난 적이 있다. 격식을 갖추지 않고 항상 솔직하게 이야기하는 따뜻하고 마음이 넉넉해 보이는 여자였다. 마마 P(가명)는 학대받고 트라우마에 시달리는 아이들에게 필요한 것이 무엇인지 본능적으로 아는 것 같았다.

  버지니아와 아기 로라를 어떻게 도와야 할지 고민하다가 문득 마마 P에게 배웠던 사실이 떠올랐다. 그녀를 처음 만났던 당시 처음 텍사스에 왔던 나는 정신과 의사, 심리학자, 아동 심리학 레지던트, 의과대 학생을 비롯한 여러 직원 및 수습 직원 십여 명을 모아 티칭 클리닉teaching clinic을 세웠다. 부분적으로는 수습 직원이 선임의의 치료를 관찰하여 클리닉 업무에 숙달되도록 만들 목적으로 구상한 것이었다. 우리는 마마 P의 수양 아이들 중 하나의 첫 번째 평가 방문을 피드백 하는 과정에서 만나게 되었다.

  마마 P는 체격이 크고 힘이 넘치는 사람으로 항상 자신감 있고 박력 있게 행동했으며 번쩍거리는 큼지막한 치마를 입고 목에는 화려한 스카프를 매고 있었다. 그녀의 용무는 로버트라는 일곱 살짜리 수양 아이에 대한 상담이었다. 3년 전 엄마의 친권이 박탈되어 위탁 가정으로 보내진 아이였다. 코카인과 술에 중독된 매춘부였던 친엄마는 항상 로버트를 방임하고 두들겨 팼으며 그녀 자신도 아들과 함께 손님과 포주에게 끝없이 폭행당했다.

  집에서 벗어난 로버트는 이후 위탁 가정 여섯 곳, 쉼터 세 곳을 전전했고 통제 불능 행동 때문에 세 번이나 입원했다. 그가 받은 진단만 해도 주의력결핍과잉행동장애, 적대적반항장애, 양극성장애, 분열정동형장애 외에도 각종 학습장애 등 열두 가지나 되었다. 평소에는 사랑스럽고 다정한 아이였지만 간헐적으로 강한 분노와 공격성을 보여 친구들과 교사, 위탁 부모를 위협했고, 광란의 분노 폭발이 벌어지면 매번 위탁 부모나 학교가 아이를 포기하고 쫓아내곤 했다. 마마 P가 아이를 우리에게 데려온 것은 그가 다시 학교에서 부주의와 공격성 문제로 말썽을 일으켜 어떤 조치를 취하라는 명령을 받았기 때문이었다. 나는 로버트를 보며 시카고에서 돌보았던 수많은 거주 치료 센터 아이들을 떠올렸다.

나는 상담에서 우선 마마 P의 마음을 편하게 해주려고 노력했다. 경험상 상대가 차분해졌을 때 훨씬 더 효과적으로 내 말을 듣고 지시를 따를 수 있기 때문에 마마 P가 안전하고 존중받는다고 느끼기를 바랐다. 돌이켜 생각해 보면 이런 내 태도가 그녀에게 매우 잘난 척하는 것으로 보였던 것 같다. 당시 나는 내가 수양 아이들 상황을 잘 안다고 자만했다.

"당신은 이해 못하겠지만 나는 이 아이를 완전히 이해할 수 있어."

내 오만한 표정에서는 이런 마음이 다 드러나 있었을 것이다. 마마는 웃음기가 사라진 얼굴로 팔짱을 낀 채 도전적으로 나를 바라보았다. 나는 이해하기 어려운 스트레스 반응의 생물학적 기전과 이것이 아이의 공격성이나 과잉 경계 증상에 어떻게 영향을 미치는지에 대해 장황하게 늘어놓았다. 아직 아이가 트라우마에 어떻게 영향을 받는지 명확하게 설명할 방법을 모르던 시절이었다.

"그래서, 대체 내 아기를 어떻게 돕겠다는 거요?"

마마가 입을 뗐다. 나는 깜짝 놀랐다. 왜 일곱 살이나 먹은 아이를 아기라고 부르는 거지? 이해할 수 없었다.

내가 샌디와 센터 소년들에게 사용한 적 있었던 클로니딘 복용을 제안하자 마마는 조용하지만 단호하게 내 말을 잘랐다.

"내 아기에게 약을 먹일 수는 없어요."

아주 안전한 약이라고 설득해 보았지만 막무가내였다.

"어떤 의사도 내 아기에게 약을 먹이지는 못합니다."

옆에서 지켜보던 로버트의 주치의인 아동 심리학자가 지루함을 참지 못하고 꼼지락거리기 시작했다. 어색한 분위기가 흘렀다. 정신 의학과 부과장 빅샷은 바보 같은 사람이었다. 위탁모와 사이가 틀어지니 더 이상 일의 진전이 없었다. 나는 다시 스트레스 반응 시스템의 생물학적 기전을 설명하려 했으나 그녀는 내 말을 막으며 "학교에 뭐라고 말할 건지나 설명하라"고 고집부렸다.

"이 아기는 약이 필요 없어요. 그는 그저 사랑과 친절을 줄 사람이 필요할 뿐이에요. 학교나 선생들 모두가 이걸 이해하지 못해요."

"알겠습니다. 학교랑 이야기해 보죠."

나는 퇴각할 수밖에 없었다.

두 손 두 발 다 든 나는 질문을 던졌다.

"그럼 당신은 아이를 어떻게 돕나요?"

그녀가 왜 소년이 이전 위탁 가정과 학교에서 매번 쫓겨나게 만들었던 '격노'를 문제 삼지 않는지 궁금했다.

"나는 그저 아이를 안고 천천히 흔들어 줘요. 아주 사랑스러운 아이죠. 밤에 공포에 질려 울부짖거나 집 안을 돌아다닐 때에도 아이를 내 침대로 데려가 옆에 눕히고 등을 쓸어 주면서 노래를 불러요. 그러면 얼마 후 잠든답니다."

아동 심리학자가 걱정스러운 표정으로 내 얼굴을 흘끗 훔쳐보았다. 일곱 살이나 된 아이를 보호자와 한 침대에 재우면 안 되는데. 하지만 일단 조용히 들어 보기로 했다.

"낮에 아이가 이성을 잃으면 어떻게 진정시킵니까?"

내가 물었다.

"똑같아요. 모든 것을 잠시 내려놓은 다음 의자에 앉아 아이를 안고 흔들어 줍니다. 그러면 금방 진정한다니까요. 불쌍한 것."

마마 P의 이야기를 들으며 나는 로버트의 기록에 반복해서 나타나던 패턴을 떠올렸다. 학교의 최근 자문을 포함한 모든 자료에는 소년이 규칙을 따르지 않고 징징대며 들러붙는 등 '어린애처럼' 버릇없이 군다고 화난 어조로 기록되어 있었다.

"아이가 그럴 때면 화가 나거나 좌절감이 느껴지지는 않나요?"

"선생님은 갓난아기가 난장판으로 만들어 놓은 광경을 보면 화가 나시나요?"

마마 P가 반문했다.

"물론 아니죠. 아기는 아기일 뿐이라고요. 아기는 자기 나름대로 최선을 다하는 거니까요. 우리는 그들이 어떤 난장판을 쳐놓거나 큰 소리로 울거나 우리 몸에 온통 토해 놓아도 모두 용서하잖아요."

"로버트도 아기인거고요?"

"맞아요. 이 아이들은 모두 내 아기예요. 로버트는 7년 동안 내내 아기인거예요."

상담이 끝난 뒤 일주일 후로 다시 약속을 잡았고 나는 학교에 전화해 주겠다고 약속했다. 마마 P는 내가 로버트를 데리고 클리닉 홀로 내려가는 것을 지켜보았다. 나는 다시 돌아와 우리를 더 가르쳐 달라고 농담했다. 그제야 마마 P의 얼굴에 웃음이 떠올랐다.

마마 P는 이후 몇 년 동안 계속 우리 클리닉에 아이들을 데려왔고 그때마다 항상 우리들에게 가르침을 주었다. 마마 P는 우리가 깨닫기 훨씬 전부터 학대나 방임의 어린 희생자 대부분에게 훨씬 어린 아기와 마찬가지로 부드럽게 안아 주거나 흔들어 달래는 등의 육체적 자극이 필요하다는 것을 알고 있었다. 그녀는 아이들을 그들의 나이에 따라 대하지 않고 언제나 두뇌 발달의 '민감기'에 받지 못했던 꼭 필요한 보살핌을 주었던 것이다. 그녀에게 맡겨진 아이들 대부분은 안거나 쓰다듬어 주는 것이 꼭 필요했고 마마 P는 대기실에서 기다릴 때에도 항상 아이들을 꼭 끌어안고 천천히 흔들어 주곤 했다. 이것을 지켜보는 직원들은 그녀가 아이의 응석을 너무 받아 준다며 걱정했다.

하지만 나이 많은 아이들에게 보이는 마마 P의 지나친 다정함과 육체적 접촉을 선호하는 걱정스러워 보이는 이 방식이야말로 의사가 처방해야 하는 행동 요법이었다. 아이들은 잘 통제되고 적절한 스트레스 반응 시스템 발달에 꼭 필요한 반복적이고 정형화된 육체적 접촉을 받아 본 적이 없었고 자신이 사랑받고 있다는 것, 안전하다는 것을 확신할 수 없었다. 이들은 내면적 안정을 누릴 수 없어 외면적 탐험에 나설 수 없었고 공포와 두려움이 가득한 채로 성장했다. 이들 모두 마마 P가 그들에게 주는 스킨십에 굶주려 있었다.

이제 버지니아와 내가 로라를 돌보는 데 필요한 마마 P의 지혜는 물론 그녀의 무한한 모성애와 다정다감한 품성을 본받아야 할 때였다. 나는 간호사실로 돌아가 마마 P의 전화번호를 알아내 전화를 걸었다. 그러고는 그녀에게 로라와 버지니아를 위탁 가정에 받아 주어 아이 키우는 법을 배울 수 있게 해달라고 부탁했다. 마마 P는 즉시 동의했다. 다행히 두 가족 모두 사설 지원 프로그램에 속해 있어서 관련된 모든 비용을 지불할 수 있었다. 위탁 가정 제도는 보통 이런 융통성을 발휘하지 못한다.

남은 것은 버지니아와 내 동료들을 설득하는 일이었다. 병실로 돌아가자 버지니아의 표정이 불안해 보였다. 정신 의학의가 그녀에게 학대받은 아동을 위한 클리닉 업무에 초점을 맞춰 기록된 서류를 넘겨주었던 것이다. 버지니아는 우리가 자신을 무능한 부모라 비난한다고 생각하는 것 같았다. 내가 입을 열기도 전에 그녀가 먼저 말을 꺼냈다.

"아기한테 도움이 될 수만 있다면 내게서 데려가도 좋아요."

이 가엾은 엄마는 아기를 너무나 사랑한 나머지 로라가 나을 수만 있다면 다른 곳으로 보내 줄 각오까지 되어 있었다.

나는 버지니아에게 아기를 빼앗지 않을 것이며 대신 마마 P와 함께 살았으면 좋겠다고 설명했다. 그녀는 로라에게 도움이 될 수 있는 일이라면 무엇이든 하겠다며 즉시 동의했다.

하지만 다른 소아과 의사들은 로라의 영양실조가 더 심각해질 수 있다고 반대했다. 아기의 발육 부전이 너무 심각해서 의료 처치를 통해 칼로리를 공급하지 않으면 위험할 수 있다는 우려였다. 무엇보다 아기는 이미 튜브를 통해 음식물을 공급받고 있었다. 나는 아기가 충분한 열량을 섭취하도록 식단을 엄격하게 감시하겠다고 다른 의사를 설득했다. 결과적으로 이 조치로 우리는 여태 했던 어떤 치료보다 더 놀라운 성공을 거두었고 드디어 아기의 진료 기록에 의미 있는 진전을 기록할 수 있게 되었다. 마마 P에게로 간 후 한 달 만에 로라의 몸무게는 병원에서와 정확하게 동일한 열량을 섭취했으면서도 12킬로그램에서 거의 변화가 없었던 전달에 비해 4.5킬로그램이나 늘었다! 이전에는 영양분을 그토록 쏟아붓고도 줄지 않으면 다행이었던 아이의 몸무게가 한 달 만에 35퍼센트나 증가한 셈이었다. 이제 풍부한 신체 접촉을 인지한 뇌에서 성장에 필요한 호르몬을 적절하게 분비할 수 있게 되었던 것이다.

버지니아는 아낌없이 신체 접촉을 하는 마마 P를 지켜보며 드디어 로라에게 필요한 것이 무엇인지, 그것을 어떻게 제공해야 하는지 깨달았다. 이전에는 식사 시간마다 경직된 분위기였고 갈등이 끊이지 않았다. 의사와 병원마다 식단도 지시도 계속 바뀌어 로라에게 식사 시간에 대한 혼란스럽고 공허한 경험만 가중시킬 뿐이었다. 또한 아이에게 필요한 것이 무엇인지 몰랐던 엄마는 아이가 먹지 않는다고 호되게 혼내고 벌주거나 무시하기를 반복했다. 무엇보다 버지니아는 아기는 물론 아기를 돌보는 엄마도 누릴 수 있는 육아의 즐거움과 만족감을 알지 못했기 때문에 더 큰 좌절감을 느꼈다. 육아는 어려운 일이다. 육아의 즐거움을 느끼는 신경 생리학적 능력이 없으면 짜증스럽고 화만 날 것이다.

마마 P의 유머 감각과 따뜻한 성품, 언제 어디서든 기꺼이 행하는 포옹은 버지니아가 잃어버렸던 모성애를 일부나마 되찾게 해주었다. 또한 마마 P가 다른 아이들이나 로라에게 어떻게 대하는지 지켜보면서 문제 해결의 실마리를 잡을 수 있었다. 이제 버지니아는 아기가 배가 고픈지 놀고 싶은지, 또는 잠투정을 하는지 더 잘 알아차리게 되었다. 네 살짜리 아이는 이제 '미운 세 살'이라고도 하는 반항기에 접어들었지만 감정적으로나 육체적으로 좀 더 성숙해졌다. 로라가 드디어 성장하기 시작하면서 식사 시간을 두고 어머니와 딸 사이에 빚던 마찰도 끝을 보였고 한시름 놓은 버지니아는 좀 더 인내심과 일관성을 가지고 아이를 양육할 수 있게 되었다.

버지니아와 로라는 마마 P의 집에서 약 1년간 머물렀고 이후에도 절친한 친구로 남았다. 나중에 버지니아는 마마 P의 이웃으로 이사하여 친밀한 관계를 이어 갔다. 로라는 엄마와 마찬가지로 인간관계에 감정적 거리를 두곤 하지만 강한 도덕적 잣대를 가진 밝고 활기찬 꼬마 숙녀로 자라났으며, 두 사람 모두 세상을 낙관적으로 바라보게 되었다. 얼마 후 둘째 아들이 태어났고 이번에는 처음부터 어떻게 키워야 할지 잘 아는 엄마의 손에서 발육 부전 없이 건강하게 성장했다. 버지니아는 대학에 들어갔고 두 아이는 학교에서 잘 해나가고 있다. 친구도 많이 사귀고 교회에 기부도 하며 때때로 마마 P의 집에 놀러 가기도 한다.

하지만 로라와 버지니아 모두 유년기의 상처가 완전히 치유된 것은 아니다. 둘을 몰래 지켜보면 여전히 표정이 공허하고 심지어 슬퍼 보이기도 한다. 일단 그 앞에 모습을 보이면 둘은 얼굴에 사교적 표정을 떠올리며 적절하게 응대하겠지만 어딘지 모르게 사람을 대하는 태도가 이상하고 인간관계가 자연스럽지 않다. 둘 다 많은 경우 사회적 상호 관계에 따른 행동을 단순히 흉내만 낼 뿐이고 자발적 웃음으로 자연스럽게 사회성을 느끼지 못하며 포옹 같은 물리적 행동으로 애정을 표현하지 못한다.

누구나 어느 정도는 다른 사람에게 표정이나 태도를 가장하여 '연기'하지만 초기 방임을 경험한 사람은 이런 가면이 너무 쉽게 벗겨지곤 한다. '더 높은' 인식 수준에서 보면 엄마나 딸 모두 훌륭한 사람이다. 이들은 도덕성과 굳은 신앙심으로 자신의 공포와 바람을 달랜다. 하지만 이들의 뇌에서는 다른 사람과의 감정적 연결 고리가 되는 이성적, 사회적 관계 부분에 어린 시절 겪었던 잘못된 양육의 그늘이 남아 있다. 우리의 현재 모습은 본성과 시기적절한 개발 잠재력에 의해 만들어진다. 나이가 들면 외국어를 배우기가 어려운 것처럼 버지니아와 로라도 평생 사랑의 표현을 위해 의식적으로 노력해야 할 것이다.

| 5장 |

냉혈한

트라우마가 만들어 낸 소시오패스

철통같은 경비를 지나 교도소로 들어가는 일은 언제나 겁난다. 정문에서 철저하게 신원을 확인하고 나면 입고 있는 옷을 제외하고 주머니를 뒤져 모든 것을 맡겨야 한다. 여기에는 열쇠, 지갑, 휴대 전화를 비롯해 도난당하거나 무기로 사용될 수 있는 모든 것과 모든 신분증이 포함된다. 여러 개의 잠긴 문을 열고 지나가는 것은 사실상 이 지점을 지나 포로로 잡혀도 스스로 해결해야 한다는 것을 의미한다. 이런 조치는 표면상 방문객이 수감자에게 인질로 잡혀 탈출에 이용될 가능성을 줄이기 위한 것이지만 그래도 불안한 느낌을 지울 수 없다. 수많은 경비와 그 사이에 전자 감시 장치가 빈틈없이 설치된 서너 겹이 넘는 두꺼운 금속제 문이 등 뒤로 쾅 닫히고서야 방문한 수

감자를 만날 수 있다. 레온. 나이 열여섯에 두 명의 10대 소녀를 잔인하게 살해하고 시체를 강간했다.

　버지니아와 로라는 유년기의 방임이 감정 이입과 건전한 인간관계를 조절하는 뇌 영역 발달을 저해한 사례였다. 이 능력이 손상되면 어색하고 외로우며 사회성이 부족한 사람으로 자라난다. 하지만 태어난 첫해의 애정 결핍이 아이를 악의적으로 사람을 증오하게 만들 수도 있다. 엄마와 딸의 경우에는 감정 이입 능력이 발달하지 못했음에도 다행히 둘 다 도덕심이 강했고, 유년기 경험으로 감정적 불구가 되어 사회적 암시를 제대로 받아들이지 못하면서도 증오나 미움으로 가득 차 있지는 않았다. 레온은 훨씬 더 위험한 결과를 낳은 사례며 다행히 흔한 경우는 아니다. 레온의 사례는 고의가 아닌 무지에 의한 것일지라도 부모의 방임이 얼마나 큰 손상을 남길 수 있는지, 현대의 서구 문화가 과거 많은 아이들을 보호해 주었던 대가족 체제를 얼마나 심각하게 약화시키는지 웅변한다.

　레온은 사형을 선고받아 집행을 기다리고 있었다. 그의 변호사는 내게 양형 재판에서의 증언을 부탁했다. 이 공판에서는 양형 시 정신병이나 학대 이력 같은 '경감' 사유가 있는지 판단한다. 내 증언은 법정이 가석방 없는 종신형과 사형 중 어떤 것을 선택할지 결정할 때 참고 자료가 된다.

　교도소를 방문한 날은 누구나 살아 있다는 사실에 행복해지는 따뜻한 봄이었다. 육중한 회색 건물 앞에 서자 경쾌한 새소리와 따뜻한 햇볕이 어색하게 느껴졌다. 교도소의 담장은 5층 높이의 시멘트 벽돌이었다. 한쪽 벽에 쇠창살이 박혀 있는 창문이 이따금 보이고 감옥의 거대한 덩치와 어울리지 않는 작은 붉은색 문이 달린 경비실이 붙어 있었다. 안쪽으로는 6미터 높이의 철조망이 있고 꼭대기에는 가시철망을 세 겹으로 둘러놓았다. 교도소 외부에는 나밖에 없었고 주차장의 낡은 차 몇 대만 보일 뿐이었다.

빨간 문으로 걸어가자 심장 고동 소리가 점점 빨라지고 손바닥에는 땀이 나기 시작했다. 나는 진정하라고 스스로를 타일러야 했다. 사방에 긴장감이 팽팽하게 감돌았다. 두 겹의 문과 금속 탐지기를 통과하자 직원이 즉석에서 내 몸을 수색했고, 수감자만큼이나 답답하게 갇혀 화가 난 것 같은 경비원의 안내를 받아 건물 안으로 들어섰다.

"심리학자이신가요?"

그녀는 나를 못마땅한 눈으로 쳐다보며 물었다.

"아닙니다. 정신과 의사입니다."

"뭐 어쨌든요. 선생님도 여기에서 평생 살아야 하실 지도 몰라요."

경비원은 경멸하는 어조로 웃음을 터뜨렸다. 나도 함께 웃을 수밖에 없었다.

"여기 규칙이 있어요. 꼭 읽어 보셔야 합니다."

그녀가 한 장짜리 종이를 건네주며 말했다.

"밀수품 금지. 무기 금지. 감옥 안으로 선물을 가지고 들어가거나 무언가를 들고 나오면 절대 안 됩니다."

목소리와 태도에 나를 싫어하는 기색이 역력했다. 이토록 화창한 날씨인데 감옥 안으로 들어가야 한다는 사실에 화가 나는 모양이었다. 어쩌면 사법 체계 안에서는 정신 건강 전문의가 주로 범죄자의 책임을 가볍게 해준다는 사실이 억울한지도 몰랐다.

나는 가능한 한 공손하게 대답했다.

"잘 알겠습니다."

하지만 경비원은 이미 나에 대한 감정이 굳어진 것 같았다. 그녀의 태도는 누가 봐도 적대적이었다. 뇌는 처한 환경에 적응하기 마련이다. 이 장소는 친절이나 신뢰를 끌어내기에 적합하지 않은 곳이었다.

면접실은 금속제 탁자와 의자 두 개만 놓여 있는 작은 방이었다. 바닥은 보호 시설의 특징이라고 할 수 있는 녹색 반점이 찍힌 회색 타일이 깔려 있고 벽은 콘크리트 블록이었다. 잠시 후 남자 경비원 둘이 레온을 데려왔다. 앳된 얼굴, 왜소한 체구에 오렌지색 점프 슈트를 입고 팔과 다리에 채워진 수갑은 쇠사슬로 연결되어 있었다. 그는 나이에 비해 몸집이 작아 그리 위험하게 보이지는 않았지만 태도는 분명 공격적이었다. 팔뚝에는 이미 교도소 문신으로 알려진 비스듬한 'X'가 보였다. 하지만 거칠어 보이는 행동은 몸집이 작은 수고양이가 털을 부풀리듯 작은 체구를 크게 보이려 가장하는 겉치레로 보였다. 이 열여덟 살짜리 소년이 사람을 둘이나 잔인하게 죽였다고는 믿기가 어려웠다.

그는 두 희생자를 자신이 사는 고층 아파트 엘리베이터에서 만났다. 오후 서너 시밖에 안된 시간이었지만 이미 만취 상태였던 그는 여자애들에게 노골적으로 섹스하자고 꼬셨다. 여자들은 당연히 거절했지만 그는 둘의 아파트에 따라 들어가 거친 몸싸움 끝에 탁자에 놓인 칼로 모두 찔러 죽였다. 체리스는 열두 살, 친구 루시는 열세 살로 둘 다 이제 겨우 사춘기에 접어든 소녀였다. 불시의 공격이었던 데다가 레온의 체구가 훨씬 컸기 때문에 희생자들은 거의 반항도 못해 보고 그대로 당했다. 먼저 체리스를 허리띠로 제압해 묶었고 그 와중에 덤벼든 루시를 찔러 죽였으며, 목격자를 남기지 않으려던 것인지 분노를 삭이지 못해서인지 몰라도 연이어 이미 묶여 있던 체리스를 살해했다. 그 뒤 둘을 시간하고 그래도 화가 가라앉지 않자 시체를 발로 차고 밟아 댔다.

레온은 이전에도 여러 번 법적인 문제에 휘말린 경험이 있지만 이 정도로 치명적인 폭력 징후는 찾아볼 수 없었다. 그의 부모는 근면한 사람이었고 합법적으로 결혼한 이민자로 범죄 이력이 전혀 없는 평범한 시민이었다. 아동 학대, 위탁 가정 같은 문제에 휘말린 적도 없었고 기타 다른 압류 등의 문제도 없었다. 단지 레온만이 언제나 주변 사람을 조종하려 들고 감정적 관계를 전혀 맺지 못했다. 학교나 청소년 교정 시설의 자료에는 대부분 무자비하고 냉담하며 무관심해서 감정 이입이 불가능한 아이로 기록되었다.

하지만 지금은 무시무시한 교도소 안에서 족쇄를 차고 앉아 있는 그의 모습이 불쌍해 보이기까지 했다.

"당신이 의사예요?"

그가 나를 위아래로 훑어보며 내뱉었다. 명백하게 실망했다는 말투였다.

"그래."

"제길, 여자 정신과 의사를 찾아 달라고 했는데."

그는 경멸조로 중얼거리고는 탁자의 의자를 확 잡아 빼 발로 찼다. 나는 침착하게 변호사가 내 방문과 이 만남의 목적을 설명하지 않았냐고 물었다.

그는 고개를 끄덕였다. 거칠게 굴며 무관심한 듯 가장했지만 사실 두려워하는 것이 느껴졌다. 스스로 그 사실을 인정하거나 이해하는 것 같지는 않았지만 그는 항상 주변을 경계하고 사람들을 주시하면서 누가 자신에게 도움이 될지, 자신을 해칠지 가늠했다. 무엇이 이 아이를 약하게 만들었을까? 그가 원하는 것은 무엇일까? 무엇을 두려워하는 걸까?

그는 내가 방에 들어선 순간부터 줄곧 내게서 눈을 떼지 않았고 나를 조종할 수 있을 만한 약점을 집요하게 찾아내려 했다. 또한 비상한 머리로 사람들의 후한 동정심에 대해 잘 이해하고 있었다. 이미 수석 변호사를 구워삶아 자신을 동정하게 만들었고 그저 뭔가 일이 잘못 꼬였을 뿐이라는 확신을 주었다. 여자애들이 그를 아파트로 끌어들여 함께 섹스하자고 약속한 것이다. 그러다가 행동이 좀 거칠어지고 사고가 났다. 그는 시체에 걸려 넘어져서 부츠에 피가 묻었을 뿐이며 결코 시체를 발로 찬 적은 없다. 그는 나에게도 두 10대 불여우가 자신을 집적거리고 유혹했으며 자기는 이 유혹을 오해했을 뿐이라고 주장했다.

"자신에 대해 이야기해 보게."

일단 그의 의중을 파악하기 위해 개방형 질문을 던졌다.

"무슨 수작이죠? 날 엿 먹이려는 속임수인가?"

그가 의심스러운 목소리로 반문했다.

"아니야. 자네에 대해 내게 가장 잘 설명해 줄 수 있는 사람은 자네 자신이거든. 나는 이미 자네에 대한 다른 사람의 의견은 수도 없이 읽었어. 교사, 치료사, 보호 관찰관, 언론까지, 모두 자네에 대해 앞다퉈 의견을 내놓고 있지. 이제 자네 자신의 의견을 듣고 싶네."

"알고 싶은 게 뭐요?"

"무얼 말하고 싶은가?"

탐색전은 지루하게 계속되었다. 우리의 대화는 계속해서 서로의 주위를 맴돌았다. 내겐 아주 익숙한 게임이었고 그는 훌륭한 게이머였다. 하지만 내가 더 노련하다.

"자, 시작해 보게. 감옥 생활은 어떤가?"

"지겨워 죽겠어요. 뭐 그렇게 나쁜 편은 아니지만 할 일이 너무 없어요."

"하루 일과를 말해 보게."

드디어 이야기가 시작되었다. 그는 교도소와 이전에 있었던 소년원의 틀에 박힌 일상에 대해 설명하며 천천히 긴장을 풀었다. 몇 시간이고 마음껏 떠들게 해준 다음 담배를 주며 잠시 휴식 시간을 가졌다. 다시 면접실로 돌아온 나는 이제 핵심에 다가설 때가 되었음을 간파했다.

"이제 여자애들이 어찌 된 건지 이야기해 보게."

"정말 별일 아니었다니까요? 복도에서 빈둥거리는데 계집애들이 지나갔어요. 몇 마디 이야기를 나누니 날 자기들 아파트로 데려가더라고요. 그런데 데려가 놓고는 맘이 변한 거죠. 나도 완전 열 받았다고요."

이것은 그의 초기 진술이나 해명과 상반되는 이야기였다. 범죄 후 시간이 지날수록 그의 이야기는 점점 덜 폭력적인 방법으로 포장되었다. 범행에 대해 이야기를 거듭할 때마다 점점 더 교묘하게 벌어진 사건에 대한 책임을 회피해서 이제는 피해자가 소녀들이 아닌 그 자신인 것처럼 보였다.

"그냥 사고였어요. 난 그저 겁을 좀 주려 한 건데. 멍청한 년들이 도대체 입을 닥쳐야 말이죠!"

혐오감으로 뱃속이 뒤틀리는 기분이었다. 반응하면 안 된다. 침착하라. 그가 충격받아 토할 것 같은 내 기분을 알아채면 솔직하게 말하지 않고 거짓말로 둘러댈 것이다. 진정하라. 나는 그의 말에 따라

고개를 끄덕였다.

"여자들이 크게 소리 질렀나?"

나는 최대한 감정 없는 목소리로 되물었다.

"네! 입만 닥치면 해치지 않겠다고 말했는데도."

그는 살인 행위에서 불쾌한 부분을 다 뺀 채 짧게 묘사하고 있었다. 강간한 사실도 난폭하게 시체를 걷어차고 밟아 댄 사실도 말하지 않았다.

나는 소녀들의 비명 소리가 그의 화를 돋우었는지, 그 때문에 열 받아 시체를 걷어찬 건지 물었다. 부검 결과 열세 살짜리 소녀의 경우 얼굴을 발로 채이고 목과 가슴이 잔인하게 짓밟혀 있었다.

"흠. 사실 난 그 애들을 걷어차지 않았어요. 그냥 발에 걸려 넘어진 거지. 술을 좀 마셨거든요, 아시죠? 내가 그때 취해 있었던 거."

그는 나를 쳐다보며 자신의 거짓말에 속아 넘어가는지 살폈다. 그의 얼굴과 목소리에는 거의 감정이 보이지 않았고 그저 학교에서 지리 숙제를 발표하는 것 같은 말투로 살인을 묘사했다. 그러다가 살해 이유를 말할 때 처음으로 감정을 드러냈다. 그는 업신여기는 표정으로 희생자들이 거칠게 반항하는 바람에 너무 화가 나 어쩔 수 없이 죽였으며 그들 스스로가 자신이 자기를 살해하도록 '조장한' 거라 우겼다. 숨이 턱 막힐 정도로 냉정했다. 레온은 다른 사람이 그가 원하는 것을 제공할 수 있느냐, 그들을 자기 뜻대로 움직일 수 있느냐, 그들이 그의 이기적인 목적에 도움이 되느냐만 관심 있는 포식자와도 같았다. 심지어 그에게서 일말의 호감이나 조짐이라도 찾아내 변호하려는 심리학자에게조차 작은 연민이나 동정도 일으키지 못했다.

그도 자신이 후회하고 양심의 가책을 받는 것처럼 보여야 한다는 사실은 알고 있었다. 하지만 그로서는 다른 사람을 이용할 수는 있었지만 아무리 애써도 그들의 감정이나 느낌을 이해할 수 없었다. 진심으로 동정심을 느끼지 못하기 때문에 그런 것처럼 가장하는 것도 불가능했다. 레온이 멍청한 것은 절대 아니었다. 사실 어떤 면에서 그의 지능은 평균치보다 훨씬 높았다. 하지만 측정 영역별로 편차가 컸다. 언어적 지능은 평균치를 밑도는 반면 일련의 그림을 맞는 순서로 늘어놓거나 물건들을 제자리에 맞춰 넣는 능력은 아주 뛰어났다. 특히 사회적 상황을 읽고 다른 사람의 의도를 파악하는 부문에서 가장 높은 점수를 받았다. 언어와 기능 평가 사이의 괴리는 학대받은 경험이 있거나 트라우마를 가진 아이들에게 자주 보이는 현상[1]으로, 기저부를 조절하는 대뇌 피질과 같이 반응성이 높은 특정 뇌 영역의 발달 요구 사항이 충족되지 못했다는 것을 의미한다. 전체 인구에서는 5퍼센트가량이 이런 패턴을 보이지만 교도소나 교정 시설 입소자를 대상으로 조사하면 그 비율은 35퍼센트로 올라간다.[2] 이것은 뇌가 사용 의존적으로 발달한다는 것을 의미한다. 사람은 혼란과 위협에 가득 찬 성장기를 보내면 뇌의 스트레스 반응 기전이 잘 발달하여 위협과 관련된 사회적 신호 해석 능력이 좋아지는 반면 동정심과 자제력에 필요한 신경 회로 발달은 지체된다. 이 실험 결과로 미루어 레온의 어린 시절도 무언가 잘못되었을 가능성이 있었다.

　나는 레온과의 면접에서 관련 사실을 알아내려 애썼지만 별 소득이 없었다. 사람들은 대부분 발달 과정에서 가장 중요한 유치원까지의 기간을 거의 기억하지 못한다. 하지만 그의 경우 분명 아주 어렸을 때부터 문제가 있었다. 어린이집 문서에조차 공격성이 기록되어 있기 때문이다. 상담에서도 그에게 친구나 지속성 있는 인간관계가 별로 없다는 것은 알아낼 수 있었다. 그의 기록에는 들치기나 도둑질 등 약자를 괴롭히는 경범죄로 가득했다. 하지만 이번 사건 이전에 정식 교도소로 보내진 적은 없었다. 미성년자였기 때문에 덜미가 잡힐 때마다 보호 관찰 처분으로 끝나곤 했고 여러 건의 폭행 사건을 일으켰을 때에도 소년원에 잠시 들어갔을 뿐이었다.

　그가 저질렀거나 저지른 것으로 의심되지만 증거 불충분으로 고발이나 기소되지 못한 중범죄도 여러 건 발견되었다. 한 번은 훔친 자전거를 타다가 발각되었는데 그 무렵 자전거 주인이었던 10대 소년은 심각하게 폭행당한 채 병원에서 사경을 헤매고 있었다. 하지만 폭행 장면을 목격한 사람이 없었기 때문에(보복당할 두려움에 아무도 나서지 못했던 것일지도 모른다.) 레온은 장물 취득죄만 적용받았다. 그는 면회 때마다 살인 사건을 묘사할 때와 같이 업신여기는 말투로 과거의 성폭행에 대해 떠벌렸다.

　이윽고 나는 그에게 후회하는 마음이 있는지 떠보기 위해 아주 쉬운 질문을 던졌다.

"이 모든 것을 돌이켜 보았을 때 가장 고치고 싶은 일은 뭔가?"

최소한 화를 참아야 했다든지 다른 사람을 해치지 말아야 했다는 식의 틀에 박힌 이야기라도 나오길 기대했지만 그의 대답은 뜻밖이었다.

레온은 잠시 생각해 보더니 대답했다.

"음, 글쎄요. 부츠를 갖다 버렸으면 좋았을라나요."

"부츠를 버려?"

"예. 현장에 발자국이 남았던 데다 부츠에는 핏자국이 남아 있었거든요."

다른 정신과 의사라면 대부분 레온을 전형적인 '사악한 종자', 즉 자연의 유전적 변종이며 동정심을 느끼지 못하는 악마 들린 아이라고 단언했을 것이다. 물론 동정심과 관련된 뇌 부위에 영향을 미치는 것으로 생각되는 유전적 소인도 존재한다. 하지만 유아기에 애정 결핍이나 신체적 방임을 겪은 사람들이라 해도 레온과 같은 극단적인 행동을 보이는 경우는 드물었다.

더구나 소시오패스sociopath로 행동할 위험이 높은 유전적 소인이란 것이 존재하고 레온이 그것을 가지고 있다면 부모나 조부모, 삼촌과 같은 다른 친척 중에 좀 덜하더라도 거듭된 체포 경력 등의 유사한 문제가 관찰되어야 할 것이다. 하지만 그의 가족력은 깨끗했다. 레온을 경찰서에 넘긴 것도 다름 아닌 자신의 형이었고 그는 레온과 완전히 달랐다.

레온의 형 프랭크(가명)는 부모나 다른 친척들처럼 괜찮은 직업을 가지고 있었다. 그는 잘나가는 배관공으로 결혼해서 성공적으로 가정을 꾸렸으며 공동체에서도 존경을 받는 두 자녀의 아버지였다. 범행을 저지른 날, 형이 집에 돌아왔을 때 레온은 피가 묻은 부츠를 신은 채 거실에서 텔레비전을 보고 있었다. 텔레비전에서는 레온이 살고 있는 아파트에서 소녀 둘이 잔인하게 폭행당한 시체로 발견되었다는 속보가 계속 흘러나왔다. 곁눈질로 레온의 부츠를 알아본 프랭크는 동생이 집을 떠나자 즉시 경찰에 범행 용의자로 신고했다.

형제는 서로의 유전자를 최소한 50퍼센트 이상 공유한다. 프랭크의 유전자가 우연히 레온보다 동정심을 느끼는데 유리했다 해도 이것만으로는 너무나 다른 기질과 삶을 설명하기엔 부족했다. 더구나 내가 아는 한 레온과 프랭크는 한집에서 같은 부모의 손에 자랐기 때문에 레온의 성장 환경이 문제를 일으킨 주범이라고는 생각되지 않았다. 결국 나는 그의 부모 마리아(가명)와 앨런(가명)을 만나고 나서야 레온의 문제를 일으킨 원흉을 찾아냈다. 처음 만났을 때 둘은 레온의 문제로 크게 상심해 있었다.

마리아는 작은 체구에 카디건의 단추를 끝까지 모두 채운 수수한 옷차림의 여인으로 다리를 모으고 똑바로 앉아 무릎 위에 놓인 핸드

백에 두 손을 가지런히 올려놓았다. 앨런은 가슴 주머니에 하얀색 타원형 명찰이 바느질된 진녹색 작업복을 입고 있었다. 프랭크는 파란색 버튼다운 셔츠에 카키색 바지 차림이었다. 마리아는 슬픔에 빠져 가냘픈 몸을 떨었고 앨런은 수치심을 느꼈으며 프랭크는 화가 난 것 같았다. 나는 세 사람과 악수를 나누면서 계속 시선을 붙잡으려 애썼다.

"이런 일로 만나 뵈어 유감입니다."

나는 조심스럽게 세 사람을 바라보며 다른 사람과 어떻게 관계를 맺는지, 동정심을 느낄 수 있는지, 레온의 의료 기록과 가족력에서 나타나지 않은 병적인 이상 행동의 조짐이 있는지 살폈다. 하지만 이들의 반응은 지극히 정상이었다. 가족 중 하나가 입에 담을 수 없는 범죄를 저질렀다는 사실을 알게 된 보통 사람들처럼 모두 죄책감과 걱정, 스트레스에 짓눌려 있었다.

"이미 아시겠지만 아드님의 변호사가 저에게 양형 재판 증언을 부탁했습니다. 지금까지 레온을 두 번 만났고요. 이제 그를 더 잘 이해하기 위해 어린 시절에 대해 듣고자 여러분을 모셨습니다."

부모는 내 말을 조용히 경청했지만 누구도 나와 눈을 마주치지 않았다. 하지만 프랭크는 부모를 보호하고 지키려는 듯 나를 노려보았다. 나는 한마디 덧붙였다.

"우리 모두는 레온이 왜 그런 짓을 저질렀는지 이해하려 애쓰고 있습니다."

부모가 눈을 들어 나를 잠시 쳐다보더니 천천히 고개를 끄덕였다. 아버지의 눈에는 눈물이 가득했고 방 안 가득 부모의 슬픔이 차고 넘쳤다. 결국 프랭크도 내 눈길을 피하더니 굵은 눈물을 뚝뚝 떨어뜨렸다.

레온의 부모도 오랫동안 슬픔과 혼란, 죄책감에 시달리며 '이유'를 찾아 헤맸을 것이다. 왜 내 아들이 이런 짓을 저질렀단 말인가? 그는 왜 이런 식으로 행동했을까? 우리가 무엇을 잘못했는가? 나쁜 부모였나? 태어날 때부터 문제가 있었던 건가? 이들은 레온 때문에 당황하고 있으며, 자신들이 아들에게 항상 최선을 다했고 언제나 열심히 일하며 가능한 한 모든 것을 돌봐 주었다고 강조했다. 레온을 교회에 데려갔고 교사와 학교, 상담 교사가 권하는 모든 것을 다 해 보았다. 자괴감에 빠진 비난도 이어졌다. 아이에게 좀 더 엄격하게 대했어야 했다. 너무 풀어 준 것이 문제였는지도 모른다. 처음 문제를 일으켰을 때 할머니에게 보낸 행동을 바로잡았어야 했는지도 모른다. 레온의 가족은 매일같이 이웃과 동료의 눈총과 못마땅한 숙덕거림을 못 본 척 애쓰며 슬픔에 지쳐 불면의 밤을 지새웠다.

"처음부터 짚어 봅시다. 두 분이 처음 만났을 때부터 시작할까요?"

이윽고 앨런이 먼저 입을 열어 희미한 미소와 함께 자신의 유년기와 마리아와 사귀게 된 이야기를 시작했다. 앨런과 마리아는 작은 시골 마을의 대가족 출신으로 어릴 때부터 함께 지내 온 동네 친구였다. 같은 학교와 같은 교회를 다녔으며 한동네에서 이웃으로 살았다.

둘 다 경제적으로는 가난했지만 사촌과 숙모, 삼촌, 조부모를 비롯한 사랑이 넘치는 가족에 둘러싸여 자랐다. 누구나 서로에 대해 잘 알았고 어떤 어른이라도 아이들을 기꺼이 돌보았다. 앨런과 마리아의 고향 아이들은 언제나 많은 가족과 친지의 보살핌을 받으며 살았다.

마리아는 열다섯 살 때 고등학교를 중퇴한 뒤 근처 호텔의 메이드로 일했고 앨런은 졸업한 후 근처 공장에 취직했다. 앨런이 스무 살, 마리아가 열여덟 살이 되던 해 둘은 결혼했다. 앨런은 공장에서 성실하게 일했고 벌이도 좋았다. 마리아는 곧 임신했다.

임신 소식은 양가 가족 모두에게 경사였다. 마리아는 일을 그만두고 아기와 함께 대가족의 극진한 보살핌을 받았다. 부부는 삼촌이 소유한 아파트의 지하에 입주했고 마리아의 친정은 바로 옆집에, 앨런의 본가는 한 블록 거리에서 살았다. 이 시절에 대해 이야기하는 부부의 얼굴에는 슬그머니 웃음이 떠올랐다. 이야기는 앨런이 거의 다 하고 마리아는 고개를 끄덕이며 동조하는 식이었다. 프랭크도 부모의 이런 이야기를 처음 듣는 듯 귀를 기울였다. 이 순간만큼은 가족이 이곳에 온 이유를 잊은 듯했다.

앨런이 이야기의 주도권을 잡자 나는 간간이 마리아에게 질문을 던졌으나 그녀는 대부분 예의 바르게 웃고는 남편을 바라보며 대신 대답하게 했다.

마리아는 친절하고 예의 바르긴 했지만 약간의 지적 장애가 있는 듯했고 사실상 내가 던지는 질문을 거의 이해하지도 못했다. 나는 마리아에게 마지막으로 질문했다.

"학교는 재미있었나요?"

앨런이 나를 쳐다보더니 조심스럽게 대답했다.

"아내는 학교에서 잘 해나가지 못했습니다. 그런 면에서 좀 느렸던 모양이죠."

마리아가 수줍은 듯 나를 바라보았고 나는 웃으며 고개를 끄덕여 주었다.

그녀의 남편과 아들 모두 분명히 마리아를 보호하고 있었다. 앨런은 계속해서 첫 아들 프랭크가 태어나던 날을 이야기했다. 마리아가 아기와 함께 퇴원하여 집으로 돌아오자 할머니, 숙모, 조카들이 모두 몰려와 산모와 신생아를 축하해 주었다.

엄마와 아기는 대가족의 넘치는 사랑과 관심 속에서 삶을 꾸려 나갔다. 마리아가 칭얼대는 아기 돌보기에 지칠 때면 근처의 사촌이나 엄마가 언제든 달려와 도와주었고 아기 울음소리에 미칠 지경이 되면 인근에 사는 가족들 중 누구라도 나서서 아기를 맡아 주어 아기 엄마에게 휴식을 주었다.

그러다가 앨런이 직장을 잃었다. 열심히 새 직장을 구했으나 대학 교육을 받지 못한 그에겐 괜찮은 일자리를 구하기가 거의 불가능해졌다. 6개월이나 일자리를 찾아다닌 끝에 가까스로 다른 공장에 취직했지만 수백 킬로미터 떨어진 도시로 이사해야 했다. 어쩔 수 없이 이제 세 살이 된 프랭크와 부부는 도시의 아파트에 다시 둥지를 틀었다. 가진 돈이 없어 폭력과 마약이 난무하는 퇴락한 골목에 겨우 방을 구했다. 직업을 가진 사람도, 이 지역 토박이도 거의 찾아볼 수 없었다. 대가족은 해체되었고 고향에서처럼 일가친척 중 가까이 사는 사람도 없어졌다. 이제 아이들을 돌보고 살림하는 모든 일은 오로지 엄마의 손에 맡겨졌다.

마리아는 곧 둘째 레온을 가졌다. 하지만 이번 임신은 첫애와 상황이 전혀 달랐다. 마리아는 작은 아파트에서 아직 꼬마인 큰애와 온종일 둘이서만 지내야 했다. 이런 새로운 삶의 방식은 혼란스럽고 외로웠다. 그녀의 주변에는 아는 사람이 하나도 없었고 이웃과 어떻게 사귀어야 할지도 알지 못했다. 앨런은 매일 밤늦게까지 일하고 녹초가 되어 돌아왔다. 마리아는 세 살짜리 아들을 친구 삼아 오랜 시간을 함께 보냈다. 근처 공원으로 산책을 가고, 도시 박물관까지 무료 셔틀버스를 타고 가고, 교회의 탁아 프로그램에 참여했다. 마리아는 매일 아침 일찍 아파트에서 나와 온종일 밖에서 지내다가 식료품점에 들러 집으로 돌아오는 규칙적인 일상에 익숙해졌다. 반복적인 일과와 매일 보는 익숙한 사람들 속에서 적으나마 타인과 관계를 맺었고 그녀가 고향에 남겨 두고 와야 했던 편안함을 조금이나마 느낄 수 있었다. 그러나 그녀는 여전히 가족이 그리웠고 이웃이 그리웠으며 첫애를 키울 때 기꺼이 도움의 손길을 내밀던 익숙한 친지들이 그리웠다.

드디어 레온이 태어났다. 마리아는 너무나 무력한 신생아의 존재에 당황했다. 그녀는 아직 한 번도 아기를 혼자 키워 본 적이 없었다. 마리아의 친지들은 그녀의 모자란 부분을 잘 알고 있었기 때문에 필요할 때마다 적절히 개입하여 프랭크에게 예측 가능하고 안전하며 사랑이 넘치는 환경을 제공해 주었던 것 같다. 하지만 레온이 태어났을 때에는 이런 이성적인 안전망이 없었던 것이다. 나는 레온과 프랭크가 왜 이토록 다르게 성장했는지 그 이유가 이해되기 시작했다.

"까다로운 아기였어요. 계속 울었어요."

마리아가 입을 열어 레온을 묘사했다. 그녀는 나를 바라보며 미소를 지었고 나도 미소 지었다.

"아기가 울면 어떻게 달랬나요?"

"우유를 줬어요. 우유병을 입에 물면 울음을 그치기도 했어요."

"그렇지 않을 때도 있었나요?"

"우유를 줘도 울음을 그치지 않을 때도 있었어요. 그러면 우리는 산책을 갔어요."

"우리?"

"나하고 프랭크."

"아하. 레온을 돌봐 주러 오는 사람은 있었나요?"

"아뇨. 우리는 아침에 일어나 레온에게 우유를 주고는 둘이 산책을 갔어요."

"레온이 태어나기 전에 했던 산책을 말하는 건가요?"

"네. 공원에 갔어요. 잠시 놀았어요. 버스를 타고 교회에 가서 점심을 먹었어요. 그다음 어린이 박물관에 갔어요. 버스를 타고 식료품점에 가서 저녁거리를 샀어요. 그리고 집에 돌아왔어요."

"그러니까 거의 온종일 외출한 거네요."

"네."

상황은 점차 분명해졌다. 레온이 태어난 지 4주가 되었을 무렵부터 아기 엄마는 이제 네 살이 된 큰애와 함께 다시 '산책'하기 시작했고 아기는 어두운 아파트에 혼자 남겨졌다. 순수하지만 아기에게 꼭 필요한 것이 무엇인지 전혀 알지 못하는 아기 엄마가 둘째 아이에게 행한 체계적인 방임을 설명하는 동안 내 심장은 깊고 깊은 슬픔에 빠져들었다. 비난하기도 어려웠다. 마리아는 네 살 난 큰애를 끝없는 사랑과 관심으로 돌보았다. 하지만 동시에 갓 태어난 둘째 아이가 건전한 인간관계를 형성하고 유지하기 위해 꼭 필요한 보살핌을 전혀 주지 않았다.

"아기는 울음을 멈췄어요."

아기 엄마는 자신이 택한 방법이 문제를 해결한 것이라고 생각했다. 하지만 아기는 자라면서 프랭크와 달리 전혀 부모의 말을 듣지 않았다. 프랭크는 어떤 일로 혼나면 부모를 실망시켰다는 생각에 속상해하면서 행동을 바르게 고쳤고 칭찬을 들으면 환하게 웃으며 부모를 즐겁게 한 것을 기뻐했다. 또한 언제나 엄마나 아빠에게 달려가 작은 팔을 힘껏 내밀어 꼭 안기곤 했다.

하지만 레온은 혼나거나 벌을 받아도 전혀 감정을 드러내지 않았고 부모가 우울해하거나 다른 사람이 감정적으로 또는 육체적으로 상처를 입어도 신경 쓰는 것 같지 않았다. 물론 자기 행동을 고치지도 않았다. 부모나 교사가 그의 행동에 기뻐하고 긍정적인 관심을 보여도 마찬가지로 별 영향을 받지 않았으며 누가 자신을 만지거나 반대로 자신이 누군가의 몸에 닿는 것도 대단히 싫어했다.

그는 나이를 먹음에 따라 아첨, 추파와 같은 기술로 사람을 조종하여 자신이 원하는 것을 얻었고 그런 방법이 통하지 않으면 무슨 수를 써서라도 자기 뜻을 관철했다. 달라고 해도 주지 않으면 뺏거나 훔쳤다. 나쁜 짓을 하다가 잡히면 금방 거짓말을 둘러댔고 거짓말이 들통나면 무관심한 태도로 훈계나 벌을 받았다. 벌을 주면 줄수록 아이의 속임수는 더 교묘해지고 나쁜 짓을 은폐하는 재주만 더 발전하는 것 같았다. 교사와 상담 교사, 목사를 비롯한 어른들은 모두 레온이 자기 자신 외의 다른 사람이나 다른 사물에 전혀 신경 쓰지 않는다고 입을 모았다. 부모가 자랑스러워하거나 친구가 기뻐하는 것, 또는 사랑하는 사람이 다쳤을 때 화가 나는 것과 같은 일반적인 보상이나 결과가 그에게는 아무런 문제도 되지 않았다.

처음 문제를 일으켰던 것은 어린이집에서였고 그다음은 유치원, 그다음은 초등학교에서였다. 처음에는 사탕을 훔치거나 약한 아이를 괴롭히고, 선생님에게 불손하게 말대답하거나 규칙을 어기고, 친구를 연필로 찍는 등의 사소한 문제로 시작했다. 하지만 3학년 때에는 정신 감정을 명령받았고 5학년이 되자 무단결석, 절도, 파괴 행위 등으로 소년원을 제집처럼 드나들었다. 또한 냉담한 태도와 이어지는 범죄 행위로 인해 열 살 때 '품행장애' 진단을 받았다.

처음 마리아가 산책에 나서면 레온은 아기 침대에 누워 엄마를 찾으며 울었다. 하지만 울어도 오는 사람이 없다는 걸 깨닫자 곧 울음을 멈추었다. 아기는 돌보는 손길도 말을 걸어 주는 사람도, 뒤집거나 기어도 칭찬하는 목소리 하나 없이 침대에 홀로 누워 시간을 보냈다. 당연히 세상을 탐색할 만한 공간도 거의 허용되지 않았다. 대부분의 시간 동안 언어를 배울 수도 없었고 새로운 볼거리도 관심도 받지 못했다. 레온의 경우도 사람과의 관계에서 스트레스를 조절하고 즐거움과 만족감을 느끼는 뇌 영역 발달에 꼭 필요한 자극이 박탈되었다는 면에서 로라와 버지니아의 사례와 유사하다. 아무리 울어도 응답이 없었고 따뜻한 사랑과 육체적 접촉도 전무했다. 하지만 버지니아의 경우 자주 옮겨 다녀야 했지만 어쨌든 위탁 가정의 지속적인 보호를 받았고, 로라는 충분한 신체적 자극을 받지는 못했지만 엄마가 옆에서 항상 지키고 있었다. 이에 반해 레온의 아기 시절은 잔인할 정도로 변덕스러웠다. 마리아가 집에 있을 때에는 아기를 충실하게 돌보았지만 평일 낮이 되면 집에 버려두고 온종일 돌아오지 않았다. 앨런이 집에 있을 때에는 아기와 놀아 주었지만 늦게까지 퇴근하지 못할 때가 많았고 많은 경우 집에 돌아온 후에도 너무 지쳐 아기와 놀아 줄 수 없었다. 이런 식의 전면적인 유기를 포함한 일관성 없는 육아 환경은 아이에게 가장 나쁜 영향을 미친다. 뇌가 적절하게 발달하려면 패턴화할 수 있는 반복적인 자극이 꼭 필요하다. 공포나 외로움, 불편함, 배고픔 같은 욕구가 언제 해결될지 예측할 수 없으면 아기의 스트레스 체계는 뇌성 마비의 경우와 마찬가지로 언제나 높은 수준으로 유지된다. 공포나 욕구에 대해 일관성 있게 애정 어린 응답을 받지 못하자 레온은 인간관계와 스트레스 해소 사이에 정상적인 연결 고리를 만들어 내지 못했고 믿을 사람은 자기 자신뿐이라는 것을 배웠다.

이런 어린 시절의 결핍은 다른 사람과 관계를 맺을 때 끝없이 떼를 쓰거나 공격적이거나 냉담한 모습으로 나타났다. 절실히 필요했던 유아기에 아무리 노력해도 사랑이나 관심을 얻을 수 없었기 때문에 이제는 사람을 후려치거나 때리거나 물건을 훔치고 때려 부쉈다. 벌을 받아도 분노만 더 키울 뿐이었다. 벌을 받은 후에는 더욱 나쁘게 행동하여 자신이 '못된 사람'이며 동정할 가치가 없음을 주변에 확인시켰다. 이런 악순환으로 인해 시간이 갈수록 레온의 비행은 단순한 친구 괴롭히기에서 중범죄로 급속도로 발전했다.

레온도 다른 사람이 포옹이나 쓰다듬기를 좋아한다는 것을 알고 있었지만 꼭 필요했던 시기의 철저한 방임으로 인해 신체 접촉을 혐오하게 되었다. 또한 다른 사람들이 서로의 관계에서 즐거워하는 것을 알고 있었지만 유년기에 원했던 관심을 거절당했기 때문에 아무것도 느끼지 못하는 냉혈한으로 변했다. 그는 인간관계 자체를 이해하지 못했다.

레온도 음식이나 장난감, 텔레비전 같은 물건에서는 즐거움을 느끼고 신체적 자극을 즐겼으며 성욕도 점차 커졌다. 하지만 뇌의 핵심 발달 단계 중 사회성을 형성하는 시기에 있던 심각한 방임으로 인해 타인을 기쁘게 하거나 칭찬을 받을 때 느끼는 즐거움을 알지 못했고, 그의 행동이 교사나 친구들을 실망시켜 나타나는 반감이나 거부에도 전혀 괴롭지 않았다. 인간관계와 즐거움을 연결 짓지 못했기 때문에 다른 사람이 원하는 대로 행동해야 할 필요성을 느끼지 못했고 모두 행복해하는 아침 예배도 기쁘지 않았으며 누군가에게 상처를 주어도 전혀 신경 쓰지 않았다.

레온은 두 살 반에 품행장애로 진단받은 후 어린이집의 별도 프로그램에서 관리를 받았다. 이것은 그에게 좋은 기회가 될 수도 있었지만 문제는 악화 일로였다. 이제는 어머니가 낮 동안 그를 혼자 내버려 두지도 않았고 언어나 기타 지적인 학습에 필요한 인지 자극을 충분히 제공했지만 태어난 직후 박탈되었던 부분을 메울 수는 없었다. 프로그램의 의도는 좋았으나 보호자 한 사람이 심각한 문제아 대여섯 명을 한꺼번에 다루어야 했다. 이 정도의 보호자 비율은 일반 또래 아이들에게도 부담스러운 숫자였으니 감정적 장애가 있는 아이들에게는 말할 것도 없었다.

레온도 대뇌 피질의 인식 기능은 정상적으로 발달되었기 때문에 다른 사람의 행동을 유심히 지켜보고 기억했고 어느 정도 시간이 지나자 필요할 경우 적절한 행동을 흉내 낼 수 있게 되었다. 그리고 이것을 통해 다른 사람을 마음대로 조종하여 원하는 것을 얻어 냈다. 하지만 미성숙한 대뇌 변연계와 상호 관계 신경망 때문에 그의 인간관계는 언제나 얕고 얄팍했다. 그에게 다른 사람이란 그저 자기를 방해하거나, 원하는 것을 제공해 주는 개체일 뿐이었다. 그는 유전적 소인 없이 전적으로 환경의 영향으로 만들어진 소시오패스의 전형이었다. 정신 의학적 진단으로는 반사회적인격장애ASPD, antisocial personality disorder라 한다. 형 프랭크와 같은 방식으로 양육되었다면 그도 분명 정상적으로 자라나서 살인이나 강간은 하지 않았을 것이다.

문제 아동을 따로 격리한 어린이집 프로그램을 비롯한 그를 돕기 위한 어떤 시도도 그의 행동을 더 악화시킬 뿐이었다. 많은 연구에서 아이를 문제 아동 그룹에 넣으면 못된 행동이 더 가속화된다[3]고 밝혀졌다. 레온은 아동기와 청소년기 내내 '특별 관리'를 비롯한 여러 프로그램으로 따돌려졌으며 그때마다 개입의 역효과가 반복되었다. 특별 프로그램에서 또 다른 반사회적 또래들과 어울리면서 충동적인 문제 행동이 더욱 강화되곤 했다. 함께 범죄를 모의했고 서로 부추겼으며 서로를 모델로 삼아 문제 해결에는 폭력이 가장 좋은 방법이라고 단정했다. 여기에 항상 함께 시간을 보내던 이웃과 영화, 텔레비전도 폭력만이 문제 해결의 열쇠라고 생각하게 만들었고 다른 사람에게 폭력을 휘두르면서 쾌감을 느끼게 되었다. 레온은 인간으로서 차마 할 수 없는 가장 사악한 행동을 해치우면서도 아름다운 선행을 왜 따라 해야 하는지는 전혀 이해하지 못했다.

감정 이입 기능을 약화시켜 레온과 같은 소시오패스를 만들어 내는 다른 뇌 장애도 존재한다. 잘 알려진 증상으로 자폐증과 이보다 조금 증상이 덜한 아스퍼거증후군이 있다. 두 증상 모두 유전적 영향을 크게 받는다. 자폐아의 3분의 1이 평생 말을 배우지 못하고 모든 자폐아가 타인과의 관계를 끊고 고립되며 사람보다 특정 사물에 더 집중한다. 상상 놀이에 참여하지 못하고 인간관계를 형성하거나 이해하는 데 큰 어려움을 겪는다. 의류의 가려움, 큰 소리나 밝은 빛 등을 참을 수 없는 등의 감각통합장애나 과감각성이 나타나는 경우가 많다. 자폐아는 끊임없이 몸을 흔들거나 이상한 곳에 집착하는 등의 반복적 행동을 보인다. 보통 기차나 그림 같은 움직이는 물체에 집착하는 경우가 많으며 특정 물체나 생각에 지나치게 몰두하기도 한다. 아스퍼거증후군 아동은 증세가 심각한 자폐증에 비해 다른 사람과 관계를 맺는 능력과 세상에 적응하는 능력이 훨씬 양호하지만 병적인 집착을 보이고 사회적 신호 해독 능력이 떨어져 사회적으로 고립되는 경우가 많다. 또한 사회적 기술이 부족하여 직업을 얻거나 유지하기 어렵다. 어떤 사람은 수학이나 공학적 능력이 대단히 뛰어나 어색한 대인 관계를 보상해 주기도 한다. 친구와 어울리지 못해 '괴짜'나 '얼간이' 같은 꼬리표가 따라다니는 아동은 아스퍼거증후군이 있거나 해당 진단 기준에 거의 맞는 경우가 많다.

사람이 사회적으로 잘 적응하려면 '마음 이론'을 발달시켜야 한다. 즉 다른 사람과 자신이 서로 다르고 세상에 대해 서로 다른 지식을 가지고 있으며 소망과 관심사가 모두 다르다는 것을 알아야 한다. 자폐아에게는 이런 구분이 대단히 모호하다. 자폐아가 말을 못하는 이유 중 하나는 타인과 의사소통의 필요성을 인지하지 못하기 때문이다. 이들은 자신이 알지만 다른 사람은 모를 수 있다는 것을 자각하지 못한다. 이와 관련한 유명한 실험이 있다. 연구자는 사탕 통 안에 연필을 넣고는 자폐아에게 방 밖에 있는 사람이 통 안에 무엇이 있다고 생각할지 묻는다. 일반적인 경우 취학 전 아이나 다운증후군 아동이라 할지라도 사탕이라고 대답하지만 자폐아는 다른 사람도 연필이 있다고 생각할 거라고 주장한다. 이들은 사탕을 꺼내는 걸 못 본 사람은 아직도 통 안에 사탕이 있을 거라 생각할 거라고 인지하지 못하고, 자신이 사탕을 꺼내는 걸 보았으므로 다른 모든 사람이 전부 그 사실을 안다고 단정하는 것이다. (마음 이론이 새겨진 뇌 영역은 눈 바로 위의 왼쪽 내측 전두엽[4]이라고 알려져 있다.)

하지만 레온과 같은 소시오패스는 자폐아와 다르다. 자폐아는 엉뚱한 행동에 감정 이입과 인지 능력도 부족하지만 폭력이나 범죄를 저지르는 경우가 드물고 누군가 자신을 해쳐도 신경 쓰지 않는다. 이들의 감정 이입 결핍은 개념적인 것이다. 자폐아는 다른 사람의 감정이나 욕구에 둔감한 경우가 많지만 이것은 이런 감정을 진짜 감지하지 못하기 때문이지 남을 해치거나 불친절하게 대하려는 것이 아니다. 사랑하고 감정적 고통을 느낄 수는 있지만 감정 회로가 부족하여 상호 소통하고 관계를 맺는 방법을 완전히 이해하지는 못한다. 다른 사람의 신발을 신으면 어떨지 상상하지 못하는 것처럼 감정 이입이 불가능한 것일 뿐이고(이것을 '심맹mind-blindness'이라고도 한다.) 기능 자체가 결핍된 것이 아니어서, 일단 다른 사람의 경험을 인지하기만 하면 얼마든지 다른 사람의 감정을 함께 느낄 수 있다.

하지만 레온과 같은 소시오패스는 전혀 다르다. 이들은 감정 이입 자체가 불가능하여 다른 사람의 감정을 함께 느낄 수도 없고 동정심을 갖지도 못한다. 즉 다른 사람이 어떻게 느끼는지 알지 못하는 것은 물론이고 혹시 상처를 입었다 해도 전혀 개의치 않는다. 심지어 일부러 상대방에게 상처를 주는 경우도 있다. 다른 사람의 신발을 신고 걷는 것을 상상할 수 있고 자신을 다른 사람의 입장에 대입하는 능력 덕분에 다른 사람이 어떻게 행동할지 예측할 수도 있지만 그것에 대해 전혀 신경 쓰지 않는 것이다. 이들이 관심 갖는 것은 오로지 다른 사람이 자신에게 어떤 영향을 미칠 것인가 뿐이다.

기본적으로 이들은 심하게 왜곡된 감정 체계를 가지고 있다. 사랑의 감정을 완전히 경험하지도 못하면서 다른 사람과 섹스하기 위해 영원한 사랑을 약속한다. 소시오패스는 자신이 다른 사람의 감정을 이용해서 상대방을 마음대로 조종하기 때문에 다른 사람도 모두 그렇게 행동한다고 생각한다. 또한 자신이 사람과의 관계에서 즐거움을 느끼지 못하기 때문에 다른 사람도 사실은 이것을 좋아하지 않는다고 생각한다. 자신이 대단히 이기적이기 때문에 다른 사람도 모두 자기의 이익만을 위해 행동한다고 믿는다. 그 결과 이들은 상대방이 관심이나 자비를 갈구해도 진심으로 애원하는 것이 아니라 상대방을 조종해서 권력을 얻기 위한 행동으로 치부해 묵살해 버린다. 소시오패스는 감정적으로 자신의 느낌뿐 아니라 다른 사람의 느낌에 대한 인식까지 왜곡해서 생각하며 이를 기반으로 반응한다.

소시오패스와 관련된 화학적 물질 중 일부는 스트레스 반응 시스템을 구성하는 것과 동일한 신경 전달 물질계에서도 발견된다. 어찌 생각하면 당연한 일이다. 세로토닌 변종, 노르에피네프린 및 도파민 계열은 공격성, 폭력성 및 반사회적 행동을 야기한다. 반사회적 성격과 냉담한 태도를 보이는 젊은이의 타액을 검사하면[5] 스트레스 호르몬인 코르티솔 수치가 비정상적으로 높은 경우가 많다. 소시오패스는 거짓말 탐지기 시험을 손쉽게 통과하는 것으로 악명이 높다. 거짓말 탐지기는 거짓말 자체가 아니라 거짓말을 할 때의 두려움이나 스트레스로 인한 신체 반응을 측정하는 방식이다. 이들의 스트레스 체계는 영아기의 트라우마 때문에 이미 지나치게 시달렸거나 유전적으로 취약한 경우, 또는 두 요인 모두의 작용으로 매우 불규칙해서 극단적인 자극이 없는 한[6] 별다른 반응을 보이지 않는다. 때문에 '냉담'하고 감정이 없는 것처럼 보이고, 발각되면 어쩌나 하는 두려움이나 양심의 가책 없이 언제든 쉽게 거짓말을 할 수 있다. 다시 말하면 소시오패스가 어떤 감정이든 진짜로 느끼려면 고통이나 즐거움에 대단히 높은 수준의 자극이 필요하다는 것을 의미한다. 트라우마에 대한 반응이 매우 예민한 수준으로 고착되어 사소한 스트레스로도 심각한 반응을 일으키는 사람들과 달리 소시오패스의 반응 체계는 너무나 둔감한 수준으로 고착되어 매우 무감각하며, 때로는 스트레스 반응 체계가 정말 완전히 죽어 있는 경우도 있다.

나는 증언을 준비하면서 레온에 대해, 또한 레온의 행위에 대한 그 자신의 책임에 대해 어떻게 말해야 할지 심각하게 고민했다. 그는 왜 살해했는가? 왜 다른 사람을 죽여야 했는가? 이런 물음 자체가 합당하기는 한 걸까? 나는 무엇이 우리를 살인마로부터 지켜 주고 있는지, 무엇이 레온의 행동에서 통제력을 상실하게 만들었는지 이해해야 했다. 이 소년은 대체 어디서부터 잘못된 것일까? 어떻게 자신의 불운, 방임 및 트라우마를 미움으로 벼려 냈을까? 또한 이 모든 것이 어떻게 그를 완전히 바꿔 놓았을까?

그는 의심할 여지없이 유죄이며 정신 이상에 대한 법적 정의를 충족시키지 못한다. 즉 자신이 결백하다고 증명할 방법은 없다. 레온은 살인이 불법이고 비난받을 일임을 명백하게 알고 있었다. 또한 범죄 사실을 시인했고 도덕적 추론을 손상시킬 수 있는 어떤 진단 가능한 정신병도 없었다.

그는 아동기와 청소년기 대부분에서 주의력결핍장애와 품행장애로 진단받았고 성인이 되어서는 ADHD 및 ASPD 기준을 모두 충족했다. 하지만 이 진단들은 반항, 냉담한 태도, 주의력 결핍과 같은 증상을 설명해 줄 뿐이며 살인과 강간이 불법임을 인지하지 못할 정도로 정신이 혼탁하다는 의미는 아니다. 이런 장애들이 충동 조절 능력을 저해할 수는 있으나 충동 제어력 손상이 완전한 자유 의지 결핍을 의미하지도 않는다.

하지만 레온의 사랑하고 사랑받지 못하는 능력은 어떤가? 어린 시절 뇌의 한 부분이 시들어 버리는 바람에 누구나 살아가면서 누리는 가장 큰 행복인 인간관계의 고통과 즐거움을 느끼지 못하게 된 것이 그의 잘못일까? 물론 그것은 그의 잘못이 아니다. 하지만 그는 그의 취약한 부분에 대한 반응으로 벌인 행동에 책임이 있다. 버지니아와 로라도 비슷한 문제로 악전고투했지만 다른 사람을 때리거나 죽인 적은 없다.

이런 결과적 차이가 성별에서 온다는 주장도 있다. 실제로 남성이 폭력을 휘두를 가능성이 더 많고 남자 살인범 비율이 여성의 경우보다 적어도 아홉 배 이상 높다. 최근 이 수치 차이가 좁혀지기 시작했지만 인류 역사상 어떤 문화, 어떤 인종을 보아도 남성의 폭력 행위가 압도적으로 많았다. 인류의 가장 가까운 사촌인 침팬지를 봐도 전쟁을 벌이는 것도 수컷, 무력을 행사하는 것도 대부분 수컷이다. 나는 지금까지 레온보다 훨씬 더 심각한 방임이나 학대, 유기를 겪고 훨씬 더 사랑과 동정이 박탈된 환경에서 자라 온 아이들을 많이 보아 왔다. 가족과의 교류가 전혀 없이 문자 그대로 동물용 철창 우리에서 자란 경우도 있었다. 양쪽 부모와 형이 함께 살았으며 무지로 인해 아기를 방치했으나 악의는 없었던 레온의 경우와 판이하게 다르다. 이런 소년들은 사회에 잘 적응하지 못하고 외롭게 성장하며 심각한 정신병을 앓는 경우도 많으나 심각한 범죄를 저질러 사회에 해악을 끼치는 일은 거의 없다.

유전적 요인은 어떤가? 그것으로 레온의 행동을 설명할 수 있을까? 불리한 유전자와 바람직하지 못한 환경이 결합되면 아이의 성장 모습이나 결과에 어느 정도 영향을 미칠 수 있다. 예를 들어 레온이 좀 더 키우기 쉬운 성격의 아기였다면 마리아가 지레 포기하고 방치하지 않았을지도 모른다. 또는 마리아가 좀 더 부지런했다면 까다로운 아기라 해도 제대로 보살필 방법을 찾을 수 있었을지도 모른다.

하지만 레온은 그 자체로는 사소한 작은 부정적 결정을 거듭하여 점차 그 영향에 가속도가 붙어서 희생자와 자신의 가족은 물론 그 자신에게도 참혹한 결과를 낳았다. 나비 효과라고 들어 보았는가? 지구의 날씨 요인과 같은 복잡계는 어떤 핵심적인 부분의 작은 파동에 대단히 민감하다는 이론이다. 어떤 계는 작은 동요에도 너무 예민하게 반응한다. 브라질의 나비가 날개를 팔랑이면 일련의 연쇄 반응 끝에 토네이도가 발생하여 텍사스의 작은 마을을 집어삼킬 수도 있다는 의미다. 상상할 수 없을 정도로 복잡한 인간의 뇌는 사실상 전 우주에서 가장 복잡한 개체 중 하나며 나비 효과와 같은 문제에 취약할 수 있다.

이것을 '눈사람 효과'라고도 한다. 어린 시절 올바르게 양육된 경우에는 대부분 올바르게 살려는 의지가 강하고 사소한 문제가 생기면 스스로 바로잡는 경우가 많다. 하지만 마찬가지로 어린 시절부터 잘못 양육되었으면 이후로도 계속 어긋날 가능성이 크다.

이런 영향은 말 그대로 뇌와 신체의 구조 안에 영구적으로 남는다. 예를 들어 초기 세포는 사소한 화학적 조성 변화를 통해 어느 것이 피부가 되고 뇌세포가 될지, 뼈, 심장, 창자가 될지 결정되고 아주 작은 차이만으로 어떤 뉴런은 소뇌가 되는데 다른 뉴런은 대뇌가 되며, 아주 미묘한 위치와 특정 화학 성분의 농도 변화만으로 어떤 세포는 살아남는데 다른 세포는 죽는다.

처음부터 유전자 안에 모든 세포의 위치나 유형이 결정되어 있는 것이 아니다. 몸 전체 세포의 유전자는 3만 개뿐이지만 뇌세포는 1000억 개가 존재하며 각 세포마다 열 개의 교질 세포가 붙어 있고, 이 수천 억 개의 뉴런마다 5000~10,000개의 연결 부위가 만들어져서 대단히 복잡한 망을 이룬다. 우리의 몸, 특히 뇌는 너무 작아서 감지할 수 없는 초기의 부조화를 확대하여 서로 엄청나게 다른 결과를 만들어 내고, 이런 차이를 통해 복잡한 사회적, 물질적 환경에 대응해 나간다.

산통으로 괴로워하는 아기는 부모에게 상당한 좌절감을 주기 마련인 데다 처음부터 감정적 능력이 부족했던 레온의 엄마는 어찌 해야 할지 알 수 없었다. 프랭크 때와 달리 대가족의 도움이 사라져 막다른 골목에 몰려도 아기를 부탁할 곳이 전혀 없었던 그녀는 낮 동안 아기 레온에게 스트레스를 달래기 위해 꼭 필요한 자극을 주지 않은 채 유기 및 방치했고, 이것은 이미 약간 어긋나 있던 아기의 스트레스 반응 시스템에 더 심각한 혼란과 파괴를 야기했다.

다시 이 혼란으로 인해 집착과 공격성이 나타나고 사회적 기술이 손상되어 꼭 필요한 따뜻한 보살핌을 다른 곳에서 얻어 낼 수도 없게 되었다. 결국 부모로부터 더욱 멀어지고 나쁜 행동, 처벌, 그로 인한 분노와 스트레스 증가의 악순환이 계속되었다. 또한 취학 전부터 계속된 문제 학급 배치가 초기의 손상을 더 심화시켰다.

일반 아동과 섞여 있었다면 그에게도 도와줄 사람이 나타나고 건강한 우정을 키워 반사회적 행동을 하지 않도록 이끌 수 있었을지 모른다. 하지만 문제아 낙인이 찍혀서 스트레스와 애정 결핍으로 화난 아이들 속에 내던져지자 괴로움이 가중되고 통제 불능 상태에 빠져 충동성, 공격성이 가속화되는 결과를 낳았다.

아기 레온이 처음부터 악당이 되기로 결심한 것은 아니지만 그의 가족과 그가 했던 사소한 선택들은 그를 소시오패스의 길로 계속 밀어붙였고 일련의 선택은 다시 더 부정적인 선택을 야기했다. 인생의 항로에는 수많은 분기점이 있다. 더 나은 선택을 하고 그 선택이 다시 좀 더 나은 방향으로 이끄는 선순환을 시작할 수도 있었지만 레온은 자신의 분노와 충동성을 없앨 수 있는 모든 기회를 거부했고, 선택의 기로에 설 때마다 꼭 필요한 도움과 지원을 받지 못해 삶의 구렁텅이에서 벗어날 수 없었다.

뇌와 우리 자신은 수백만 번의 작은 결정을 통해 만들어지며, 이 과정은 대부분 무의식적으로 진행된다. 겉보기에는 서로 관련이 없는 것 같은 선택들도 나중에 엄청난 차이를 야기할 수 있다. 적절한 시기가 가장 중요하다. 우리는 아주 사소한 선택이나 '자극'이 언제 발달 중인 뇌를 천재의 길에 올려놓는지, 언제 지옥으로의 고속 도로를 출발하게 되는지 알지 못한다. 모든 부모가 완벽해야 한다고 주장하는 것은 절대 아니다. 하지만 아이들이 우리가 한 선택들의 상승효과에 영구적인 영향을 받기 쉽다는 것은 꼭 알아야 한다.

다행히 선순환도 악순환 못지않게 강력하며 자가 증식의 특성을 갖는다. 미술에 대해 보통 수준의 관심만 있던 아이라도 적절한 시기에 해준 칭찬 한마디가 대단한 열정을 이끌어 낼 수 있다. 더 좋은 그림을 그리고 더 칭찬을 받는 과정이 반복되면서 강도가 더욱 증폭되어 원래는 평범한 잠재력밖에 없던 뇌에 미술적 천재성이 자리 잡는다. 최근에는 스포츠 분야에서 이 효과의 위력이 빛을 발한다. 프로 리그에 선수를 공급하는 잉글랜드 엘리트 청소년 축구팀의 경우 선수 중 절반 정도가 1사분기에 태어났고 나머지는 생일이 골고루 분포되어 있는 것으로 나타난다. 왜 이런 현상이 생길까? 모든 청소년 스포츠 팀은 나이 제한이 있다. 1~3월에 태어난 사람은 생일이 늦은 사람보다 육체적으로 더 성숙하고 운동 기술도 좋기 마련이라 칭찬도 더 많이 받게 되며, 결과적으로 더 자신감을 갖는다. 보상의 즐거움은 아이를 더 많이 연습하도록 이끌고, 연습이 거듭될수록 기술이 연마되고 기술이 좋아질수록 다시 더 큰 보상이 주어지며 그 보상이 다시 연습의 밑거름이 되는 긍정적 선순환의 사이클이 시작된다. 이 조그만 차이가 시간이 지날수록 연습을 통해 강화되어 큰 차이를 만들어 내고, 결국 일찍 태어난 아이들이 프로 리그에 진출할 기회를 더 잘 잡을 수 있다. 하지만 이런 양적 나선positive spirals은 예측하기가 어렵다. 우리는 여전히 가냘픈 나비의 날갯짓이 언제 허리케인으로 변하는지 알지 못한다.

그러면 레온의 공판에서 나는 무엇을 말할 수 있을까? 나는 그가 갱생될 수 있다고 믿는가? 나는 레온이 어린 시절에 당한 방임으로 인해 뇌 발달 과정이 왜곡되었다고 증언할 것이다. 주의력결핍장애와 품행장애 진단을 받았던 전력도 범죄에 대한 책임을 완전히 벗을 수는 없지만 처벌의 경감 사유가 될 수는 있다.

나는 법정에서 그의 감정적, 사회적 문제 및 인지장애와 신경 정신병적 진단이 모친의 본의 아닌 방임과 연관이 있다고 증언할 것이다. 그의 스트레스 반응 시스템은 분명 비정상적인 자극을 받았다. 어린 시절 홀로 남겨진 레온의 스트레스 반응 시스템은 강하게 활성화되었으나 누구도 아기를 달래 주고 스트레스 완화 방법을 가르쳐 주지 않았다. 동시에 뇌의 기저부 발달이 저해되어 이것을 둘러싼 상층의 대뇌 피질부도 제대로 발달되지 못했고, 그 결과 세상에 대한 반응, 집중력, 자제력 조절에 문제가 생겼다.

레온이 범행 시 술에 취해 있었다는 사실도 고려해야 했다. 알코올은 억압 해제 효과가 있어서 자제력은 줄어들고 충동성은 증가한다. 이미 생각 없이 행동하기 쉬운 성향을 가지고 있었던 데다 알코올이

이 경향을 더 강화시켜 희생자에게 돌이킬 수 없는 결과를 낳았다. 술을 마시지 않았다면 범행을 피할 수 있었을까? 그랬을 것이라고 생각한다. 알코올로 인해 레온은 이미 제대로 발달되지 못한 행동 자제력이 풀리고 분노와 여자를 낚아채고픈 욕망에 휩쓸렸다. 술을 마시지 않았다면 사람을 정말 죽이거나 강간하기 전에 자제력을 발휘하여 멈출 수 있었을 것이다.

나는 결국 법정에 나가 레온의 어린 시절의 경험과 그것이 인간관계 유지 능력과 충동 조절 및 주의력에 미친 영향에 대해 증언했고, 영아기에 방임을 겪은 아이는 동정심이 부족하고 폭력적인 성향을 가질 수 있다고 언급했다. 그리고 내가 알아 낸 경감 사유를 모두 이야기했다. 그것이 내가 할 수 있는 전부였다. 그가 자신의 범행에 법적 책임을 피할 수 있는 여지는 전혀 없었고, 나도 그가 자신의 주변에 지속적 위험 요인이 될 것임을 인정해야 했다.

휴식 시간에 우연히 피고 근처를 지나가다가 그의 눈길이 울면서 서로를 위로하는 희생자 가족에게 붙박여 있는 것을 보았다. 비탄에 빠진 가족들의 뺨에는 흐르는 눈물이 그치지 않았고 구명보트에 매달린 생존자처럼 서로에게 의지하고 있었다. 레온이 내게 물었다.

"저 사람들은 대체 왜 질질 짜죠? 감옥에 쳐 넣어지는 건 자기들이 아니라 나인데."

나는 다시 한 번 그의 공허한 마음에 몸서리쳤다. 그는 진정으로 감정의 맹인이었다.

배심원단이 퇴장하여 숙고에 들어가고 레온이 법정을 떠나자 체리스의 모친이 나에게 다가왔다. 그녀의 걸음, 느린 손의 움직임, 표정 모두에서 끝없는 고통이 심연처럼 배어 나왔다.

"박사님! 박사님!"

그녀는 법정을 떠나려는 나를 절박하게 불러 세웠다. 나는 멈춰 서서 기다렸고 그녀는 고통스럽고 느린 걸음으로 다가왔다. 그녀의 목소리는 거의 애원에 가까웠다.

"그자가 왜 그랬습니까? 박사님은 그와 이야기를 나누셨죠? 그는 왜 내 아이를 죽였나요? 제발 말해 주세요. 왜 그런 건가요?"

나는 머리를 흔들었다. 내 전문 지식을 모두 동원해도 그녀가 원하는 답을 줄 수 없었다.

그녀는 내 팔을 붙들고 울부짖었다.

"박사님은 모든 것을 아시잖아요. 그는 왜 내 아이를 죽였습니까?"

"부인, 사실 저도 잘 모릅니다."

너무나 부족한 내 말에 나 자신도 어쩔 줄을 몰랐다. 나는 슬픔에 빠진 여인에게 무언가 도움이 될 만한 것을 필사적으로 찾았다.

"그의 가슴은 차갑게 굳어 있는 것 같습니다. 그의 내면에 무언가가 고장 났습니다. 그는 부인이나 부인의 따님처럼 무언가를 사랑하는 것이 불가능합니다. 부인은 따님을 너무나 사랑했기에 이토록 아프시지만 그는 이런 감정을 느끼지 못합니다. 그것이 좋은 것이든 나쁜 것이든요."

체리스의 어머니는 잠시 말이 없었다. 마음속에 딸을 떠올린 듯 여인의 얼굴에 희미한 미소가 스쳤고 곧이어 더 많은 눈물이 넘쳐흘렀다. 그녀는 한숨을 쉬며 고개를 끄덕였다.

"고마워요. 암요, 뭔가 내면이 고장 나지 않고서야 어찌 그토록 아름다운 아이를 죽이겠어요. 내 딸은 그 누구도 해친 적이 없어요."

나는 어색하게나마 잠시 그녀를 안아 주었다. 얼마 후 그녀는 나머지 가족에게로 돌아갔다. 나는 마리아와 앨런, 프랭크를 떠올렸다. 내 연구는 뇌의 비밀을 밝혀 이런 비극의 원인을 알아내는 것이다. 하지만 이런 순간에는 내가 여전히 모르는 것이 얼마나 많은지 고통스럽게 절감해야 했다.

| 6장 |
개로 길러진 아이

트라우마로 인한 발달 장애

무엇이 꼭 필요한 최상의 발달 기회가 박탈된 상태에서도 사람에게 옳은 선택을 하게 만드는 것일까? 버지니아는 왜 아기를 그냥 포기하지 않고 어떻게 해서든 도우려 끊임없이 노력했을까? 로라 같은 아이들에 대한 마마 P의 처방에서 무엇을 배울 수 있을까? 레온 같은 아이가 사회의 위협이 되지 않으려면 어떤 치료를 해야 했을까? 오늘날에는 체리스의 엄마에게, 또 프랭크와 앨런, 마리아에게 레온이 그런 끔찍한 범죄를 저지른 이유를 좀 더 잘 설명할 수 있을까?

우리는 이제야 겨우 아이의 뇌가 순차적으로 발달할 때 트라우마나 방치에 의해 어떤 영향을 받는지 조금씩 이해하는 수준이며, 이를 바탕으로 아이들의 치료 방법을 하나씩 찾아 가고 있다. 그간의 경험을 통해 우리는 학대와 트라우마로 고통받는 아이들의 치료를 위한[1] 신경 순차적 접근 방법을 개발했다. 우리가 이 방법으로 치료한 초기 아이들 중 하나는 레온보다 훨씬 더 나쁜 방임을 당했던[2] 아이다.

여섯 살의 저스틴을 처음 만난 것은 1995년이었다. 어느 날 소아 집중치료실PICU, Pediatric Intensive Care Unit 직원 하나가 찾아와서 '당신이 그토록 잘한다는 정신 의학 마법'으로 제발 아이가 직원들에게 자기 배설물과 음식을 던지지 못하게 해달라고 간청했다. PICU는 거의 언제나 만원이었고 일 년 내내 하루 종일 바빴으며 간호사, 의사, 간호보조와 가족들이 바쁜 걸음으로 오갔다. 의료 기기의 삑삑대는 소리, 전화벨 소리, 사람들의 고함 소리가 커다란 치료실을 가득 메워 멈추지 않는 사이렌 소리처럼 귓전에 윙윙거렸다. 항상 대낮처럼 밝았고 누구나 어떤 목적을 위해 종종걸음으로 바쁘게 움직였으며 대화는 언제나 심각했다. 그리고 이 모든 것이 뒤엉켜 큰 혼란을 만들어 내고 있었다.

나는 이런 소음을 뚫고 간호사실에 들어가 알림판에서 의뢰받은 아이를 찾았다. 누구도 나에게 신경 쓰지 않았다. 바로 그때 큰소리가 들렸다. 그 아이다! 크고 이상한 비명 소리가 울린 곳으로 몸을 돌리자 커다란 우리 안에 느슨한 기저귀를 차고 앉아 있는 비쩍 마른 소년이 눈에 들어왔다. 저스틴의 우리는 튼튼한 철창으로 위쪽에는 합판이 철사로 고정되어 있었다. 잔인한 이야기였지만 그것은 개 우리 같았다. 소년은 몸을 앞뒤로 흔들면서 계속 자장가 같은 원시적인 자기 진정 소리를 흥얼거렸다. 온몸에 자신의 배설물이 덕지덕지 묻었고 얼굴에는 음식 찌꺼기가 말라붙었으며 기저귀는 오줌에 퉁퉁 불어 있었다. 아이는 심각한 폐렴으로 치료 중이었으나 계속 모든 진료를 거부해서 피를 뽑을 때에도 여러 사람이 달려들어 단단히 붙들어야 했다. 아이는 정맥 주사 줄을 잡아 뜯었고 직원만 보면 비명을 지르며 음식을 집어 던졌다. 그 병원에서 가장 가까운 정신과가 있는 곳이 바로 이곳이었기 때문에 직원 대 환자 비율이 엄청나게 높은데도 불구하고 저스틴을 이곳으로 이송했다. 철창은 처음 병원에서 궁여지책으로 만든 것이었는데 소년은 거기 들어가기만 하면 자기 배설물은 물론 손에 잡히는 모든 것을 던졌고, 결국 정신과 의사인 내가 불려온 것이다.

여러 해의 경험으로 나는 아이를 놀라게 하면 안 된다는 것을 알고 있었다. 사람은 누구나 상황을 예측할 수 없거나 알지 못하면 마음이 불안해지고 그로 인해 정보를 정확하게 처리하지 못하게 된다. 무엇보다 클리닉에서 진단을 내릴 때에는 사람은 불안감이 높아질수록 자기 느낌이나 생각, 과거 이력을 정확하게 말하기 어려워진다는 것을 간과하지 말아야 한다. 더구나 불안해하는 환자가 아동이라면 긍정적 관계를 형성하기 훨씬 더 어려워져서 모든 치료 방법을 대폭 수정해야 한다.

경험상 환자의 첫인상도 대단히 중요하다. 아이의 첫인상이 호의적이거나 최소한 중립적이면 보통 치료 예후가 더 좋아진다. 이 때문에 무신경하게 질문을 퍼부어 아이를 두렵고 혼란에 빠지게 만드는 것보다는 먼저 나 같은 정신과 의사를 만나는 것이 더 좋은 경우가 많다. 우리는 간단한 농담이나 편안한 상담을 통해 환자가 나를 판단할 수 있게 배려한 다음 우리가 환자에 대해 무엇을 알고 싶은지 명확하고 간결하게 설명하고는 잠시 혼자 생각할 시간을 준다. 이때 아이는 자기 문제에 대해 자신이 모든 통제권을 가져야 한다. 아이가 말하기 싫으면 어떤 것이든 말하지 않을 권리가 있었고, 어떤 주제든 이야기하기 싫다고 말하면 곧 화제를 바꾸었다. 또한 아이가 원하면 상담은 언제든 그 즉시 중단되었다. 여러 해 동안 이렇게 해왔어도 지금까지 대화를 완전히 거부한 사람은 10대 소녀 한 명뿐이었다. 그 아이도 주말이 되자 직원에게 자기는 '곱슬머리 정신과 의사 샘'하고만 이야기하겠다고 말했다.

하지만 나는 저스틴을 보자마자 상황이 완전히 다르다는 것을 직감했다. 일단 과거 이력을 포함하여 그에 대해 뭔가 알아야만 접근할 수 있을 것 같았다. 나는 간호사실로 가서 진료 기록을 받아 들고 다시 돌아왔다. 그리고 때때로 무릎을 모아 안고 몸을 흔드는 아이를 넘겨다보며 그의 과거 이력을 읽기 시작했다. 아이는 콧노래 같은 소리를 흥얼거리다가도 몇 분에 한 번씩 분노에 가득 차 커다랗게 비명을 질렀다. 하지만 아이가 아무리 으르렁거려도 PICU의 직원들은 이런 상황에 이미 익숙해진 듯 아무도 이쪽을 쳐다보지 않았다.

아이의 기록을 읽어 가면서 저스틴의 전혀 평범하지 않은 어린 시절이 서서히 드러났다. 저스틴의 엄마는 겨우 열다섯 살밖에 안된 소녀였고 아이가 태어나 두 달을 채우자마자 집을 나간 뒤 영원히 돌아오지 않았다. 아이를 떠맡게 된 저스틴의 할머니는 친절하고 따뜻한 성품으로 손자를 정성을 다해 키웠지만 병적인 고도 비만 환자였던지라 온갖 건강상 문제에 시달렸고 결국 저스틴이 11개월 되던 무렵 병원에 입원했다가 몇 주 후 죽고 말았다.

그녀가 병원에 있는 동안 저스틴은 함께 살던 그녀의 남자 친구 아서(가명)가 돌보았다. 짧은 시간에 엄마와 할머니를 연달아 잃은 저스틴은 점점 까다로운 아기로 변했고 여자 친구를 잃은 슬픔만으로도 벅찼던 아서는 빽빽 울어 대며 짜증을 부리는 아기를 어떻게 돌보아야 할지 막막했다. 이미 60대 후반이었던 그로서는 육체적, 정신적으로 이런 힘든 일을 할 준비가 되어 있지 않았다. 친척도 전혀 없던 할아버지는 아기가 머물 곳을 찾기 위해 아동 보호국을 불렀지만 아동 보호국 직원이 다른 거처를 찾기 전까지만 아기를 돌봐 달라고 부탁해서 할 수 없이 동의해야 했다. 아서는 수동적이고 인내심이 많은 남자였다. 그는 사람들이 저스틴의 새 가정을 열심히 찾아 줄 거라고 믿었지만 위기 전담 부서에 가까운 아동 보호국은 누구도 압력을 넣지 않는 이 건에 대해 아무것도 하지 않았다.

아서는 나쁜 사람은 아니었지만 아기 돌보기에 문외한이었다. 개 사육사였던 그는 슬프게도 개 사육 지식을 아기에게 접목시켰고 저스틴을 개 우리에 넣어 키우기 시작했다. 성실하게 시간을 맞춰 우유를 먹이고 기저귀를 갈아 주었지만 아기에게 말을 걸거나 놀아 주는 등 보통 부모가 아기를 키우면서 하는 모든 행위를 거의 하지 않았다. 저스틴은 개 우리에서 5년간 살았고 그 기간 동안 내내 사람이 아닌 개들과만 지냈다.

아이의 성장 과정에서 편안함, 호기심, 탐험 욕구, 보상은 물론 공포, 수치심, 박탈의 순간을 지켜보면 그가 어떤 사람이고 어떻게 성장할 것인지 더 잘 알 수 있다. 뇌는 개인의 과거 이력을 반영하는 역사적 기관이다. 사람의 유전적 특성은 적절한 시간에 적절한 발달 자극을 받아야만 제대로 발현되고 영유아기의 이런 경험은 대부분 주변의 어른을 통해 통제된다.

저스틴의 진료 기록을 읽으면서 내 머릿속에 아이가 그동안 살아온 모습이 그려지기 시작했다. 저스틴이 두 살 때부터 심각한 발달 지체를 걱정한 할아버지가 아이를 병원에 데려갔고 결국 '정적 뇌병변' 진단을 받았다. 알 수 없는 이유로 회복 불가능한 심각한 뇌 손상을 입었다는 의미였다. 또래 아이들은 대단히 활동적인 시기에 접어들어 사방을 뛰어다니고 완성된 문장을 말하기 시작했지만 저스틴은 걷지도 못했고 단어 몇 개도 말하지 못했다. 비극적인 것은 아서가 아이를 병원에 데려갔을 때 아무도 아이의 생활 환경에 대해 할아버지에게 질문하지 않았다는 사실이다. 발달 이력을 제대로 확인한 사람도 없었다. 의료진은 각종 질병 검사를 하고 뇌를 스캔했으며 그 결과 대뇌 피질이 수축되고 뇌 중앙의 뇌실에 물이 차서 확장되어 있음이 밝혀졌다. 사실상 상당히 진전된 알츠하이머 병 환자의 뇌와 비슷하게 보였다. 또한 머리 둘레가 아주 작아서 또래 아이들 중 하위 2퍼센트에 속했다.

당시에는 의사에게도 아기를 방치하면 뇌 손상이 올 수 있다는 사실이 그리 널리 알려져 있지 않았다. 의사는 스캔 화면으로 문제가 이렇게 명확하게 확인되는 경우에는 당연히 유전적 결함이거나 독성 물질에 노출되었거나 또는 질병 등으로 인한 자궁 내 손상의 증거라 생각했고, 유아기의 성장 환경만으로 이렇게 심각한 신체적 문제를 야기할 수 있다고는 상상도 하지 못했다. 하지만 우리 클리닉을 비롯한 이후의 여러 연구에서 충분한 사랑과 개인적 관심을 받지 못하는 고아원 같은 기관의 환경에 방치된 고아는 실제로 머리와 두뇌 크기가 현저하게 작아지며[3] 저스틴에게서 볼 수 있었던 것과 사실상 동일한 기형이 뇌에서 관찰되었다.

불행히도 저스틴의 문제는 로라의 경우와 마찬가지로 파괴된 의료 체계에 의해 더욱 악화되었다. 여러 해에 걸쳐 유전적 문제를 밝혀내기 위해 최첨단 뇌 스캔이나 염색체 검사에 이르는 복잡한 검사를 수없이 받으면서도 같은 의사를 두 번 만난 적이 거의 없었다. 즉 어떤 의사도 시간을 두고 저스틴의 증례를 추적 조사하거나 생활 환경에 대해 확인하지 않았다. 다섯 살 때 다시 실시한 검사에서 아이는 미세 운동 및 대운동, 행동, 인지 및 언어 능력에 별다른 진전이 없었으며 여전히 걷지도 말하지도 못했다. 아이가 겪는 박탈에 의한 학대를 알지 못하는 의사에게는 뇌 중재 기능 대부분이 제대로 작동하지 못하는 것처럼 보였다. 그래서 저스틴을 치료 불가능한 원인 불명의 선천적 결손증인 '정적 뇌병변'으로 진단했다. 이런 종류의 심각한 뇌 손상이 있다는 것은 아이가 어떤 치료 개입에도 반응하지 않을 것이라는 의미였으므로, 결국 의사는 아서에게 아이가 영구적 뇌 손상이 있으며 영원히 혼자서는 살아갈 수 없고 더 이상 병원을 다녀 봐야 나아지지 않는다고 선언한 셈이었다.

이런 의학적 비관론 때문이었는지 단순히 마음이 변해서였는지는 알 수 없으나 그 후 아서는 더 이상 저스틴에게 어떤 언어 치료, 물리 치료나 작업 요법도 시키지 않았고 아동 보호국에 더 연락하지도 않았다. 이제 저스틴을 온전히 혼자 책임지게 된 아서는 자신이 이해하는 방법으로 아이를 키웠다. 그는 자신의 아이를 가져 본 적이 없었고 평생 독신으로 살았으며 그 자신도 가벼운 지적 장애가 있었다. 그의 방법은 저스틴에게 자신이 키우는 다른 개들과 똑같은 음식과 우리를 주고 훈련과 칭찬을 병행하는 것이었다. 아서가 고의로 잔인하게 군 것은 아니었으며 저스틴과 개들을 모두 매일 한 번씩 우리에서 꺼내 운동장에서 뛰어놀게 해주었다. 하지만 저스틴을 개와 동일하게 취급했기 때문에 개와 다르게 행동하는 것을 이해하지 못했고 소년이 훈련받은 대로 복종하지 않으면 벌로 다시 우리에 가두곤 했다. 결국 저스틴은 대부분의 시간을 완전히 방치되었다.

나는 아서가 자신이 아이 키우는 방법을 말해 준 첫 번째 의사였다. 저스틴에게는 불행하게도 그 이유는 단지 내가 처음으로 물어보았기 때문이다.

나는 아서와 상담한 다음 저스틴의 기록을 읽고 그의 행동을 관찰했다. 일단 소년의 문제 중 일부는 완전한 기능 상실 때문이 아닌 것으로 생각되었다. 말을 못하는 것은 단지 말해 본 적이 거의 없기 때문일 것이다. 일반 아이들은 세 살만 되어도 평균 300만 단어 정도를 듣게 되지만 저스틴은 사람의 말을 거의 들어 본 적이 없었다. 서거나 걷지 못하는 것은 아무도 그를 달래면서 꾸준히 걸음마를 시켜주지 않았기 때문이고, 수저나 포크로 먹지 못하는 것도 그저 아무도 그의 손에 도구를 들려 줘 본 적이 없기 때문일 터였다. 나는 저스틴의 결손이 적절한 자극 결핍 때문이라는 전제하에 치료를 시작했다. 그는 단지 배울 기회가 부족했던 것이며 능력이 부족한 것이 아닐 것이다.

간호사들은 모두 숨을 죽이고 내가 아이의 우리 쪽으로 조심스럽게 다가가는 것을 지켜보았다.

"이제 던지기 시작할 거예요."

간호사 한 명이 냉소적으로 내뱉었다. 나는 아이가 나를 볼 수 있도록 가능한 한 천천히 움직였다. 치료실 내의 빠른 움직임들에 신경이 곤두섰던 아이에게는 나의 극도로 통제된 속도가 신기하게 느껴졌을 것이다. 눈은 아이를 정면으로 쳐다보지 않고 외면했다. 동물들 대부분이 그렇듯 아이도 눈 맞춤을 두려워할 수 있었다. 그리고 우리 주위에 부분적으로 커튼을 쳐서 아이의 눈에 나와 간호사실만 보이게 했다. 저스틴이 근처 침대의 아이들 때문에 정신이 산만해지는 걸 막기 위해서였다.

나는 그의 관점에서 세상을 보려고 노력했다. 아이는 아직 몸이 아팠고 폐렴도 다 치료되지 않았다. 개 우리에서 지냈던 집은 최소한 익숙한 장소였고 주위 개들의 행동도 잘 알고 있었지만 갑자기 자신이 던져진 이 새롭고 혼란스러운 곳은 너무나 낯설었다. 더구나 삼 일간 넣어 주었던 음식 대부분을 간호사들에게 던져 버렸기 때문에 분명 배가 고팠다. 내가 다가가자 저스틴은 으르렁거리면서 우리 안의 작은 공간을 정신없이 왔다 갔다 했고 쉭쉭 거리는 위협 소리를 냈다.

나는 일단 가만히 멈춰 섰다. 그런 다음 하얀 가운을 천천히 벗어 바닥에 내려놓았다. 저스틴은 그런 나를 뚫어지게 쳐다보았다. 나는 계속해서 천천히 넥타이를 풀고 셔츠 소매를 걷었다. 이런 동작을 하면서 조금씩 우리에 가까이 다가갔다. 움직일 때는 말을 하지 않았다. 가능한 한 아이가 위협을 느끼지 않게 하려고 움직임 하나하나에 공을 들였다. 빠르게 움직이지 않았고 눈도 마주치지 않았으며 말은 가능한 한 낮게 음률을 넣어 마치 자장가를 부르듯 이야기했다. 나는 저스틴을 무서워하는 아기나 공포에 질린 동물로 간주하고 그에 맞게 내 행동을 통제했다.

"저스틴, 나는 페리 박사야. 지금 무슨 일이 벌어지고 있는지 잘 모르겠지? 나는 널 돕고 싶단다. 자, 보렴. 내 하얀 가운을 벗을게. 아무일 없지, 그렇지? 자, 이제 조금만 더 가까이 갈게. 이 정도면 괜찮지? 그래. 자, 이제 좀 볼까. 흠. 넥타이도 벗어야겠군. 아마 넥타이를 본 적이 없을 테니까. 벗어도 되겠지?"

나는 우리 근처에서 멈추었다. 그렁그렁 쌕쌕하는 아이의 빠른 숨소리가 들려왔다. 배가 고파 죽을 지경인 것이 분명했다. 아이는 한쪽에 놓인 식판의 머핀에서 한시도 눈을 떼지 못하고 있었다. 식판 쪽으로 다가가자 으르렁거리는 소리가 더 커지고 빨라졌다. 나는 식판의 머핀을 한 조각 뜯어내서 천천히 입에 넣어 신중하게 씹었고 아주 만족스러운 표정을 지었다.

"음, 저스틴, 이거 맛있는데? 좀 먹을래?"

나는 말을 하면서 팔을 아이에게 뻗었다. 이제 둘 사이의 거리는 더욱 좁아져 내 팔과 내민 음식에 아이 손이 닿을 정도가 되었다. 나는 머핀을 아이에게 내민 채 조용히 서서 계속 가벼운 농담을 건넸다. 실제로는 겨우 30초가량이었지만 몇 시간은 흐른 것 같았다. 드디어 아이가 망설이며 우리 밖으로 손을 내밀었다. 하지만 반쯤 내밀다가 멈칫하고는 다시 손을 거둬들였다. 그리고 잠시 숨을 멈추는가 싶더니 다음 순간 갑자기 머핀을 확 잡아채 우리 안으로 잡아당겼다. 그리고 재빠르게 가장 먼 구석으로 달려가 웅크리고 나를 노려보았다. 나는 그 자리에 그대로 서서 웃으며 가능한 한 밝은 목소리로 말했다.

"잘했어, 저스틴. 그건 네 머핀이야. 괜찮아. 먹어도 돼."

아이는 서둘러 먹기 시작했다. 나는 손은 흔들어 주고는 천천히 걸어 나와 간호사실로 갔다.

"자, 이제 1분만 기다려 보세요. 다시 모든 걸 던져 버리고는 비명을 지를 테니."

한 간호사가 말했다. 아이가 내게 '나쁜' 짓을 하지 않았다는 사실에 어쩐지 실망한 말투였다.

"기쁘게 기다리지요."

나는 방을 나서며 가볍게 응수했다.

방치가 뇌에 미치는 영향에 대해 지금까지 알아낸 바에 의하면, 저스틴에게 숨겨진 잠재력이 있는지 아니면 더 이상 발달할 능력이 없는지 알아보기 위해서는 안전하고 예측 가능한 환경에서 패턴화한, 반복적인 자극을 제공하여 그의 신경망이 제대로 형성되는지 확인해야 했다. 하지만 당시 나는 이런 경험을 조직적으로 제공하는 방법을 잘 알지 못했다.

제일 먼저 저스틴 주위의 혼란과 지나치게 넘치는 감각 신호를 줄여야 했다. 이를 위해 아이를 PICU의 개인 병실로 옮기고 아이와 접하는 직원의 수를 최소한으로 줄였다. 그런 다음 물리 치료, 작업 요법, 언어 치료를 시작했다. 우리 소아과 전문의 중 한 사람이 매일 아이와 시간을 보냈고 나도 매일 아이의 병실을 찾았다.

그 결과는 놀랄 정도였다. 저스틴은 매일매일 눈부시게 발전했다.

하루가 다르게 경계를 풀고 편안해졌으며 더 이상 음식을 던지거나 자기 배설물을 몸에 칠하지 않았다. 웃음도 보이기 시작했다. 또한 분명 말로 하는 지시를 인지하고 이해할 수 있었다. 기본적으로 아이는 함께 살아온 개들과 사회적 자극과 애정을 주고받아 왔음을 알 수 있었다. 개는 믿을 수 없을 정도로 사회적인 동물이며 무리 내 사회적 서열을 엄격하게 지킨다. 아이는 낯선 사람을 만나면 공포에 질린 개처럼 조심조심 다가왔다가 뒤로 움츠리고 다시 조심조심 다가오는 일을 반복했다.

여러 날이 지나면서 저스틴은 나를 비롯한 몇몇 직원에게 애정 표현을 하기 시작했고 심지어 유머 감각까지 보여 주었다. 자기의 '배설물 던지기'가 직원들을 혼비백산하게 만들었음을 잘 알고 있던 아이는 누군가가 준 캔디 바의 초콜릿을 손으로 주물럭거려 녹여서는 팔을 들어 던지는 시늉을 했다. 사람들이 놀라 뒤로 물러서자 아이는 큰 소리로 깔깔대며 웃었다. 이 원시적인 유머 감각은 자신이 남에게 한 행동의 영향과 남과의 관계를 이해한다는 의미여서 내게 아이가 바뀔 수 있다는 희망을 안겨 주었다.

처음 물리 치료사를 불러 아이를 두 다리로 세우고 대근육 및 소근육 운동 능력을 통제하는 치료를 시작하자 병원의 자원을 낭비한다고 생각하는 사람이 많았다. 하지만 저스틴은 일주일 만에 의자에 앉았고 도움을 받아 일어설 수도 있게 되었으며 3주 만에 첫 걸음마를 떼었다. 그다음에는 작업 요법 치료사가 소근육 운동 제어를 돕고 옷

입기, 수저 사용하기, 이 닦기와 같은 기본 동작을 가르쳤다. 이런 종류의 결핍을 경험한 아이들은 후각이 크게 발달하여 자주 냄새를 맡는 경향이 있다. 개들과 거의 평생을 살아 온 저스틴은 킁킁거리며 냄새를 맡으려는 욕구가 더욱 심했기 때문에 아무 때나 킁킁거리면 안 된다는 것도 가르쳐야 했다.

언어 치료 시간에는 유아기에 받지 못했던 언어적 자극을 제공해서 말을 가르쳤다. 시간이 지나면서 성장을 중단한 채 발달하지 못하던 신경망이 이런 새로운 반복적 자극 패턴에 반응하기 시작했다. 그의 뇌는 마치 스펀지와 같아서 제공되는 자극을 게걸스럽게 흡수했고 열정적으로 빨아들였다.

2주 후 건강하게 퇴원한 저스틴은 한 위탁 가정에서 살게 되었고 이후 몇 달간 장족의 발전을 보였다. 그는 아마도 우리가 보아 온 심각한 방임 사례 중 가장 빨리 회복된 경우일 것이고, 이후 유아기 방임 후 개선 능력에 대한 시각을 완전히 바꿔놓았다. 이제 우리는 방임 아동의 예후를 훨씬 더 희망적으로 바라보게 되었다.

6개월이 지난 후 저스틴은 병원에서 훨씬 멀리 떨어진 위탁 가족에게로 옮겨갔다. 우리는 새 클리닉 팀에게 상담 업무를 모두 인계했고 저스틴은 비슷한 시기에 몰려든 과도한 업무에 밀려나 우리 기억 속에서 점차 잊혀졌다. 하지만 지금도 심각하게 방임된 아이를 입양한 가족의 상담 때면 언제나 저스틴 이야기를 꺼낸다. 우리에게 저스틴은 이런 아동의 진단 및 진료 방법에 대해 새 장을 열게 해준 일등 공신이다. 이젠 최소한 이런 방임 아동 중 일부는 과거에 꿈도 꾸지 못할 정도의 엄청난 수준으로 개선될 수 있음을 잘 알게 되었다.

2년 후 한 작은 도시에서 클리닉으로 편지가 한 통 도착했다. 저스틴을 담당한 위탁 가족이 보내온 짧은 소식이었다. 아이는 계속 좋아지고 있으며, 아무도 그가 해내지 못하리라 생각했던 수준까지 빠른 속도로 발달 단계를 주파했다. 이제 여덟 살이 된 저스틴은 유치원에 다니기 시작했다. 동봉된 사진에는 깨끗하게 옷을 입은 저스틴이 도시락 가방을 들고 가방을 멘 채 스쿨버스 옆에 서 있다. 사진 뒤에는 크레용으로 쓴 아이의 글이 보였다.

"고마워요 페리 박사님, 저스틴."

내 눈에 눈물이 고였다.

이제 안전한 환경에서 패턴화한 자극을 반복적으로 제공하면 뇌에 엄청난 영향을 줄 수 있다는 사실을 온몸으로 웅변한 저스틴의 사례와 육체적 애정 표현과 자극의 중요성에 대해 역설한 마마 P의 교훈을 접목시킬 차례였다. 다음 사례는 영아기 경험이 파괴적으로 치달아 결국 살인자가 되었던 레온과 유사한 학대를 경험한 어린 10대를 신경 순차적 접근 방식으로 진료한 경우다. 코너는 레온처럼 전형적인 핵가족 속에서 겉보기에는 아무런 문제없는 영아기를 보냈다. 코너의 부모는 둘 다 대학 교육을 받은 성공한 사업가였다. 또한 코너도 레온처럼 평균 수준 이상의 IQ를 기록했고, 공부를 못했던 레온과 달리 학교 성적도 우수했다. 이전 소아과 진료를 잠시 들춰 보니 자폐증은 물론 전반적발달장애, 아동기정신분열증, 양극성장애, ADHD, 강박장애OCD, obsessive-compulsive disorder, 주요 우울증, 불안장애를 비롯한 십 수 가지의 다양한 신경정신과 진단명이 빼곡하게 적혀 있었다.

처음 내게로 온 열네 살 때에는 간헐적폭발성장애, 정신병적장애, 주의력결핍장애 꼬리표가 붙은 상태였다. 또한 다섯 가지 정신과 약을 복용하고 정신 분석학 치료사가 치료하고 있었다. 걸음걸이는 고르지 않고 위태로웠으며 불안하거나 스트레스를 받으면 끊임없이 손을 흔들며 낮게 웅웅거리는 거친 소리를 내서 사람들의 신경이 곤두서게 만들었다. 또한 저스틴이 처음 우리 안에서 보여 준 것처럼 웅크리고 앉은 채 끊임없이 앞뒤로 몸을 흔들곤 했다. 그는 친구가 없었다. 레온처럼 깡패 노릇을 하지는 않았지만 그리 인기 있는 아이도 아니었다. 코너가 다니는 사회적 기술 훈련 프로그램에서도 그의 관계 기술 부족과 고립 문제를 해결하려 애썼으나 실패했다. 나중에 알게 된 사실이었지만 이런 노력은 마치 아기에게 미적분학을 가르치려는 꼴이었다.

코너는 분명 주기적으로 이상 증세를 보였지만 자폐증이나 정신분열병의 일반 증상과는 달랐다. 행동은 이런 병이 있는 아이들과 비슷했지만 기본적으로 자폐증에 전형적인 '심맹'이나 관계에 대한 무관심, 정신분열병에 일반적인 왜곡된 생각 등이 없었다. 그는 항상 다른 사람과 어울리려 했는데 이것은 진성 자폐증에서는 거의 보이지 않는 현상이었다. 분명 사회적으로 서툴렀지만 자폐증의 가장 뚜렷한 특징인 사회적 관계에 대한 완벽한 무관심은 분명 아니었다. 더구나 너무 많은 약을 복용하고 있었기 때문에 기존 문제와 관련된 실제 증상과 약물의 부작용으로 야기된 증상을 구분하기 힘들었다. 나는 일단 모든 약 복용을 중단시켰다. 약물이 필요 없는 것으로 판단되면 다시 처방하지 않을 생각이었다.

코너의 이상 증세가 자폐증이나 정신분열병의 일반 증례와 맞지 않는 면은 내가 저스틴과 같은 영아기 트라우마나 방임을 겪은 아이들에서 보았던 현상이었다. 특히 기묘하게 비틀거리는 걸음걸이로 볼 때 영아기 때부터 뭔가 잘못되었을지도 모른다는 의심이 들었다. 조화로운 걸음걸이를 관장하는 중뇌와 뇌간은 스트레스 반응을 조절하는 핵심 영역이기도 했기 때문이다. 뇌간과 중뇌가 발달 과정 중 가장 초기에 형성되는 부분이기 때문에 이곳에 뭔가 문제가 있다는 것은 생후 첫 1년 이내에 뭔가 잘못되었음을 의미할 수 있었다.

나는 주의 깊게 발달 이력을 확인하고 코너의 엄마 제인(가명)에게 아이의 영아기와 그녀 자신의 영아기에 대해 질문했다. 제인은 총명한 여자였지만 불안이 극에 달해 거의 포기하기 직전이었다. 그녀 자신이 어렸을 때에는 아무 문제도 없었다. 외동딸이었고 사랑이 넘치는 부모 밑에서 행복하게 성장했다. 하지만 코너는 불행히도 대가족

속에서 자라지 못했고 많은 시간을 10대인 베이비시터와 보내야 했다. 나이 어린 베이비시터는 영유아를 돌보았던 경험이 거의 없기 마련이다. 빠르게 변화하는 현대 사회에서는 자녀의 수가 적어지고 가족이 서로 멀리 떨어져 사는데다 세대 간 격차도 커져서 아이들이 발달 단계마다 어떻게 행동해야 하는지 잘 알지 못하는 경우가 많다. 더구나 공교육에서는 아동 발달, 육아법은 물론 기본적인 두뇌 발달에 대해서도 가르치지 않는다. 그 결과 일종의 '아동 문맹'이 발생하며 이것은 불행하게도 레온의 경우처럼 코너가 겪는 어려움에도 큰 영향을 미친다.

제인과 남편 마크(가명)는 아들이 태어나기 몇 년 전에 뉴저지에서 뉴멕시코로 이사, 새로운 사업을 시작했고 사업은 크게 번창했다. 큰돈을 번 부부는 아기를 갖기로 했고 곧 임신했다. 제인은 산전 관리에 만전을 기했으며 자연 분만으로 건강하고 튼튼한 아이를 낳았다. 하지만 사업에 워낙 일손이 딸려 아기를 낳고 몇 주 만에 사무실로 돌아가야 했다. 탁아소에 대한 나쁜 소문을 많이 들었던 부부는 집에서 아기를 돌볼 사람을 구하기로 했다. 마침 제인의 사촌 하나가 근처로 이사와 일자리를 구하고 있었고 그녀를 고용하면 두 가지 문제를 일시에 해결할 수 있을 것 같았다.

하지만 불행히도 사촌이 보모 일을 수락한 직후 다른 일자리에서도 합격을 통지해 왔고, 사촌은 돈을 더 벌 욕심에 부부 몰래 아이를 집에 혼자 둔 채 다른 일을 하러 다녔다. 그녀는 아침에 저스틴을 씻기고 먹이고 기저귀를 갈아 준 다음 곧장 다른 일을 하러 떠났고, 점심시간에 잠시 들른 후 부부가 돌아오기 직전에 집에 살짝 돌아와 아무 일도 없는 척 아기를 돌보았다. 그녀는 기저귀 발진이 생기거나 아기가 기어 다니다가 불을 내거나 다른 위험에 빠질까 봐 걱정했지만 아기를 혼자 방치한 자신의 짓이 아기에게 얼마나 심각한 손상을 초래할지에 대해서는 신경도 쓰지 않았다. 사촌은 아동 발달에 대해 제인보다도 더 몰라서 아기에게 영양과 물, 깨끗한 옷과 쉴 곳 외에 따뜻한 사랑과 관심이 필요하다는 사실을 전혀 알지 못했다.

제인은 내게 당시 그렇게 빨리 일터로 돌아갔다는 사실에 죄책감을 느꼈다고 털어놓았다. 출근을 시작하고 첫 2주일은 엄마가 집을 떠나려 할 때마다 아기는 가지 말라는 듯 심하게 울어 댔다. 하지만 그 후로는 아이가 울음을 멈추었고 제인은 모든 것이 잘 풀린다고 생각했다.

"아기는 아주 순했거든요."

잘못해서 옷핀으로 아기를 찔렀을 때에도 코너는 칭얼대지도 않았다. 제인은 다시 한 번 강조했다.

"전혀 울지 않는 착한 아기였다니까요."

하지만 아기가 지나치게 울지 않는 것은 너무 많이 우는 것과 마찬가지로 아기에게 어떤 문제가 있다는 신호다. 제인도 마리아와 마찬가지로 아기가 조용한 것을 행복하다는 뜻으로 오해하고 기본적인 아이의 발달 단계를 무시했다.

하지만 몇 달 지나지 않아 아기 엄마는 무언가 잘못되고 있음을 깨닫기 시작했다. 아기의 발달이 또래에 비해 뒤처지면서 할 만한 나이가 되어도 앉거나 뒤집거나 기어 다니지 못했다. 걱정된 제인은 코너를 가족의 소아과 의사에게 데려갔지만 신체의 질병을 발견하고 치료하는 데에는 아주 뛰어난 의사였어도 정신이나 감정적 문제는 알아차리지 못했다. 의사 자신도 아이가 없었기 때문에 일반적인 아이들의 정신적 발달에 대해서도 무지했고 다른 의사들처럼 그것에 대해 교육받은 적도 없었다. 또한 부부와 잘 알고 지내는 가족의 주치의였기 때문에 어떤 학대나 방임이 있으리라고 의심하지도 않았다. 결과적으로 의사는 부부에게 코너가 우는지 울지 않는지, 또는 사람에 대해 어떻게 반응하는지 등을 묻지 않았고 그저 늦되는 아기도 있는 법이니 곧 또래처럼 뒤집고 기게 될 거라고 안심시켰다.

그러다가 코너가 18개월에 접어들던 어느 날, 제인은 몸이 좋지 않아서 일찍 퇴근했다. 집에 불이 켜져 있지 않고 완전히 캄캄했기 때문에 보모가 아이를 데리고 어디 외출했다고 생각했다. 그런데 코너의 방에서 악취가 흘러나왔다. 방문은 조금 열려 있었다. 문을 열고 들어서자 아기가 똥오줌으로 범벅이 된 기저귀를 그대로 찬 채 완전히 캄캄한 요람 속에서 어떤 장난감도, 음악도, 보모도 없이 혼자 누워 있었다. 아기 엄마의 충격은 말로 표현할 수 없을 정도였다. 뒤늦게 집에 돌아온 사촌은 코너를 혼자 둔 채 다른 일을 하러 다녔다는 사실을 고백했고 제인은 즉시 그녀를 해고했다. 그리고 하던 일을 그만두고 집에 들어앉아 아기를 돌보기 시작했다. 제인은 코너가 다행히 유괴되지도, 화재나 다른 질병에 걸려 다치거나 아프지도 않았으니 큰 위험을 피했고 나쁜 기억 정도는 금방 잊혀 질 거라고 생각했다. 그래서 이후 계속 악화되어 가는 아이의 이상 행동을 생후 초기 18개월 동안 매일같이 벌어졌던 방임과 연결시켜 생각하지 못했다.

아이는 외톨이로 자라났고 나중에서야 반복적 이상 행동을 시작했기 때문에 정신 건강 체계와 학교 내의 누구도, 코너가 만난 특수 교육 교사, 작업 요법사, 상담사 중 누구도 그가 생후 초기에 방임에 의한 학대를 받았다는 사실을 알아내지 못했다. 아이의 다양한 장애를 치료하기 위해 끝없는 돈과 시간이 투자되었지만 이제 열네 살이 된 소년은 여전히 몸을 웅크린 채 앞뒤로 흔들면서 알 수 없는 소리를 흥얼거렸고 친구 하나 없이 외톨이가 되어 우울증을 앓았다. 또한 누구와도 눈을 맞추지 않았고 괴성을 질러 댔으며 서너 살 아이들처럼 울화통을 터트리며 폭력을 휘둘렀다. 아이에게 정말 필요한 것은 그의 뇌가 영아기에 받지 못했던 자극을 채워 주는 것이었다.

방임과 트라우마에 상처받은 아이들을 항상 따뜻하게 안아 주고 흔들어 주었던 마마 P는 신경 순차적 접근 방법의 기초가 무엇인지를 이미 직관적으로 알고 있었다. 이런 아이들은 이들의 발달 단계에 맞는 패턴화한 반복적 자극이 필요하다. 이 경우 실제 나이인 역연령이 아닌 방치되었거나 트라우마로 인해 중요한 자극을 받지 못했던 당시의 나이를 기준으로 해야 한다. 마마 P는 흔들의자에서 일곱 살짜리 아이를 안고 흔들어 주면서 아이가 영아기에 적절한 뇌 발달에 꼭 필요한 자극이었으나 학대로 인해 결핍되었던 신체 접촉과 리듬을 제공했다. 뇌 발달의 기본 원칙은 신경망이 순차적 방법으로 구성되고 기능이 활성화된다는 것이다. 또한 덜 성숙한 영역의 발달은 기저부에 있는 더 발달된 영역의 입력 신호에 따라 좌우되며 뇌가 정해진 시기에 필요한 자극을 받지 못하면 이것에 의지하는 부분들까지 제대로 기능하지 못하게 된다. 이 현상은 나중에 발달하는 뇌 부분에 적절하게 제때 자극이 제공된다 해도 마찬가지다. 뇌가 정상적으로 발달하려면 무엇보다 적절한 시기에 적절한 경험을 적절한 양만큼 받아야 한다.

저스틴이 우리의 치료에 그토록 빠르게 반응하고 눈부시게 개선되었던 이유는 사실 할머니가 키웠던 첫 1년간은 제대로 양육되었기 때문이다. 이것은 가장 먼저 발달하기 시작하는 아이 뇌의 기저부와 중뇌 영역은 제대로 형성되었다는 의미다. 만일 태어나자마자 우리에 넣어 길렀다면 그의 미래는 훨씬 더 암울했을 것이다. 이 때문에 레온과 마찬가지로 생후 첫 18개월이 사실상 방임되었던 코너의 예후가 크게 걱정되었다. 한 가지 희망은 최소한 부모가 아이를 돌보았던 야간과 주말에는 적절한 감각 자극을 받을 수 있었다는 사실이었다.

이런 판단에 따라 우리는 손상이 처음 시작된 발달 단계에 맞추어 치료 방향을 면밀하게 계획했다. 코너의 증상과 발달 이력을 주의 깊게 검토해서 어떤 영역이 가장 크게 손상되었는지 확인하여 그 부분에 적절하게 개입할 예정이었다. 그런 다음 풍부한 경험과 정확한 치료로 방임과 트라우마로 손상된 뇌 영역의 정상적인 발달을 유도했다. 이런 과정 때문에 신경 순차적 접근 방법이라는 이름을 얻게 되었다. 첫 번째 개입 치료로 기능 개선이 이루어진 후에야 다음 뇌 영역과 발달 단계에 대한 두 번째 치료를 시작할 수 있으며 이런 과정은 아이의 생물학적 나이와 발달 연령에 맞는 지점에 도달할 때까지 계속된다.

코너의 경우 뇌의 기저부와 대부분의 중뇌 영역이 활발하게 발달하는 영아기부터 문제가 시작되었음이 명백했다. 여기는 리듬과 신체 접촉에 반응하는 부분이다. 뇌간은 심장 박동, 밤낮의 주기에 따른 신경 화학 물질과 호르몬의 증감, 걸음걸이 같이 기능하려면 적절한 리듬을 맞추어야 하는 패턴화된 동작의 조절 중추다. 이 영역을 화학적으로 활성화하기 위해서는 스킨십이 꼭 필요하다. 로라의 경우처럼 적절한 신체적 자극이 없으면 머리와 두뇌 성장을 포함한 모든 성장 발달이 지체될 수 있다.

레온이나 기타 영아기 방임을 경험한 아이들처럼 코너도 신체 접촉을 참지 못했다. 아기가 처음 태어났을 때에는 다른 사람의 신체 접촉이 낯설고 스트레스가 심한 자극이지만 자꾸 사랑스럽게 만져 주면 즐거움과 연결시킬 수 있다. 사랑으로 돌봐 주는 보호자가 팔에 안고 몇 시간이고 계속 만져 주면 아기는 이런 감촉에 익숙해지고 안전하고 편안하게 느낀다. 하지만 이런 양육자의 신체 접촉이 아기의 필요를 충족시켜 주지 못하면 아기의 뇌에서 인간관계와 즐거움 사이의 연계 고리도 생성되지 못하고 이후 사람이 만지는 촉감을 좋아하지 않게 된다. 우리는 이것을 극복하고 결핍된 자극을 제공하기 위해 코너에게 마사지 치료사를 주선해 주었다. 제일 먼저 피부 접촉에 대한 요구를 충족시켜 잘 맞지 않는 신체 리듬을 되찾게 하려는 것이었다.

로라의 사례에서 우리는 신체적 접촉이 사람의 발달에 얼마나 중요한지 배웠다. 만지는 경험과 관련된 감각 신경 경로는 천천히 발달되는 시각, 후각, 미각, 청각과 달리[4] 태어나면서부터 가장 먼저, 가장 완벽하게 발달된다. 미숙아의 경우 계속 부드럽게 피부 접촉을 해주면 체중이 증가하고 잠도 더 잘 자며 신체적 성숙이 더 빨라진다. 이런 부드러운 마사지를 받은 미숙아가 그렇지 않은 아이보다 병원에서 일주일가량 빨리[5] 퇴원한다는 통계도 있다. 더 나이가 많은 아이나 어른에게 시행하는 마사지도 뇌의 스트레스 호르몬 분비량[6]을 줄여서 혈압을 낮추고 우울증을 막아 준다.

마사지를 시작한 전략적 이유도 있었다. 관련 연구에 의하면 부모가 영유아 마사지 기술을 익히면 아이들과 더 좋은 관계를 맺을 수 있고 친밀감이 커진다. 자폐증이나 기타 외톨이 증상이 있는 아이들의 경우 친밀감이 형성되어 부모 자식 관계가 빠르게 개선되고 결국 치료에 대한 부모의 만족도가 향상된다.[7]

코너의 사례에서는 코너의 엄마가 우리의 치료 방식을 대단히 불안해했기 때문에 이런 측면이 특히 중요했다. 무엇보다 이전의 심리학자, 정신과 의사, 상담자는 물론 선의의 이웃과 교사들 모두 그녀에게 아이의 '아기 짓'을 용인하지 말고 울화 행동을 무시하며 아이를 달래는 대신 통제를 강화해야 한다고 입을 모았다. 또한 코너의 성장 지체를 막기 위해 몸 흔들기나 흥얼거리기와 같은 원시적인 자기 진정 행위를 금지시켜야 한다고 주장했다. 그런데 우리 병원에서는 반대로 아이를 너무 부드럽게 대해서 지나치게 방임하는 것 같았고, 행동 치료사는 아이의 행동이 통제를 벗어나 과격해지려 하면 무시하기는커녕 오히려 마사지로 '보상'을 주기까지 했다. 그녀에겐 이런 방법이 아주 잘못된 것으로 보였지만 다른 모든 방법이 효과가 없었기 때문에 울며 겨자 먹기로 따를 수밖에 없었다.

　마사지 시간에는 코너의 엄마도 치료 과정에 참여시켜서 아이가 신체 접촉에 스트레스를 받을 경우 엄마가 직접 아이를 도와 편해지도록 했다. 또한 엄마가 아이에게 사랑을 보여 주는 신체 접촉 방법을 배워서 영아기에 받지 못했던 포옹과 따뜻한 쓰다듬는 경험을 채우도록 했다. 이런 마사지 요법은 점진적이며 체계적인 동시에 반복적인 방법이었다. 제일 먼저 코너 자신의 손을 써서 자신의 팔과 어깨, 몸통을 쓰다듬는다. 우리는 심박계를 사용해서 스트레스 정도를 측정했다. 심장 박동 수가 아이의 신체를 이용해서 아이 자신의 몸을 쓰다듬는 것에 더 이상 변화를 보이지 않으면 그다음 엄마의 손으로 같은 동작을 반복하는 식의 점진적 마사지였다. 엄마의 마사지 촉감에도 더 이상 불안해하지 않으면 그제야 마사지 치료사가 나서서 좀 더 일반적인 치료용 마사지 단계로 넘어갔다. 이것은 매우 느리고 조심스러운 접근 방법이었다. 코너가 신체 접촉에 익숙해지고 나아가 즐길 수 있게 하는 것이 목적이었다. 아이의 목과 어깨 마사지 방법을 배운 제인은 집에서도 치료를 계속했고 특히 코너가 화나거나 마사지를 요구하는 것 같을 때면 더 열심히 마사지에 몰두했다. 우리는 아이와 엄마 모두에게 이 치료의 이유를 설명해 주었다.

어떤 것도 강요하지 말아야 했다. 처음에 코너는 피부 접촉을 혐오스러워 했기 때문에 치료사는 항상 아이가 "그만!"이라는 신호를 보내지는 않는지 조심스럽게 지켜보았고, 아이가 이전 마사지의 접촉 형태와 정도에 익숙해지고 편안해진 다음에야 조금 더 강한 자극으로 옮겨갔다. 또한 모든 치료 과정은 먼저 아이 자신의 손으로 시험해 본 다음 그것에 익숙해지면 아이의 손가락과 손을 마사지하는 것으로 시작했다. 그런 다음 만질 수 있는 곳부터 시작해서 점진적으로 가능한 모든 신체 부위를 깊이 있게 마사지해 나갔다. 코너의 엄마도 아이가 이끄는 대로 해주었고 아이가 당황하거나 싫어하는 기색이 보이면 절대 강요하지 않았다.

6~8개월가량 지나자 코너는 점차 신체 접촉을 잘 참아 넘겼고 나아가 즐길 수 있게 되었다. 어느 날 아이가 나에게 다가와 악수하자는 듯 손을 내밀었다. 드디어 다음 치료 단계로 넘어갈 때가 된 것이다. 아이는 할머니가 어린 손자에게 하듯 내 손을 두들겨 댔다. 하지

만 이전에는 한 번도 자발적으로 신체적 접촉을 시도한 적이 없었던 그에게는 이런 괴상한 악수조차 엄청난 발전이었다. 사실 그전에는 신체 접촉을 어떻게든 피하려고 애썼던 그였다.

이제 리듬 감각을 되살릴 차례였다. 좀 이상하게 들리겠지만 리듬은 대단히 중요한 요소다. 단적인 예로 삶의 가장 기본이 되는 리듬인 심장 박동이 유지되지 못하면 아무도 살아남을 수 없다. 이 리듬의 조절은 정적인 것도, 일관된 것도 아니다. 심장과 뇌는 끊임없이 서로 신호를 보내 삶의 다양한 변화 상황에 적응한다. 일례로 싸우거나 도망치는 상황에서는 심장 박동이 증가해서 인체에 힘을 불어넣어 주며 어떤 상황에서도 거기에 맞는 리듬감 있는 박동을 유지해야 한다. 뇌가 고유 시간proper time을 유지하기 위해서는 스트레스 상황에서의 심장 박동 수와 스트레스 호르몬 조절이 꼭 필요하다.

또한 수많은 다른 호르몬도 역동적으로 조절된다. 뇌는 그저 심장을 한번 박동시키는 것이 아니다. 거기에는 수많은 신호가 주야간 패턴과 여자의 경우 월경 주기나 임신, 수유 주기는 물론 서로 간의 리듬까지 맞춰서 모두 동시에 움직여야 한다. 뇌의 리듬 조절 영역이 장애를 일으키면 우울증이나 기타 여러 가지 정신 장애를 일으킬 수 있으며 거의 항상 밤낮을 제대로 구분하지 못하는 수면 장애가 동반된다.

대부분의 사람들은 부모와 자식 사이 대화의 어조와 같은 이런 리듬이 얼마나 중요한지 잘 이해하지 못한다. 아기의 주요 메트로놈인 뇌간이 제대로 기능하지 못하면 스트레스에 대한 호르몬이나 감정적 반응이 제대로 조절되기 힘들 뿐 아니라 배고프거나 졸린 주기도 예측할 수 없게 되어 부모에게 아이를 돌보는 일이 악몽으로 변할 수 있다. 아기가 예측 가능한 시간에 합리적인 요구를 하면 보호자가 그것을 충족시켜 주기 더 쉽다. 일정한 시간에 배고파하고 졸려하면 부모는 더 쉽게 아기에게 우유를 먹이고 재워 줄 수 있기 때문에 모든 일은 순조롭게 풀린다. 신체 리듬 조절이 잘 안되면 일반적인 예상보다 훨씬 더 문제가 심각해진다.

보통 아기는 발달 단계를 거치면서 리듬을 통해 다양한 패턴을 익혀 간다. 엄마가 아기를 따뜻하게 안아 우유를 먹이면 아기는 엄마의 심장 박동 소리에 마음이 편안해진다. 실제로 이런 접촉을 통해 아기 자신의 심장 박동도 어느 정도 조절된다. 아기가 어른과의 육체적 접촉을 제대로 받지 못해서 중요한 감각 자극이 결핍되었을 때 영아돌연사증후군SIDS, Sudden Infant Death Syndrome이 발생할 수 있다는 이론도 있고 자궁 내 아기의 심장은 엄마의 심장 박동에 맞춰 움직인다는 연구 결과도 있다. 엄마의 심장 박동이 청각, 진동 및 촉각에 패턴화한 반복적 신호를 주며 이것이 뇌간과 주요 스트레스 조절 신경 전달 물질계를 구성하는 데 핵심적인 역할을 한다는 것은 이미 알려져 있다.

아기가 배고파 울면 스트레스 호르몬 지수가 급상승하지만 엄마나 아빠가 그때마다 주기적으로 달려와 먹여 주면 수치는 다시 내려가고, 시간이 지나면 스트레스 호르몬 지수가 일과에 맞추어 패턴화,

반복된다. 때로 아기는 배고프거나 기저귀가 젖지도, 식별할 수 있을 정도로 어디가 아프거나 슬프지도 않은데도 스트레스를 받아 울 때가 있다. 이럴 경우 대부분의 부모는 아이를 안고 천천히 흔들어 준다. 거의 본능적으로 리듬감 있는 동작과 사랑이 넘치는 신체 접촉을 통해 아기를 진정시키는 것이다. 흥미롭게도 사람들이 아기를 흔들어 주는 속도는 보통 분당 80번 정도로 성인의 일반적인 심장 박동 수와 비슷하다. 이보다 빨리 흔들면 아이는 흔드는 동작에 자극을 받고 느려지면 울음을 그치지 않는다. 아이들을 달래는 것은 그들의 육체를 삶의 시간을 지키는 주인으로 다시 조율하는 일이다.

어떤 언어 발달 이론에서는 사람이 말보다 춤과 노래를 먼저 배우며 음악이란 사실상 최초의 언어라고 주장하기도 한다. 사실 아기는 언어의 문맥보다 음성의 어조와 같은 음악적 측면에서의 의미를 훨씬 빨리 알아듣기 시작한다. 사람들은 보통 아기에게 풍부한 감정을 담아 노래하듯이 높은 음조로 이야기한다. 재미있는 것은 애완동물에게도 똑같은 어투로 말을 건다는 것이다. 아기에게 노래를 불러 줄 수 없는 엄마라도 아기의 발달에 음악과 노래가 중요한 역할을 담당한다[8]는 것은 알고 있다.

하지만 코너는 가장 필요했던 시기에 어떤 음악도, 리듬도 제공받지 못했다. 갓난아기 시절 낮에 누워 아무리 울어도 얼른 달려와서 흔들어 달래거나 진정시켜 스트레스 반응 체계와 호르몬을 평상시 상태로 낮춰 주는 사람이 없었다. 밤과 주말에는 보호자가 정상적으로 돌보았지만 첫 18개월 동안 계속된 하루 여덟 시간의 방치는 아기에게 영구적인 손상을 남겼다.

우리는 코너의 결핍된 부분을 보상해 주기 위해 음악 율동 수업에 참여시켰다. 여기에서 그는 의식적인 맥박 유지 방법을 배우고 자연스러운 리듬감을 익혔다. 수업 자체는 특별할 것이 없었다. 보통 유치원이나 어린이집 수업처럼 아이들이 어울려 율동 같은 박수치기를 배우고 함께 노래하며 특정 패턴의 소리를 반복하고 블록이나 북 같은 것을 두드리는 간단한 식으로 진행되었다. 물론 이곳 아이들은 유치원생에 비해 나이가 훨씬 많았다. 우리 병원에는 영아기 방임으로 고통받는 환자가 많아서 이 접근 방법을 많이 시도했다.

처음에 코너는 너무 서툴러서 아주 기본적인 박자도 전혀 맞추지 못했다. 무의식중에는 리듬에 맞춰 몸을 흔들곤 했지만 일부러 규칙적으로 두드리거나 박자를 따라하지는 못했다. 이것은 영아기 때 뇌간에 대한 감각 자극이 결핍되어 뇌의 상부와 하부 영역 사이 연결이 약해져서 일어나는 현상이며 아이의 의식적인 리듬 통제 능력을 향상시키면 이 연결도 더 단단해질 수 있다.

수업 초기 아이가 제대로 못하자 제인의 실망은 이만저만이 아니었다. 이미 코너를 치료한 지 9개월이 넘어서고 있었다. 아이의 울화 행동이 폭발하는 횟수는 꾸준히 줄어들었지만 어느 날 또 학교에서 불같이 폭발했고 학교 직원이 제인의 직장으로 전화해서 즉시 아이를 데려가라고 요구했다. 제인은 이미 일주일에도 몇 번씩 걱정으로 제정신이 아닌 채 내게 전화하곤 했지만 이번에는 실망이 너무 커서 코너의 치료가 완전히 실패했다고 단정하기에 이르렀다. 나는 좀 이상한 치료 방법인건 사실이지만 그래도 믿고 맡겨 달라고 온 힘을 다해 설득해야 했다. 그녀는 지금까지 수많은 치료사와 소아과 의사, 정신과 의사를 찾아다녔고 우리의 방법은 이전에 경험한 어떤 치료와도 전혀 달랐다. 치료가 힘든 아이들의 부모가 대부분 그렇듯 제인도 우리가 코너에게 정확하게 맞는 약을 찾아 주고 그의 나이에 맞게 행동하는 법을 가르쳐 달라고 요구했다.

그 주 주말, 호출기에 제인의 번호가 다시 뜨자 나는 절로 한숨이 나왔다. 제인에게 전화를 걸어 다시 아이가 폭발했다는 소식이나 새로운 '전문가'에게 역효과를 초래할 만한 이상한 대체 요법을 시도하겠다는 주장을 들으려니 기운이 쭉 빠졌다. 나는 용기를 끌어모아 크게 심호흡을 하면서 억지로 전화를 걸었고 제인의 목소리가 눈물에 젖어 있음을 알아차리자마자 최악의 사태를 각오했다.

"무슨 일인가요?"

내가 물었다.

"오, 페리 박사님."

제인은 흐느끼며 말을 잇기 어려운지 잠시 숨을 멈추었다. 내 마음은 절망의 구렁텅이로 빠져들었다.

하지만 이어지는 말은 놀라웠다.

"정말 감사해요 박사님. 오늘 코너가 나에게 다가오더니 나를 끌어

안고는 사랑한다고 말했어요."

 아이가 평생 처음으로 자발적으로 사랑을 표현한 순간이었다. 이제 제인은 우리 치료 방법에 대한 걱정을 접고 적극적으로 따르게 되었다.

 음악 율동 치료를 받는 코너에게 다른 긍정적인 변화도 관찰되기 시작했다. 우선 크게 불안할 때에도 걸음걸이가 많이 좋아졌고 무의식적으로 몸을 흔들며 흥얼거리는 행위도 점차 줄어들었다. 처음 아이가 우리 병원을 찾았을 때에는 수업 활동에 참여하거나 게임을 할 때만 제외하고 거의 언제나 이 행동을 계속했지만 지금은 아주 심하게 공포에 질리거나 화가 났을 때에만 가끔 보일 뿐이었다. 모든 환자가 코너처럼 이해하기 쉬우면 얼마나 좋을까! 이런 특성 때문에 우리는 치료가 앞서 갔음을 즉시 알 수 있었고 그럴 때면 그가 다시 편안해질 때까지 단계를 되짚어 돌아갔다. 치료를 시작하고 1년 정도 되자 비로소 부모와 교사들의 눈에 이상한 행동으로 가려져 있었던 코너의 진정한 면모가 드러나기 시작했다.

 아이의 리듬감이 살아나자 우리는 놀이 치료를 병행하기 시작했다. 음악과 율동 수업, 마사지 치료로 이미 행동의 많은 부분이 개선되었다. 앞에서 언급한 사고 후에는 더 이상 불같이 폭발한 일이 없었고 제인이 치료를 중단하겠다고 전화하는 일도 사라졌다. 하지만 아직 사회적 발달 단계는 많이 뒤쳐져서 여전히 따돌림을 면치 못했고 친구가 없었다. 이런 문제를 가진 청소년의 일반적인 치료 방법은 코너가 우리에게 오기 전에 다니던 사회적 기술 그룹이다. 하지만 생후 초기 방임으로 인한 발달 지체를 겪고 있던 코너에게 이런 치료는 너무 앞서 가는 꼴이었다.

첫 번째 사회적 인간관계는 보통 부모와 아기의 유대 관계로 시작하며 아이는 규칙을 예측할 수 있고 이해하기 쉬운 사회적 상황에서 다른 사람과 관계 맺는 방법을 배운다. 아이가 상황을 이해하지 못하면 부모가 차근차근 가르쳐 주고 그래도 계속 오해하면 바로잡아 준다. 이 과정이 끝없이 반복된다. 실수는 얼마든지 할 수 있고 금방 용서받는다. 이런 과정은 무한한 인내심을 필요로 한다. 마마 P의 말처럼 아기는 울기 마련이고 뭔가를 흘리기 마련이며 주변을 '난장판으로 만들기' 마련이지만 그건 당연한 일이고 그렇다 해도 끝까지 사랑해 주어야 한다.

하지만 아이가 다음으로 경험하는 사회인 또래 집단에서는 사회적 규칙 위반을 그렇게 쉽게 눈감아 주지 않는다. 또래 집단에서의 규칙은 암묵적이어서 직접 지시되기보다는 대부분 관찰에 의해 습득되고 실수가 반복되면 친구들 사이에 오랫동안 부정적 인식을 남기며 관계 형성과 적절한 반응 방법을 잘 모르는 '이상한' 사람은 금방 배척된다.

그러므로 부모 자식 관계의 명확하게 정의된 규칙도 이해할 능력이 없는 사람에게 또래 집단의 인간관계를 가르치는 것은 거의 불가능하다. 걷기와 같은 고등 운동 능력은 뇌간 같은 뇌 기저부의 운동 조절 기능이 관장하지만 고차원적인 사회화 기술을 익히려면 우선 사회적 신호를 알아차릴 수 있어야 한다.

처음에 코너는 나를 의심했기 때문에 아주 조심스럽게 접근해야 했다. 아이는 너무 위축되어 치료를 받아들이기 힘든 상태였고 다른 사람과의 일반적인 관계도 맺기 어려웠다. 그래서 나는 아이와 직접 친해지려 애쓰지 않고 아이 자신에게 관계의 통제권을 부여했다. 아이가 나와 이야기하고 싶으면 기꺼이 상담에 응했지만 아이가 원하지 않으면 절대 강요하지 않았다. 아이는 상담 시간이 되면 진료실에 들어와 자리에 앉았고 나는 책상에서 하던 일을 계속 했다. 우리는 한 방에 앉아 그저 따로 시간을 보냈다. 나는 아이에게 아무것도 요구하지 않았고 그도 나에게 아무것도 묻지 않았다.

그렇게 시간이 지나면서 좀 더 편안해지자 코너의 호기심이 발동했다. 그는 매번 조금씩 내게 가까이 다가왔고 내게로 걸어와 점차 바로 옆에 서게 되었다. 결국 몇 주나 지난 다음 코너가 처음으로 입을 열었다.

"뭐하세요?"

내가 대답했다.

"일한단다. 너는 뭐하고 있니?"

"흠. 치료요?"

코너는 항상 질문하는 식으로 말하는 버릇이 있었다.

"그렇구나. 어떤 치료인데?"

"앉아서 이야기하는 거요?"

"그렇구나. 무엇에 대해 이야기하고 싶니?"

"없어요."

이것이 그의 첫 번째 대답이었다. 나는 괜찮다고 말한 뒤, 나도 바쁘니까 내 할일 할 테니 코너는 숙제라도 하라고 말했다.

하지만 다시 몇 주일이 지나자 아이가 말하고 싶다고 대답했다. 우리는 드디어 마주 보고 앉았고 코너가 물었다.

"우리 왜 이러고 있어요?"

내 치료는 그동안 그가 받아 왔던 치료들과는 너무 달랐던 것이다. 나는 먼저 아이에게 뇌와 뇌 발달에 대해 설명한 다음 아이의 어린 시절에 있었던 일을 이야기해 주었다. 과학적인 이야기는 아이도 이해할 수 있었다. 코너는 금방 또 물었다.

"다음은 뭐예요? 우리 다음엔 무엇을 해요?"

나는 다른 사람과의 관계 맺기에 대해 설명하고 그는 그런 인간관계에 능숙하지 못한 것 같다고 말했다.

아이는 웃으며 단호하게 말했다.

"나 알아요, 난 밥맛이에요!"

그제야 나는 비로소 진짜 사회성 교육을 시작했고 아이는 즉시 진지하게 몰두할 수 있었다.

치료는 생각보다 까다로웠다. 코너는 몸짓 언어와 사회적 신호를 거의 알아듣지 못했기 때문에 그에게 아무 의미도 없었다. 코너와 상담하면서 나는 사람 사이의 관계가 얼마나 복잡하고 미묘한 것인지 새삼 깨닫곤 했다. 한번은 그에게 사람과 이야기할 때는 눈을 맞추는 것을 좋아하기 때문에 누군가에게 이야기를 하거나 그 사람의 이야기를 들을 때에는 그 사람을 쳐다보라고 이야기해 주었다. 코너는 알았다고 했지만 그전에는 마룻바닥에 꽂혀 있던 시선을 나에게 고정시켰을 뿐이었다.

나는 다시 말했다.

"사람을 그렇게 계속 쳐다보는 건 좋지 않아."

"흠, 그러면 언제 쳐다보나요?"

나는 사람 사이의 자연스러운 눈 맞춤에 대해 설명하려 애썼다. 계속 빤히 쳐다보면 상황에 따라 공격적으로 보이거나 남녀 간 애정 어린 관심을 뜻하는 사회적 신호로 오해받기 때문에 잠시 쳐다보고 다른 곳을 보았다가 다시 잠시 쳐다보는 것이 좋다고 말했다. 그러자 코너는 몇 초간 쳐다보았다가 다른 곳을 쳐다봐야 하느냐고 물었다. 하지만 이런 것은 비언어적 사회 신호와 문맥에 따라 달라지므로 정확하게 몇 초인지 말해 줄 수는 없었다. 3초 간격으로 기다렸다가 쳐다보라고 제안해 보았지만 아이는 큰 소리로 셋을 세고 쳐다보기를 반복하여 상황을 악화시켰다. 이런 일이 반복될 때마다 나는 우리가 얼마나 많은 사회적 신호를 사용하는지 새삼 놀라곤 했으며 그것을 코너에게 어떻게 가르쳐야 할지 막막했다.

또한 코너는 눈 맞춤을 하다가 다른 곳을 볼 때 그냥 살짝 시선만 돌리는 것이 아니라 얼굴 전체를 휙 돌려 버리거나 무심결에 지루하거나 빈정대는 것처럼 눈동자를 마구 굴렸다. 마치 외계인에게 사람 사이의 관계를 설명하는 꼴이었다. 하지만 지치지 않고 애쓴 끝에 때로 좀 딱딱하게 느껴질 때도 있지만 그래도 무난하게 사회적 관계를 맺을 수 있게 되었다.

한 단계씩 나아갈 때마다 산 넘어 산이었다. 적절하게 악수하는 법을 가르치려 했지만 축 처진 물고기처럼 흐느적거리면서 손을 지나치게 꽉 잡았다. 아이는 다른 사람의 사회적 신호를 읽지 못하기 때문에 의도하지 않게 타인의 감정을 상하게 하거나 당혹스럽게 만들거나 심지어 낯선 두려움까지 일으키곤 했다. 그는 잘생긴 젊은이였고 진료실에 들어설 때마다 비서에게 반갑게 인사하면서 뭔가 대화를 나누려 시도했지만, 인간관계에 있어 누락된 어떤 면 때문에 말투나 단어 선택이 항상 어딘지 모르게 이상했고 이상한 침묵을 알아차리지 못했다. 누군가 그에게 어디 사냐고 물으면 "방금 이사했어요."라고 대답한 후 바로 자리를 떠버리는 식이었다. 이런 말투와 짧은 대답 때문에 질문했던 사람은 그가 대화하기 싫어한다고 생각하게 된다. 코너는 이런 질문에 더 자세히 대답하면 좀 더 편하게 사람들과 관계를 맺을 수 있다는 것을 이해하지 못했고 그것이 그를 무뚝뚝하거나 이상한 사람으로 보이게 했다. 사람들과의 대화에도 리듬과 박자가 있다. 코너는 그 연주 방법을 알지 못했다.

옷차림도 친구들과 멀어지게 만드는 문제 중 하나였다. 옷차림은 그 사람의 사회적 기술을 보여 주는 중요한 척도다. 유행에 따르려면 다른 사람을 관찰하고 그들이 '숨기고 드러내는' 신호를 읽어 해석한 다음 자신에게 어울리는 방법으로 모방해야 한다. 이런 신호는 미묘한데다 개인 취향의 문제기 때문에 제대로 하려면 독특한 개성과 적절한 순응성 모두를 반영할 수 있어야 한다. 청소년 집단에서 이런 신호를 무시하는 것은 사회생활의 재앙이 될 수 있다. 하지만 코너는 신호를 이해하지 못했다.

일례로 코너는 셔츠의 단추를 모두 잠그곤 했다. 어느 날 내가 맨 위 단추를 푸는 게 어떠냐고 제안했더니 그는 나를 이상하다는 듯 쳐다보고 물었다.

"무슨 뜻이에요?"

내가 대답했다.

"음, 단추를 언제나 다 잠가야 하는 건 아니거든."

"하지만 단추가 달려 있잖아요."

그는 내 말을 전혀 이해하지 못했다.

그래서 나는 가위로 맨 위 단추를 잘라 주었다. 제인은 내가 한 일이 마음에 들지 않았던 모양이다. 내게 전화를 걸어 물어왔다.

"언제부터 선생님의 치료 개입에 가위질도 포함되었어요?"

하지만 코너는 계속 좋아졌고 제인도 더 이상 이의를 제기하지 않았다. 심지어 치료 프로그램에 참여하는 다른 아이와 친구가 되기도 했다. 똑같이 방임으로 인한 손상으로 고통받는 10대였고 감성 발달 수준이 코너와 비슷했다. 둘은 사이좋게 같이 음악 율동 수업을 들었다. 친구가 박자를 맞추지 못하겠다며 괴로워하자 코너는 자기도 처음에는 그랬는데 꾸준히 노력하면 좋아진다고 말해 주었다. 둘을 단단히 결합해 준 것은 무엇보다 포켓 몬스터 카드였다. 이들은 고등학교 2학년생이었지만 둘의 감성 발달 단계와 딱 맞는 당시 초등학생 사이에 인기를 끌었던 카드에 홀딱 빠져 버렸다. 둘은 학교 친구들과 함께 포켓 몬스터 카드를 모으고 싶어 했지만 당연하게도 다른 10대 아이들의 놀림감이 되었을 뿐이었다.

코너가 마지막으로 통제 불능 상태로 폭발했던 사건도 실은 포켓 몬스터 카드 취미 때문이었다. 놀리며 포켓 몬스터 카드를 찢으려는 다른 10대 아이들로부터 자기 친구를 보호하려다가 난장판이 되었던 것이다. 이 소식을 들은 제인은 물론 패닉에 빠졌고 내게 아이들의 포켓 몬스터 게임을 말려서 더 이상의 사고가 나지 않도록 해달라고 요청했다. 나는 아이들에게 포켓 몬스터 카드를 아무 때나 가지고 놀면 안 된다고 주의를 주었다. 하지만 기본적으로 둘 사이의 이 연결 고리는 더 격려하여 조장하는 것이 낫다고 생각했다. 두 아이 모두에게 사회적 기술을 익힐 수 있는 좋은 기회였기 때문이다. 포켓 몬스터 카드와 같은 초등학생 시절의 경험을 과도기로 거치지 않고는 어린이집에 머물러 있던 감정적 발달 단계가 고등학생 수준으로 곧장 사회화 될 수는 없는 법이다. 우리는 학교에 상황을 설명했고 코너와 그의 친구는 조금 더 재량권을 발휘해서 계속 포켓 몬스터 카드놀이를 즐길 수 있게 되었다.

몇 년 후 코너는 더 이상의 감정 폭발 없이 고등학교를 졸업하고 대학교에 진학했다. 그는 수업이 없는 휴일을 이용하여 계속 우리 클리닉에 다니면서 '순차적' 발달 단계를 밟아 나갔고 점점 더 사회적으로 성숙해졌다. 어느 날 컴퓨터 프로그래머가 된 코너의 이메일을 본 나는 드디어 그의 치료가 성공했다고 자축할 수 있었다. 메일 제목은 다음과 같았다.

"다음 수업: 여자 친구!"

물론 코너는 아직 사회적 행동이 어색하고 항상 '괴짜' 소리를 듣는다. 하지만 레온과 거의 유사한 발달 시기에 동일한 방임을 겪었음에도 레온과 같은 악의에 찬 소시오패스의 행동을 전혀 보이지 않았다. 오히려 자신이 따돌림의 희생양이었을 뿐 누구도 괴롭히지 않았으며 누구에게도 증오심을 갖지 않았다. 행동은 이상하고 울화 행동은 무서웠지만 어느 경우에도 다른 아이들을 공격하거나 물건을 훔치거나 사람을 해치고 즐거워하지 않았다. 코너의 분노는 자신의 좌절감과 불안의 표출이었을 뿐, 남에게 해를 끼치고 싶어 하는 복수나 새디스트적인 욕망과는 무관했다.

우리와 우리 이전에 관여했던 다른 의료진 모두의 치료가 이런 차이를 만들어 냈을까? 가족이 아이가 어릴 때부터 갖은 의료적 개입을 시도했던 것이 주효했을까? 코너의 청소년기 초반에 일찍 개입할 수 있었던 것이 도움이 되었을까? 그럴지도 모른다. 하지만 정말 이 모든 것만으로 코너가 레온과 같은 잔인한 소시오패스가 되지 않았던 것일까? 물론 우리는 정답을 알지 못한다. 하지만 심각한 생후 초기의 방임을 겪었지만 결과가 서로 많이 달랐던 두 소년의 사례를 접하면서 아이들의 예후에 분명히 영향을 미치는 여러 요소를 찾아냈고 이것을 치료 중인 아이들에게 가능한 한 많이 적용하려 애쓰고 있다.

영향을 주는 유전적 요소도 많다. 유전은 물론 심장 박동 수, 영양 상태, 호르몬 수준, 약물 등으로 좌우되는 자궁 내 환경[9]에 의해 영향 받는 아이의 기질도 한몫한다. 이전에 언급한 대로 스트레스 반응 기전이 선천적으로 잘 조절되면 순한 아기가 되기 때문에 부모가 육아에 좌절감을 느끼거나 학대, 방임할 확률도 줄어든다.

세간에 많은 오해가 있는 지능도 중요한 요소다.[10] 지능이란 기본적으로 정보 처리 능력이며 지능이 높으면 몇 번 반복하지 않고도 연상 작용을 일으킬 수 있다. 지능은 유전에 의해 크게 좌우된다. 반복 횟수가 적어도 배울 수 있다는 것은 본질적으로 똑똑한 아이일수록 적은 경험으로도 더 많은 것을 해낼 수 있다는 의미다. 예를 들어 아기가 배고프면 엄마가 먹여 주는 행위를 800번 반복하면 아이의 머리에 엄마가 와서 스트레스를 줄여 준다는 사실이 각인된다고 가정할 때 더 똑똑한 아이는 400번만 반복해도 연상 작용이 가능할 수 있다.

똑똑한 아이는 보살피는 데 소홀해도 된다는 뜻은 아니지만 애착 관계가 결핍되어도 좀 더 잘 대처하는 경향이 있고, 사람과 즐거움의 연결 고리 형성에 필요한 최소한의 자극을 받지 못한 경우에도 연상 작용에 필요한 반복 횟수가 적은 똑똑한 아이라면 더 신속하게 연결에 성공할 수 있다. 또한 이런 자질이 있는 아이는 가족이 아닌 외부인에게서 잠시 애정 어린 관심을 받는 것으로도 큰 도움이 된다. 이런 잠시의 도움은 심각하게 학대받거나 방임된 아동에게 집에서의 고통을 다른 곳에서도 똑같이 받는 것은 아님을 깨닫게 해주고 그들에게 절실하게 필요한 작은 희망의 불씨를 살려 준다.

또한 지능은 아이들의 고통이 레온의 사례에서 보았던 격노와 소시오패시로 비화되지 않도록 막아 주는 역할도 한다. 무엇보다 창의력을 발휘해 의사 결정을 할 때 더 많은 선택 사항을 고려할 수 있기 때문에 나쁜 선택을 할 가능성이 줄어든다. 좀 더 현명하면 "어쩔 수 없어." 같은 패배주의적 태도도 피할 수 있다. 다른 경우의 수를 상상할 수 있는 능력이 있으면 충동 조절 능력도 향상된다. 더 나은 미래를 상상할 수 있다면 어떤 계획을 세우기가 더 쉬워지며 자기 자신을 미래의 어떤 일에 투영해 볼 수 있어서 다른 사람에 대한 감정 이입 능력이 개선된다. 결과를 계획한다는 것은 다시 말하면 '미래의 자신'에게 감정을 이입한다는 의미다. 다른 상황에서의 자신을 상상하는 것과 다른 사람의 관점에서 상황을 이해하는 것, 즉 감정 이입은 상당히 유사한 과정이다. 하지만 아이가 올바르게 자라기 위해서는 지능만으로 충분하지 않다. 예를 들어 레온도 어떤 영역에서의 지능은 평균 수준 이상이었지만 타락의 구렁텅이에 빠지는 걸 피하지 못했다.

다른 요인은 트라우마를 겪은 시기다. 트라우마가 발생한 시기가 이를수록 치료는 더 어려워지고 손상 정도가 더 커지는 경향이 있다. 저스틴은 개 우리에 들어가기 전 거의 1년간은 적절한 애착 관계를 형성했고 그 보살핌으로 이미 감정 이입 능력을 포함한 많은 중요한 뇌 기능 기본이 만들어졌기 때문에 이후 치료에 큰 도움이 되었다.

하지만 아이들이 얼마나 잘 해낼지 결정하는 가장 중요한 요소는 무엇보다 아이가 자라는 사회적 환경이다. 마리아와 앨런이 대가족과 함께 살았을 때에는 다른 친척들이 마리아의 부족한 부분을 채워 줄 수 있었기 때문에 프랭크가 정상적이고 행복한 어린 시절을 보냈다. 레온의 방임은 마리아가 더 이상 이 멋진 사회적 네트워크로부터 부족한 양육 기술에 대한 도움을 받지 못하게 되면서 발생한 것이다. 반면 코너는 부모의 재력은 상대적으로 충분했으나 아동 발달에 대한 정보가 부족했던 것이 원인이다. 부모가 관련 정보를 좀 더 잘 알았더라면 아이의 문제를 더 빨리 알아차릴 수 있었을 것이다.

지난 15년간 수많은 비영리 단체와 정부 기관이 적절한 육아 방법과 초기 아동 발달에 대해 교육해 왔고 생후 첫 몇 달간 얼마나 중요한 뇌 발달이 이루어지는지에 대해 끝없이 강조했다. 힐러리 클린턴의 저서『아이 하나 키우는 데 온 마을이 필요해It Takes a Village』에서 로

브 라이너Rob Reiner의 '난 주의 것I Am Your Child' 재단까지, 제로 투 스리 Zero to Three 단체(영유아의 삶을 향상시키기 위해 전문가, 정책 입안자, 부모에게 정보와 교육 프로그램 등을 지원해 주는 미국의 정부 출연 기관 — 옮긴이)에서 유나이티드 웨이United Way(미국 최고의 자선 단체 — 옮긴이)의 '석세스 바이 식스Success by Six' 프로그램(출생에서 6세까지의 성장 과정을 지원하는 프로그램 — 옮긴이)에 이르기까지, 수많은 단체가 수백만 달러를 들여 일반 대중에게 어린이에게 필요한 것을 교육했다. 나도 힘을 보태고 있는 이 모든 노력은 무지 때문에 발생하는 방임을 없애는 데에 그 목표가 있으며 현재 상당한 성과를 거두고 있다고 믿는다. 하지만 여전히 우리 사회의 연령 분리, 이런 핵심 개념을 가르치지 않는 공공 교육, 출산 경험이 없는 보모의 경험 부족 등으로 인해 너무 많은 부모와 아이들이 위험에 내몰린다.

현재 우리가 아이의 유전자나 기질, 뇌의 발달 속도 등에 대해 할 수 있는 일은 거의 없지만 육아와 사회적 환경에 대해서는 큰 변화를 이뤄 낼 수 있다. 트라우마를 겪은 아동 중 치료 중 의미 있는 발달을 보인 상당수가 과거에 최소한 한 번 이상의 도움의 손길과 접촉한 경험이 있다. 이런 도움은 특별한 관심을 보여 준 교사, 이웃, 숙모, 심지어 통학 차량 운전사가 제공할 수도 있었다. 저스틴의 경우 생후 첫해를 지켜 주었던 할머니의 친절과 사랑이 그의 뇌에 애착 관계 형성에 대한 잠재력을 키워 주었고, 이런 뇌의 기능은 이후 겪은 비참한 결핍 상황에서 벗어나자 바로 되살아날 수 있었다. 때로는 아주 작은 몸짓만으로도 애착에 굶주린 아이의 뇌에 변화를 일으킬 수 있다.

우리 클리닉에서는 코너와 같은 청소년에게 신경 순차적 접근 방법을 활용한 치료가 초기 방임에 의한 손상을 경감시킬 수 있다고 판단한다. 마사지 치료를 통해 손상되었던 발달 단계에 맞는 애정 어린 신체 접촉을 제공하고 이것을 집에서도 계속 반복하여 아이에게 필요한 긍정적 연상 작용을 강화한다. 박자 맞추기는 음악과 율동 수업을 통해 가르칠 수 있다. 이것은 기능 이상이 생긴 뇌간을 도와 걷기와 같은 중요한 운동 기능 조절 능력을 향상시킬 뿐 아니라 스트레스 반응 체계 조절에도 도움이 되는 것 같다. 사회화 교육은 단순하고 규칙에 따르는 일대일 관계부터 시작해서 복잡한 또래 집단으로 발전시켜 나간다.

나는 레온 엄마의 방임이 더 일찍 발견되었으면 아이가 그렇게 끔찍한 범죄를 저지르지 않을 수 있었다고 생각한다. 발달 단계에서 필요한 자극의 결핍, 아기 레온의 요구에 대한 잘못된 반응, 레온 자신의 잘못된 선택 등 세 가지 요소의 긴 악순환이 결국 그를 잔인한 살인자로 만들었다. 이런 교차점 중 어떤 것에서라도, 특히 생후 초기에 방향 전환이 있었다면 완전히 다른 결과를 낳았을 것이다. 우리가 레온을 코너 같이 10대 초기에 치료했거나 나아가 저스틴 같이 초등학생 연령대에 치료할 수 있었으면 그의 미래는 달라졌을 것이라고 확신한다. 그가 아직 유아였을 때 누군가가 개입할 수 있었으면 완전히 다른 사람이 되어 감옥에서 만났던 젊은 괴물이 아닌 자기 형 프랭크와 훨씬 비슷해졌을 것이다.

고의든 아니든 방임에 의한 경우를 포함하여 모든 트라우마는 스트레스 반응 체계에 과부하를 일으켜 통제력 상실 증상을 보이기 때문에 트라우마를 겪는 아동에 대한 치료는 안전한 환경 조성에서부터 시작해야 한다. 이런 환경은 예측 가능하고 존중하는 관계를 기반으로 하면 손쉽게 효과적으로 만들어진다. 학대받은 아이들은 이렇게 만들어진 '내 집 같은 분위기'에서 자신감과 주인 의식을 키울 수 있다. 이들의 회복에는 안전하게 통제된다는 느낌이 꼭 필요하다. 이런 아이들에게는 정말 불가피한 경우가 아닌 한 치료를 강요하거나 강압적인 방법을 사용하지 말아야 한다.

다음 장의 사례는 해로운 강압적 방법이 어떤 재앙을 일으키는지 보여 준다.

| 7장 |

아파요, 제발 그만두세요

강압에 의한 기억의 조작

"악마를 처치하는 일은 하지 않아요."

나는 텍사스 주지사 관저에서 온 정열적인 젊은이에게 말했다. 그는 한 사교 집단의 악마 숭배 의식에서 학대받은 아이들에 대한 복잡한 사건 처리를 도와 달라 조르고 있었다. 아이들은 이미 마귀 예배와 마녀 집회를 올리는 부모들로부터 격리되어 위탁 가정에 안전하게 보호 중이었다. 하지만 주와 지방 검찰청에서는 지역 아동 보호국 직원이 마왕의 프라이팬에서 아이들을 구출해서는 다시 생지옥으로 밀어 넣은 것은 아닌지 우려했다.

때는 1993년 말이었다. 나는 이전에는 학대 사실을 기억해 내지 못하다가 치료 중 어른의 도움으로 '기억된' 심각한 학대 사건이 사실인지 아닌지를 놓고 달아올랐던 '기억 전쟁memory wars'의 격렬한 논쟁에 휘말리지 않으려 애썼다. 그리 시간이 많이 지나지 않은 근래의 학대나 폭행에 대한 아이의 언급이 정확한 묘사인지에 대해서도 많은 논란이 있었다. 분명 수많은 실제 아동 학대 사례는 더할 수 없이 끔찍하며 나는 매일 비통하지만 확실한 증거들에 접한다.

하지만 그동안 받아 왔던 신경 과학 수업과 트라우마를 겪는 아이들의 클리닉 진료 과정을 통해 서사적 기억은 사진같이 정확하게 다시 틀 수 있는 단순한 기억의 비디오테이프가 아니라는 것도 잘 알고 있다. 우리가 기억을 만드는 것이지 기억이 우리를 만드는 것이 아니며, 기억은 우리의 뇌에 '저장된' 실제 사건이 아닌 다른 요소에 의해 편향되고 영향받기 쉬운 역동적이고 지속적인 변화 과정이다. 티나는 어린 시절 당했던 성적 학대로 인해 남자에 대한 왜곡된 인식을 갖게 되었고 레온과 코너의 방임 경험이 둘의 세계관에 변화를 가져온 것처럼, 기억은 먼저 그것을 겪은 직후 있었던 일에 의해 걸러진다. 하지만 이 과정은 양방향으로 이루어진다. 즉 현재 우리의 감정이 과거를 돌아보고 회상해 내는 방법에도 영향을 주며 그 결과 현재의 감정적 상태나 분위기에 따라 기억해 내는 것도 바뀔 수 있다. 예를 들어 우울할 때면 과거의 모든 일이 슬픔의 안개를 통해 회상되기 마련이다.

오늘날에는 컴퓨터에서 마이크로소프트 워드 파일을 여는 것처럼 사람이 뇌의 저장 창고에서 기억을 끄집어 낼 때면 자동으로 그것을 '편집한다'는 사실이 정설로 받아들여진다. 미처 알아차리지 못하는 사이에 현재 분위기나 환경이 회상의 정서적 느낌이나 사건에 대한 해석, 심지어 실제로 어떤 일이 벌어졌는지에 대한 믿음에까지 영향을 줄 수 있다. 또한 기억을 다시 창고에 집어넣어 '저장'하는 과정에서 무심코 변경시키거나 경험에 대한 기억을 이야기하면서 친구나 가족, 또는 치료사에게 들은 해석이 다음에 다시 '파일'을 꺼내 회상할 때 그 방법과 내용을 왜곡시킬 수 있다. 시간이 지나면 점진적인 변화가 쌓여 실제로 일어나지 않은 기억을 창조하는 일도 발생한다. 피험자에게 어린 시절 실제 발생하지 않은 일에 대한 기억을 만들어 내도록 유도했던 실험에서 사람들이 만들어 낸 기억에는 대형 슈퍼마켓에서 길을 잃은 것과 같은 일반적인 사건도 있었지만 누군가 악마에게 사로잡히는 것을 보았다1는 식의 극단적인 경우도 있었다.

하지만 1993년 당시에는 클리닉 의료진이나 아동을 돕는 다른 전문가들이 기억의 본질과 그 믿을 수 없는 변형 가능성에 대해 연구하지 않았고 트라우마 기억도 잘 알지 못했다. 근친상간의 생존자가 처음으로 자신의 경험을 용감하게 증언하면 그들의 이야기나 고통의 진실성에 대해 누구도 의문을 제기하지 않았으며 아이들이 이야기하는 학대의 수준도 과거 그 어느 때보다 훨씬 더 심각했다. 학대당했다는 아이의 이야기를 아무도 믿지 않는 사회 분위기에서는 아무도 힘들었던 과거를 떠올리지 않으려 한다. 하지만 불행히도 희생자에게 유리한 해석을 하려는 소망과 일부 치료사의 순진함, 강압적인 방법이 기억에 영향을 줄 수 있음을 간과한 무지함이 결합되어 심각한 피해를 야기했다.

아마 1990년대 초반 텍사스 길머를 휩쓸었던 악마 숭배 공포야말로 이런 피해의 가장 명백한 증거일 것이다. 정부 관리는 내게 자신이 아는 한 모든 상황을 설명해 주었다.

일곱 살 난 바비 버논 2세가 병원에서 뇌사 상태에 빠졌다. 최근 입양한 양아버지가 2층으로 올라가는 계단에서 아이를 밀어 버린 사건이었다. 바비가 입원한 후 정부 기관에서 다른 입양 자녀들과 위탁 자녀들을 데려가자 양부와 친모 모두 자살했다. 남자는 아이들이 떠난 다음 날 자기 머리에 총을 쏘았고 여자는 그다음 날 약을 먹고 죽었다.

일곱 살짜리 아이는 두개골이 골절되어 심각한 뇌 손상을 입었다. 현장을 목격한 형제들에 따르면 바비의 '부모'는 아이에게 계단을 끊임없이 달려 올라갔다 내려오도록 강요했고 지친 아이가 지시를 거부하자 부모 모두 또는 둘 중 하나가 아이의 머리를 '곤죽이 되도록' 마룻바닥에 찧어 댔다.[2] 더구나 폭행을 멈추고 아이가 의식을 잃은 것을 깨달은 후에도 즉시 911에 전화해서 도움을 요청하지 않고 아이의 얼굴에 세정제를 뿌리는 등 이상한 행동으로 아이를 소생시키려 애쓰며 한 시간이나 지체했다.

집에 도착한 구급 요원은 그동안의 지나친 훈육으로 고통받아 온 열 명의 입양 및 위탁 아이들의 상태에 충격을 받았다. 아이들은 부모가 자신들을 굶기고 격리시켰으며 수시로 두들겨 팼다고 호소했다. 긴급 의료원이 부모인 제임스와 마리 라페에게 CPS를 부르겠다고 통보했으나 CPS에서는 부부가 그곳의 직원이라는 답변이 돌아왔다. 그 집이 바로 '치료적' 위탁 가정이었던 것이다. 라페는 자신이 돌보는 아이들은 친부모가 벌인 악마 숭배 의식에 의한 학대SRA, Satanic Ritual Abuse 사건의 희생자며 가혹해 보이는 규율은 이들의 '치료' 과정이라고 주장했다. 놀랍게도 이 가족의 동부 텍사스 CPS 담당자는 아이들이 라페의 집에서 잘 지내 왔다며 부부의 말을 확인해 주었다. 하지만 라페는 이미 동부 텍사스를 떠난 상태였다. 이들은 여전히 암약 중인 위험한 사교 집단이 아이들을 되찾기 위해 갖은 음모를 꾸민다며 이를 피해 몰래 서부 텍사스로 도망쳤다. 서부 텍사스 지역의 CPS에서는 이 치료적 위탁 가정이 자기 지역에 들어왔다는 사실은 물론 이들이 주장하는 사교 집단의 존재도 전혀 알지 못했다. 이제 사건은 더 상위 기관인 주 아동 보호국으로 넘겨지게 되었다.

동부 텍사스 직원은 그들과 라페가 이 아이들로부터 얻어 낸 증거에 기초해서 마침내 살인 사교 집단이 드러났다고 주장했고 살인 의식, 시체, 피 마시기, 식인에 대해서도 보고했다. 사교 추종자 여덟 명이 감옥에서 재판을 기다리고 있었는데 아동 학대 혐의가 아닌 열일곱 살짜리 고등학생 치어리더에 대한 윤간과 제례 살해였다. 체포 구금된 자들 중에는 치어리더 실종 사건을 수사 중이던 경찰관도 포함되어 있었다. 이 사건에는 악마 숭배 전문가 두 명과 특별 검사 한 명이 배당되어 추가 기소도 진행되었다.

하지만 이제 이 조사의 진실성에 의문을 품기 시작한 주 아동 보호국은 주 법무 장관에게 개입을 요청했고 담당자의 직속 상관은 조사를 의심한 보복으로 체포될지 모른다고 두려워했다. 그녀의 공포는 근거가 있었다. 살인 사교 추종자로 고발되어 체포된 경찰은 그 자신이 유사한 의심을 표하고 사건을 철저히 조사하여 기소했던 장본인이었으며 이전 기록도 흠 잡을 데 없는데다 수많은 사법 기관상과 찬사를 받아 온 훌륭한 경찰이었다. 다른 경찰관, 보안관보, 동물 통제 요원, 심지어 FBI 요원과 길머의 경찰 국장까지 기소될 계획이었다. 조사 과정에서 이미 열여섯 명의 아이들이 부모로부터 격리되었고 다음은 어디로 불똥이 튈지 아무도 모르는 상황이었다.

이 모든 것이 끔찍한 실수일 수도 있을까? 잘못된 조사 기법으로 인해 야기된 악마 숭배 집단 히스테리에 희생되어 죄 없는 부모들이 아이들을 잃었던 것인가? 텍사스 길머에서는 실제로 어떤 일이 일어났단 말인가? 당시 위탁 보호 중이었던 두 살부터 열 살까지의 아이들 열여섯 명에게 어떤 일이 일어났는지 알게 된 나는 곧 외면할 수 없는 의무감을 느꼈다.

주 정부가 내게 원한 것은 주로 아동 보호국을 도와 현재 위탁 보호 중인 아이들 중 누가 진짜 부모의 학대 피해자인지, 누가 조사 과정에서 학대 사건을 '기억하도록' 유도된 다른 아이들의 잘못된 고발 때문에 부모로부터 격리된 아이인지 판단하는 것이었다. 이를 위해서는 우선 각 아이들의 진술을 재구성해야 했다. 다행히 몇 박스에 달하는 관련 자료는 물론 일부 아이들과 그들의 '사교 집단 추종자' 부모를 면담한 몇 시간에 달하는 오디오와 비디오테이프들이 제공되었다. 우리 의료진은 일단 사건의 자세한 연대표를 만들기 시작했고 정리한 기록은 곧 수십 쪽으로 늘어났다.

1989년, 길머 인근 체로키 트레이스 로드에 있던 낡은 트레일러가 둘러싼 타르지를 바른 집에서 모든 일이 시작되었다. 길머는 루이지애나와 아칸소가 만나는 접점 근처에 있는 인구 5000명의 동부 텍사스 소도시로 평범한 바이블 벨트Bible-belt(기독교가 강한 미국 남부와 중서부 지대 — 옮긴이)에 속하는 업셔 카운티 내 작은 시골 마을이다. 한 가지 특이한 점은 전국에서 문맹률이 제일 높은 지역이라는 것이다. 길머의 성인 네 명 중 한 명은 글을 읽지 못한다.[3] 베트 버논(가명)은 당시 남편이었던 워드 버논(가명)이 다섯 살, 여섯 살의 두 딸을 성적으로 학대했다고 경찰에 신고했다. 부부는 곧 아동 학대로 조사를 받았고 자녀 넷 모두 위탁 보호를 받게 되었다. 학대 사건 조사가 끝난 뒤 워드 버논은 아동 성학대범으로 유죄 판결을 받았는데 믿을 수 없게도 보호 관찰 처분만 받았다.

보호 관찰 기간 동안 워드 버논은 다섯 명의 아이들이 있던 헬렌 카르 힐(가명)이라는 여인과 다시 가정을 꾸렸다. 이 사실을 알아챈 아동 보호국이 아이들을 격리 조치하자 결국 워드와 결혼한 헬렌은

263

이들에 대한 친권을 포기했다. 베트 버논의 전화로 시작된 아동 학대 조사 과정에서 아이들은 다시 자기 조부모와 워드 버논의 남동생인 삼촌 바비 버논(가명)을 성추행 혐의로 고발했고 삼촌의 아이 다섯도 위탁 보호되었다. 나중에 가족의 친구네 아이들 둘도 앞서 고발했던 아이들의 고발로 위탁 가정에 합류했다.

학대받은 아이들을 치료하다 보면 학대가 만연한 대가족도 많이 만나게 된다. 이런 가족은 범성적pan sexuality, 배타적인 해로운 다세대 '전통'이 있어서 가보나 가문의 요리법을 전수하듯 성적, 육체적 학대와 무지를 자손에게 물려준다. 여기까지는 아동 사회 복지사의 행동이 부적절하거나 열의가 지나쳤다는 '위험 신호'가 없었다. 항문과 음부의 상처 자국과 같은 성적 학대의 신체적 증거가 발견되었고 어떤 아이의 몸에는 체벌 흔적도 남아 있었다.

하지만 위탁처 선택에서부터 모든 것이 잘못되기 시작했다. 아이들이 맡겨진 곳은 기독교 근본주의자인 치료 위탁 가정 두 곳이었고, 이곳에서 외견상 어울리지 않는 1980년대 후반과 1990년 초반의 문화적 경향이 합쳐져서 끔찍한 결과를 낳고 말았다.

당시 미국은 아동 학대 유행병에 휩쓸리던 시기였다. 물론 밝혀진 사례 상당수가 실제로 벌어진 일이었고 세상에 공개되어 관심을 받을 만했다. 하지만 수많은 학대 사건이 뉴스와 토크 쇼에 공개된 이유 중 하나는 자기 '내면의 아이'를 되찾아 부모가 방임이나 학대로 가한 상처가 치유되도록 돕는 '회복 운동'이 인기를 끌었기 때문이었다. 매일같이 뉴스를 읽거나 텔레비전을 틀기만 하면 어릴 때의 성적 학대를 고백하는 유명 인사를 볼 수 있었고 90퍼센트가 넘는 가족이 기능을 잃었다고 주장하는 자기 계발 전문가도 출현했다. 치료사들은 아이들이 일으키는 문제의 대부분이 아동기 학대에 그 뿌리가 있기 때문에 본인이 학대에 대해 전혀 기억하지 못하더라도 기억을 뒤져 숨겨진 어두운 과거를 밝혀내야 한다고 떠들어 댔다. 이런 열풍 속에서 자신감은 넘치지만 제대로 교육받지 않은 보조사에게 이끌려 기억을 더듬는 사람들이 늘어나 자신에게 자행되었던 일을 지나치게 왜곡해서 기억해 내기 시작했다. 이런 '기억'은 현실과 너무 크게 괴리되어 이치에 맞지 않는 경우도 많았다.

두 번째 경향은 복음주의 기독교의 발흥이다. 수많은 신도와 개종자가 사회에 만연한 성폭행의 배후에 악마가 존재한다고 부르짖었다. 이토록 많은 사람이 죄 없는 아이들에게 그렇게 많은 폭력을 가하고 신성을 더럽히도록 만드는 영혼의 병을 다른 어떤 것으로 설명할 수 있겠는가? 곧 돈 냄새를 맡은 사업가들이 재빠르게 관련 사업을 구상하고 SRA에서 살아남은 아이를 구별하는 방법을 가르치는 워크숍을 열어 참가비를 받았다. 이 기독교 극우파의 뜻하지 않은 협력자는 페미니스트의 전초 기지 역할을 담당했던 잡지 《미즈Ms.》다. 1993년 1월, 《미즈》에는 이런 학대의 '생존자'가 쓴 이야기가 머리기사로 실렸다. '믿어라 아동 학대의 존재'라는 제목이었던 당시 표지 기사에는 한 여인이 부모가 자신을 십자가에 묶어 강간하고 목을 사른 어린 여동생의 고기를 강제로 먹였다고 회상한다.

버논 사건을 맡았던 아동 보호국 담당자와 위탁 부모는 이런 사회적 광기의 소용돌이 속에 놓여 있었다. 이 아이들이 위탁되었던 1990년은 위탁 부모와 감독하는 담당자가 단체로 SRA 관련 세미나에 참석하여 교육을 받은 후였다. 지방 검사가 과거 피고 중 하나를 변호한 적이 있었기 때문에 사건에서 손을 떼어 버리자 아동 보호국에서는 지역 판사에게 특별 검사를 임명하라고 요청했고 임명된 특별 검사는 특별 '악마 숭배 조사관' 두 명을 배심원에 포함시켜, 결국 버논 가족이 길머에서 몰래 이끌어 온 아동 성폭력과 인신 공양을 자행하는 악마를 숭배하는 사교 집단의 존재를 증명해 냈다. 사교 집단 범죄 수사 전문가로 추앙된 '조사관'들은 루이지애나에서 온 전임 침례교 목사와 텍사스 공공 안전부Texas Department of Public Safety의 헬스 강사였으며 둘 다 경찰 수사 경험이 전혀 없었다.

그토록 유행을 탔지만 SRA나 '회상 기억' 요법과 관련된 어떤 자료도 과학적으로 검증된 적이 없다. 회상 기억 치료사나 워크숍 강사는 아이들은 성적 학대에 대해 절대 거짓말을 하지 않는다고 단언했지만 이런 주장을 뒷받침할 실증적 증거는 전혀 없었다. 이들은 또한 학대받았다는 사실을 확신하지 못하는 성인 환자에게 "그런 일이 있었던 것 같다고 생각한다면 아마도 정말 그랬을 것"이라 말했고, 학대받은 기억이 전혀 없을 경우에도 식이장애나 중독증이 있으면 학대받은 적이 있는 것이라고 단정했다. 악마를 숭배하는 의식에 의한 학대 여부를 판단하는 진단표는 아주 엉성한 증거를 토대로 만들어졌지만 치료사, 사회사업가, 아동 복지사에게 실시된 수백 건의 워크숍에서 진단 도구로 제시되었다.

이 방법들은 한참 시간이 흐른 뒤에야 검증되었다. 연구 결과 최면 상태는 물론 일반적인 방법으로 되살린 기억도 치료사에 의해 쉽게 영향을 받을 수 있다는 사실이 밝혀졌다. 많은 사람이 강렬한 인상이 남은 어린 시절 기억을 갖고 있지만 이것이 반드시 학대받았다는 것을 의미하지는 않으며 말 그대로 진실을 기억하는 것[4]도 아니었다. 아이들이 성적 학대에 대해 자발적으로 거짓말하는 경우도 분명히 존재하며, 이런 사례가 극히 드물다는 것을 인정하더라도 여전히 어른들이 지어 낸 이야기에 손쉽게 경도될 수 있다. 아이는 그저 어른들이 듣고 싶어 하는 이야기를 앵무새처럼 따라 하기도 한다. 공공연한 강제 행위가 반드시 이런 왜곡 현상의 이유인 것은 아니지만 상황을 더 악화시키는 것은 분명하다. 악마 숭배 진단표는 근친상간 생존자와 온갖 대상에 대한 중독자에게 유포되었던 다른 수많은 진단표와 마찬가지로 성이나 마약, 로큰롤에 아주 조금이라도 관심이 있는 10대, 즉 그냥 평범한 10대 누구라도 희생자로 판단할 수 있을 만큼 모호하고 포괄적이었다. 악몽을 꾸거나 괴물을 무서워하거나 소아야뇨증이 있는 아이도 누구나 해당될 수 있었다.

같은 시기 또 다른 위험한 형태의 돌팔이 치료도 횡행했고 불행히도 이 사건의 위탁 아이들이 그 희생양이 되었다. 다양한 형태, 다양한 이름으로 소개되었지만 가장 널리 알려진 이름은 '붙들기 요법 holding' 또는 '접촉 요법'이다. '치료'하는 어른은 아이를 팔로 단단하게 껴안은 다음 억지로 눈을 똑바로 쳐다보게 하면서 자신의 기억과 공포를 털어놓으라고 강요한다. 아이가 어릴 때 학대 이야기를 확실하게 털어놓지 않으면 제대로 대답할 때까지 계속 호통치면서 체벌을 가한다. 이 요법은 입양이나 위탁 아동에게 자주 행해졌으며 아이와 새 가족 사이에 돈독한 친자 관계를 형성해 준다고 생각되었다. 1970년대 초반에 로브트 자슬로우Robert Zaslow라는 캘리포니아 심리학자가 고안한 방법은 '붙드는 사람'을 여러 명 쓴다. 한 명은 아이의 머리를 움직이지 못하게 꽉 잡고 다른 사람들은 팔다리를 잡은 다음 아이의 흉곽에 각자의 손가락을 꽉 누르고 거칠게 앞뒤로 흔든다. 이때 아이에게 멍이 들 정도로 힘을 주어 눌러야 한다. 자슬로우의 기술은 콜로라도 에버그린의 치료사들이 선택하여 정교하게 발전시켰다. 하지만 자슬로우 본인은 학대 혐의로 고발된 끝에 전문 자격증을 박탈당했고 에버그린의 치료사들도 이후 이들의 치료로 인한 여러 건의 아동 학대 사망 사건5으로 고발된다.

 붙들기 요법은 식사도 화장실도 가지 못하게 한 채 몇 시간이나 계속되는 경우가 많았고 마치 조그만 몸에 가해지는 고문만으로는 부족하다는 듯 치료 과정 내내 아이를 조롱하고 비웃어 격분하게 만들었다. 이런 방식으로 분노를 표출하게 해주면 이후 분노 폭발을 막을 수 있다고 생각했다. 뇌는 보일러가 열을 품듯 분노를 저장하고 있기 때문에 이것을 표출하게 만들면 창고를 비울 수 있다는 발상이었다. 치료는 아이가 더 이상 어떤 비웃음에도 반응하지 않고 마치 보호자의 노예와 같은 상태로 조용해지면 비로소 끝난다. 즉 아이는 치료를 가장한 가해자를 사랑한다고 선언하고 위탁 부모나 입양 부모를 자신의 진짜 부모라 부르며 완전히 항복해야만 폭행에서 벗어날 수 있었다. 라페는 바바라 바스라는 여인과 함께 버논 가의 아이들에게 이 방법을 사용했으며 거기에 즉흥적으로 자기만의 방법을 추가하기까지 했다. 붙들기 요법을 실시하기 전에 아이를 끝없이 계단을 달려 올라갔다 내려오도록 몰아붙여서 완전히 탈진하여 울음을 터뜨리게 만드는 것도 그중 하나였다.

이것은 얕은 지식이 얼마나 위험한 결과를 초래할 수 있는지 보여주는 사례 중 하나다. '붙들기'의 조력자는 트라우마를 겪는 아동의 문제가 유아기 학대나 방임으로 인한 보호자와의 애착 관계 결핍 때문이라고 믿었고, 불행히도 오늘날에도 이런 믿음이 존재한다. 물론 이 믿음이 사실인 경우도 많다. 우리의 경험으로 봐도 레온의 사례처럼 생후 초기에 사랑이나 애착 관계가 결핍된 아이는 남을 속이고 감정 이입에 서툰 사람으로 자라날 수 있다. 이런 영아기 경험의 결핍이나 손상이 건전한 관계 형성에 필요한 뇌 기능 발달을 방해할 수 있다는 주장도 옳다.

하지만 문제가 되는 것은 치료 방법이다. 트라우마를 겪거나 학대받고 방임된 아동에게 강요나 강제적 방법을 사용하면 역효과가 난다. 이런 치료는 아이에게 또 다른 트라우마를 안길 뿐이다. 트라우마란 끔찍하고 무서운 통제력 상실 경험이며, 아이가 전혀 저항할 수 없었던 상황으로 억지로 되돌아가게 만들면 트라우마 상황을 다시 경험하게 되어 회복을 지연시킨다. 말할 필요도 없는 일이지만 아이를 힘으로 찍어 누르고 고통을 주어 듣고 싶은 말을 하게 만들어 봐야 그것은 애착 관계를 형성하는 것이 아니라 공포로 인한 복종을 유도할 뿐이다. 불행히도 요법 시행 후 아이의 '좋은 행동'이 긍정적인 변화로 생각되고 심지어 아이가 이후 보호자에게 더 자발적으로 사랑을 표현하는 것처럼 보일 때도 있다. 이런 '트라우마 유대감'을 스톡홀름 신드롬Stockholm Syndrome이라고도 한다. 신문사 상속녀였던 패티 허스트가 자신의 유괴범 심바이어니즈 해방군(1970년대 초에 미국 캘리포니아 주를 중심으로 활동하던 좌익 과격파 조직 — 옮긴이)의 생각에 동조했던 것처럼 위탁 부모에게 고문당한 아이가 오히려 가해자들에게 '사랑'을 표현하게 되는 것이다. 그러나 허스트의 급진적 정치 그룹에 대한 헌신도 일단 자유를 얻자 모두 사라졌던 것처럼 지속적으로 학대를 반복하지 않는 한 이렇게 얻은 아이의 사랑과 복종도 시간이 지남에 따라 점점 희미해진다.

동부 텍사스의 위탁 부모는 물론 이들을 관리하던 아동 보호국 담당자도 분명 붙들기 요법의 잠재적 유해성에 대해 전혀 알지 못했고, 아동 보호국 직원은 버논의 아이들에게 붙들기 요법을 실행할 때 조력자로 참가하기까지 했다. '붙들기' 개념은 매를 아끼면 아이를 망치고 죄와 유혹에서 벗어나게 하려면 아이의 뜻을 먼저 꺾어야 한다는 가족의 종교적 신념과도 쉽게 맞아떨어졌다. 수양 가족과 아동 보호국 담당자는 아이들의 생물학적 가족에 만연했던 학대와 근친상간은 악마를 숭배하는 사교 집단과 연관되었다는 움직일 수 없는 증거라고 확신했다. 게다가 아이들은 SRA 워크숍에서 들었던 모든 증상을 다 보였다. 전하는 바에 따르면 아이들 중 하나는 담당자에게 다음과 같이 말하기까지 했다. "아빠는 우리에게 숲에 가면 악마가 잡아간다6고 말했어요." 물론 이것은 대부분의 종교에서 부모로부터 전해오는 일반적인 경고였지만 누구도 거기까지 생각이 미치지 못했다.

그래서 라페와 바바라 바스는 아이들의 트라우마 치료를 돕고 이들 사이의 유대감을 돈독하게 만들기 위해 붙들기 요법을 시작했다. 불행히도 여기에 또 하나의 치명적인 믿음이 개입했다. 이 생각은 안타깝게도 현재도 정신 건강 분야에 널리 퍼져 있다. 바로 '사이킥퍼스psychicpus 이론'이다. 이 이론에 의하면 어떤 기억은 독성이 있어서 트라우마로부터 회복되려면 종기를 칼로 째듯 그 기억을 발굴해서 말해 버려야 한다. 많은 사람이 아직도 한 개인의 과거에서 그의 삶을 이해하고 현재 문제를 즉시 해결할 수 있는 기억의 열쇠인 로제타석을 찾기 위해 여러 가지 치료 방법을 쫓아다니며 시간을 낭비한다.

하지만 사실 기억은 이렇게 작동되는 것이 아니다. 트라우마 기억은 되살리지 못해서가 아니라 현재의 생활에 대한 침습성 때문에 문제가 된다. 트라우마 기억이 현실을 침해하는 경우에는 이것에 대해 터놓고 이야기해서 우리의 행동에 어떻게 무의식적으로 영향을 주는지 이해하면 큰 도움이 된다. 예를 들어 아이가 과거에 빠져 죽을 뻔했던 경험 때문에 물을 피한다면 해변가에 가는 순간 기억을 되살리게 해서 보다 안전하게 다시 수영을 배울 수 있도록 하는 식이다. 반면 어떤 사람은 고통스러운 기억에 대해 이야기하거나 명확하게 되살리지 않고 현실에 맞서 싸움으로써 치유의 길을 찾는다. 기억이 현재 생활에 부정적인 영향을 미치지는 않는 경우 자꾸 되살리라고 강요하면 오히려 나쁜 결과를 낳을 수 있다.

특히 강력한 사회적 지원 체계를 가진 아이는 아이 자신이 트라우마에 대응하는 메커니즘을 잘 고려해야 한다. 1990년대 중반에 진행되었던 연구 결과, 화목한 가정의 아이에게 정기적으로 트라우마에 대해 이야기를 나누는 치료를 시행하면 특정 증상을 보일 때에만 치료한 아이에 비해 오히려 외상후스트레스장애가 더 빈발하는 경향이 있었다. 아이들에게 매주 한 시간씩 특정 증상에 대한 집중 치료를 시행한 결과 증상이 없어지기는커녕 더 악화되었다. 이들은 매주 치료 시간 전에 트라우마에 대해 깊이 생각해야 했고 학교나 과외 활동을 빠지고 클리닉에 와서 치료를 받아야 했다. 그 결과 일부는 평소 스트레스 반응이 지나치게 활성화되어 조금만 상황이 변해도 치료사와 이야기하려 들었고 결국 생활이 엉망이 되어 스트레스가 오히려 증가했다. 하지만 흥미롭게도 아이들에게 강력한 사회적 지지망이 없었던 경우에는 치료의 효과가 있었다. 아마도 이런 치료가 평소 갖지 못했던 어떤 전환점이 되었던 것 같다. 이 연구의 요점은 사람의 개인적 필요는 매우 다양해서 원치 않는 사람에게 트라우마 이야기를 자꾸 강요하면 안 된다는 것이다. 섬세하게 보살피는 어른들로 둘러싸인 아이는 약간의 치료 시간과 기간, 강도만으로도 충분하다. 다윗 파 아이들의 사례에서도 같은 결과를 얻은 바 있으며 건강한 사회적 보호 체계 내에서 사는 아이의 트라우마나 손상을 치료할 경우에도 동일한 원칙이 적용된다.

과거 트라우마를 아주 자세하게 기억하지 못하면 회복할 수 없다는 믿음은 생각대로 이루어지는 자기 충족 예언으로 변하며 현실을 직시하는 대신 과거에 초점을 맞추도록 한다. 과거의 부정적인 사건을 곰곰이 생각7하면 우울증을 악화시킬 수 있다는 연구도 있다. 또한 기억의 작동 기전으로 인해 먼 옛날의 모호한 기억을 자꾸 되씹어 생각하면 시간이 지날수록 점점 더 음울해진 끝에 마지막에는 실제로 일어난 적도 없는 트라우마를 만들어 낸다. 이런 가단성을 갖는 아동의 기억에 붙들기 같은 강압적인 신체 폭력까지 동원되면 마침내 재앙이 시작된다.

위탁 부모는 물론 때로 아동 보호국 담당자나 악마 숭배 조사를 위한 특별 조사관까지 붙들기를 하며 아이들에게 마귀 예배를 올리는 부모에 대해 추궁했고 긴 유도성 질문을 던진 다음 아이의 옆구리에 손가락 관절을 쑤셔 박아 아이가 사건이 일어났음을 인정하게 만들었다. 아이들은 금방 자기 부모가 사교에 몸담았음을 '기억해 내고' 그 의식을 그럴듯하게 설명하면 붙들기가 중단된다는 사실을 알아차렸다. 아이들은 아기의 인신 공양, 식인, 악마 가면, 후드를 뒤집어쓴 사람들이 숲 속에서 모닥불에 둘러선 모습과 악마 숭배 제단과 같은 이야기를 쏟아 냈고 질문과 상담자가 암시하는 힌트에서 만들어진 이 모든 이야기를 토대로 위탁 부모는 악마 숭배 의식을 통한 학대가 있었다고 진단했다. 이윽고 창고에서 비디오로 아동 포르노물을 찍었으며 수많은 살인자를 목격했다고 이야기하자 위탁 부모는 의식에서 학대받은 다른 아이들도 있었냐고 질문했고, 자포자기한 아이들은 붙들기에서 빠져나오고픈 일념으로 기억나는 모든 친구들 이름을 대기 시작했다. 그 결과 다른 아이 둘이 더 집에서 격리되고 그 외의 수많은 아이들이 학대 피해자로 거론되었다.

다행히 붙들기 요법과 이와 관련된 면담 대부분이 오디오나 비디오테이프로 녹화되어 있었다. 테이프의 내용이 너무나 황당했기 때문에 아이들이 실제로 부모의 학대에 희생된 것이라고는 생각할 수 없었고 그저 버논의 아이들이 조사관을 만족시키기 위해 아무 이름이나 주워섬겨 그 부모가 고발된 것이 확실했다. 믿을 수 없는 일이었다. 한 가지만은 분명했다. 아동 보호국 담당자가 고발된 가족을 잘 알고 친하게 지냈던 사이였다면 버논 가 아이들의 고발을 무시하고 다른 이름을 추궁했을 것이라는 사실이다. 하지만 담당자가 아이들이 언급한 가족을 별로 좋아하지 않았으므로 부모를 조사관에게 넘겼고 아이들을 데려가 버렸다.

이것이 브라이언이 열여섯 명의 아이들과 함께 치료적 위탁 보호를 받게 된 이유였다. 그는 머리를 짧게 깎은 똑똑하고 성실한 2학년 생이었다. 평소 뉴스를 즐겨 보던 그는 보안관이 자신과 동생을 성적으로 학대했다는 혐의로 자기 부모를 체포하러 왔을 때 이미 텔레비전에서 버논 사건에 대해 들은 후였고, 바로 길 건너편에 살던 버논 가족 아이들과 친구로 지냈기 때문에 이웃들이 수군대는 소리도 다 알고 있었다. 방송과 이웃의 수군거림을 통해 브라이언의 부모는 자신들이 다음번 학대자로 지목될 거라고 예상했다. 아동 보호국에서 그를 데려가던 날, 브라이언은 마당에서 놀다가 보안관의 차가 다가오는 것을 지켜보았다. 차에서 내린 보안관은 집 안으로 뛰어 들어가 브라이언의 부모에게 큰 소리로 경고하고는 슬프게도 아이의 눈앞에서 낮잠 자던 한 살짜리 동생을 거칠게 끌어내고 부모에게 수갑을 채웠다. 사람들이 브라이언에게 집에서 가장 좋아하는 것 하나만 챙기라고 하자 아이는 장난감이 아닌 성경을 집어 들었다. 이미 이 행동에서부터 그는 악마를 숭배하는 사교 집단에서 자란 것이 아님을 증명했던 셈이다.

브라이언은 또 이미 뉴스를 통해 끔찍한 범죄 뉴스를 들은 적이 있었다. 1992년 1월 5일, 큰 눈에 금발머리의 전형적인 치어리더였던 열일곱 살짜리 켈리 윌슨이 갑자기 실종되었다. 그날 길머의 비디오 가게에서 일을 마치고 나간 뒤 어디에도 머무른 흔적이나 시체조차 발견되지 않았다. 부모는 딸의 실종 직후 경찰에 신고했고 제임스 요크 브라운 경사가 사건을 맡았다.

브라운 경사는 온 도시에 실종 소녀의 포스터를 붙였고 시체가 근처 지역에 묻혀 있을지 모른다는 리포트가 나오자(이는 나중에 오류였음이 밝혀졌다.) 다음 추수 감사절까지도 수사를 계속했다. 그는 지역 유지들을 설득해서 사람들에게 퀠리 윌슨의 행방에 대한 정보를 요청하는 거대한 광고판을 세웠고 곧 제일 의심스러운 용의자를 찾아냈다. 바로 소녀와 데이트를 했던 젊은 남자로 이전에 칼을 휘둘러 유죄 판결을 받은 적이 있었다. 수상하게도 남자의 차는 소녀가 실종되고 며칠 후 다른 곳으로 팔려 나갔고 마침내 찾아낸 차의 내부에는 커다란 카펫 조각이 사라져 있었다. 하지만 차의 안팎이 완전히 청소되어 있어서 결정적인 물리적 증거를 찾아내지 못했다.

이 용의자는 버논 사건과 관련된 사회사업가나 특별 검사에게 관심이 없었고 버논과 어떤 관계도 없었다. 만일 그가 잔인하게 사람을 죽였다 해도 10대의 어긋난 사랑이었던 것이지 버논 가 아이들이 말한 인신 공양 이야기와는 전혀 관계가 없었다. 조사관은 버논과 그의 사악한 악마 숭배 추종자가 아이들을 폭행, 강간하고 동물을 죽여 제단에 바쳤다고 확신했지만 어떤 시체도 발견되지 않았고 실종되었다는 신고도 없었으며 퀠리 윌슨의 시체나 행방도 묘연했다.

그래도 아동 보호국 담당자와 사교 집단 조사관은 버논과 실종 소녀 사이에 틀림없이 관련이 있다고 굳게 믿었고 일곱 살 브라이언에게 하루 종일 붙들기를 하며 자백을 강요했다. 브라이언은 이들이 말하라고 강요하는 이야기가 다른 경우보다 훨씬 더 일관성 있고 논리정연하다는 것을 눈치챘다. 어른 아홉 명이 아이를 둘러싸고 찍어 누르며 고함을 질러 댔고 결국 아이는 거짓 자백을 했다. 브라운 경사는 이렇게 받아 낸 진술을 토대로 고발장을 작성했다. 고발장에는 월슨이 버논의 악마 숭배 의식에 희생되었고 '파란색 유니폼을 입은 사람'이 그 자리에 있었다고 쓰여 있다. 경찰관의 '나쁜 짓'을 폭로한 셈이다.

브라운 경사도 특별 조사관과 검사가 IQ가 70으로 기록된 여인을 열 시간가량 심문한 끝에 나쁜 경찰이 되었고 이 조사 과정은 모두 테이프로 녹음되었다. 버논 형제 중 하나의 내연의 처였던 패티 클락(가명)은 이 학대 사건과 깊이 연관된 인물로 그녀 자신도 위탁 가정 출신이었다. 검사는 버논 가의 아이들에 대한 아동 학대로 고발된 패티 클락에게 켈리 월슨 살인 사건과 브라운 경사의 연관성에 대해 진실을 증언하면 형량을 경감해 주겠다고 제안했다. 나중에 패티는 당시 그녀가 말해 주는 내용을 잘 따라하지 못하자 화가 난 특별 조사관은 하얀 칠판에 증언을 적어 말 그대로 대본처럼 외우게 했다고 털어놓았다. 당시 심문의 구술 기록에서도 그녀의 진술이 강압에 의한 것이었음이 명백히 나타난다. 기록에서 특별 조사관은 브라운 경사가 범죄 현장에 있었다는 것을 이미 다 알고 있으니 진실을 말하지 않으면 결과를 책임질 수 없다고 몇 번이나 으름장을 놓는다. 기록을 읽어 보면, 지적 장애가 있는 여인에게 붙들기 치료 중 아이들이 사용한 항문 성교라는 용어를 똑같이 사용하도록 만들려고 애쓰는 조사관과 일곱 번이 넘도록 이 단어 저 단어 찾으며 애쓰다가 조사관이 정확한 단어를 불러 주고서야 더듬더듬 말하는 가엾은 패티 클락 중 대체 지능이 낮은 사람이 누구인지 혼동될 지경이다.

이런 방법을 통해 납치한 치어리더를 열흘 동안 고문하고 윤간한 다음 한쪽 가슴을 잘라 냈으며 시체를 매달아 피를 뽑아 마시고 그 고기를 먹었다는 클락의 증언이 만들어졌고, 바로 이 클락의 아이가 라페의 폭행으로 뇌사에 빠진 바비 버논 2세였다.

강요된 자백은 여러 가지 면에서 문제가 많다. 결백한 사람에게 유죄를 선고할 가능성이 있는데다가 목격자는 물론 조사관 자신의 신뢰조차 깰 수 있는 몰랐던 사실이 나중에 드러날 수 있다. 이런 문제로 인해 길머의 사탄 조사관과 그의 특별 검사도 결국 모순에 빠질 수밖에 없었다. 브라운 경사가 다름 아닌 아이들의 증언과 상반되는 가장 유력한 증거를 찾아 낸 장본인이었기 때문에 특별 검사 팀이 사교 집단에 그의 이름을 넣으려 한 것으로 생각된다. 증거의 문제점은 한두 가지가 아니었다. 버논 가와 실종된 치어리더를 연결해 줄 물리적 증거도 없었고, 창고로 끌려가 아동 포르노물을 찍었다는 아이들의 주장은 근처를 모두 뒤져 봐도 그런 창고도 없고 필름, 사진, 비디오도 전혀 찾을 수 없었기 때문에 입증할 수 없었으며, 버논 가 뒷마당에 묻혀 있던 뼈는 사람의 것이 아닌 동물 뼈로 판명되었다. 또한 집에서 찾아 낸 악마 가면은 싸구려 할로윈 의상으로 밝혀져서 이것을 증거로 내세우려면 수백만의 미국인을 악마 숭배자로 만들어야 할 판이었다.

하지만 무엇보다 이 사건의 증거 중 최악이었던 것은 켈리 윌슨이 실종된 밤에 소녀를 납치하고 죽인 핵심 용의자로 보고된 사교 집단 지도자 워드 버논과 그의 아내 헬렌이 뉴욕에 있었다는 사실이다. 수많은 증거가 이 사실을 입증했다. 워드는 트럭 운전사여서 고용주가 그의 운행 기록을 가지고 있었으며 거기에는 화물 배달 증명에 필요한 선하 증권도 포함되었고 심지어 뉴욕에 있었음을 증명하는 뉴욕 주재 주유소에서 주유한 신용 카드 영수증까지 제시되었다. 브라운 경사가 이런 증거를 토대로 사탄 조사관이 지목한 켈리 윌슨 살해 용의자가 잘못되었으며 목격자 증언을 믿을 수 없다고 주장하자 특별 검사는 그에게 이렇게 말했다.

"내 조사를 자꾸 방해하면 당신을 사적으로든 공적으로든 재무적으로든 모든 방법을 동원해서[8] 파멸시키고 말겠어!"

검사는 자신의 협박을 정말로 실행에 옮겼다. 패티 클락은 심문에서 브라이언이 말한 "파란 유니폼을 입은 남자"가 제임스 브라운이라고 증언했고 곧 SWAT 팀이 출동해서 브라운을 거칠게 제압하여 체포했다.

어떤 학대 혐의가 조사관의 강요로 조작된 것이고 어떤 것이 실제로 발생한 것일까? 트라우마를 겪은 이 아이들에게 가장 안전한 거처는 어디일까? 학대자일지도 모르는 부모에게 돌려보내야 할까? 아니면 훨씬 더 면밀하게 조사해서 새로운 위탁 가정이나 입양 가정으로 보내야 할까? 자료 조사 결과 브라이언과 아직 아기인 그의 동생을 격리 보호한 것은 분명 잘못이었다. 하지만 만일 그들의 부모가 정말 아이들을 학대했고 버논의 아이들이 그것을 알고 있었다면 어떨까? 바비 버논과 패티 클락의 아이들도 사촌이 다른 희생자 이름을 대라는 강요에 못 이겨 거짓 증언을 하는 바람에 잘못 격리된 피해자였을까? 우리가 정리한 자료에 따르면 버논 형제, 그들의 아내나 동거인, 버논의 조부모 모두 학대 혐의를 뒷받침하는 신체적 증거가 있었다. 하지만 조사가 너무 편파적이어서 무엇을 믿어야 할지 알 수가 없었다.

다행히 내게는 다른 증거와 함께 사용해서 사건의 잔해를 다시 정돈해 줄 방법이 있었다. 그것은 우연한 기회에 발견한 도구였다. 시카고로 돌아가 1990년대 초 휴스턴으로 이사한 직후, 나는 마라톤 대회에 몇 번 참가한 적이 있었고 훈련 중에는 항상 심박계를 찼다. 하루는 연습 달리기를 마친 직후 위탁 보호 중인 소년과 함께 가정 방문을 갔고 집에 도착했을 때 아직 심박계를 차고 있었다. 소년이 뭐냐고 물어오자 나는 뭔지 설명하려고 아이에게 한번 차 보라고 했다. 아이의 심장 박동 수가 100으로 나왔다. 아이 또래의 일반적인 휴식기 평균 심박 수였다. 그때 갑자기 차에서 해야 할 몇 가지 서류 작업이 생각났고 아이에게 잠깐 나와 같이 차에 가서 서류 좀 가지고 나오자고 부탁했다. 소년은 내 말을 듣지 못한 것 같았는데 갑자기 심장 박동 수가 148로 치솟았다. 나는 기계가 고장 났다고 생각하고는 아이에게 다가가 자세히 들여다보았고 아무렇지 않은 듯 아까 했던 말을 다시 중얼중얼 반복했다. 아이는 꼼짝도 하지 않았으나 박동 수는 오히려 더 치솟았다. 나는 무척 당황했지만 더 이상 같이 가자고 강요할 생각이 없었고 혼자 차로 돌아가 서류를 꺼낸 뒤 돌아와 방문을 마쳤다.

당시 나는 소년이 현재 거주지에서 잘 지내는지 확인하러 간 것뿐이었기 때문에 아이에 대해 아는 것이 없었다. 그래서 사무실로 돌아가자마자 소년의 차트를 꺼내 읽었다. 아이는 차고에서 엄마의 남자 친구에게 상습적으로 성적 학대를 당했다. 그 남자가 "같이 나가 차에서 볼일 좀 보자."라고 말하면 그것은 "지금부터 널 성폭행할 거야."라는 의미였다. 나는 무심코 차에 함께 가자고 말함으로써 소년에게 트라우마 신호를 준 셈이었다. 그렇다면 다른 아이들에게도 심박계를 사용해서 트라우마 증상을 일으키는 신호가 무엇인지 알아볼 수 있지 않을까? 나는 확인에 나섰다.

그 결과 동일한 반응이 자주 목격되었다. 아이가 트라우마를 기억나게 하는 향기, 광경, 소리나 이 경우처럼 어떤 말에 노출되면 심장 박동 수가 급격하게 증가하곤 했다. 다만 이런 신호가 과각성 반응이 아닌 해리 증상으로 나타나면 심장 박동 수가 도리어 떨어졌다. 사람이 싸우거나 도망칠 수 있도록 준비해 주는 과각성은 심장 박동 수를 높이지만 피할 수 없는 스트레스를 감내하도록 보호해 주는 해리 반응은 심장 박동과 호흡, 기타 여러 신체 기능을 느려지게 만든다. 물론 모든 경우에 적용되는 것은 아니었고 더 많은 연구가 필요하겠지만 아이들을 진료할 때 심박계가 있으면 매우 유용했다. 어떤 대상이나 사람이 아이의 트라우마 기억을 일깨우는지 알아내면 그를 해친 사람이나 대상이 무엇인지 특정하기 쉬워진다. 이것은 특히 너무 어려서 무슨 일이 일어났는지 제대로 설명해 줄 수 없는 유아일 경우 더 중요한 문제였다.

나는 이 방법을 브라이언에게 시도했다. 그는 이제 그룹 홈에서 지내고 있었다. 부모로부터 격리된 지 2년이 다 되어 엄마 아빠가 무척 그리울 것이 분명했다. 나는 그에게 말하고 싶지 않으면 언제든 이야기하라고 당부하면서 과거에 무언가에 대해 거짓말을 했다고 인정해도 어떤 해도 입지 않으며 해당 사건을 그의 입장에서 이야기할 수 있는 기회라고 몇 번이나 강조했다. 그리고는 같이 한참 동안 색칠 놀이를 했다.

브라이언이 입을 열었다. 사건 당시 그는 바바라 바스의 집에서 살았다. 그녀의 집에서는 SRA에 대한 붙들기 치료와 조사가 끝없이 이어졌다. 내가 처음 그에게 치료 위탁 가정에 대해 질문했을 때 그는 "재미있었다."고 말했다. 나는 어떤 좋거나 나쁜 일을 알아내려 한다는 식의 암시 없이 그저 이야기를 계속하라고 격려했다.

"한 가지, 붙들기는 좋아하지 않았어요."

아이가 바로 덧붙였다.

"붙들기에 대해 말해 주렴."

"아줌마는 계단을 마구 달리라고 시키고는 지쳐서 울음을 터뜨리면 좋아해요. 그런 다음에는 침대에 나란히 누워요. 아줌마가 옆구리 갈비뼈 부근을 마구 문지르고 아파 비명을 지르면 마음껏 화내라고, 무엇 때문에 화가 났는지 말하라고 해요."

"아줌마가 하는 '마음껏 화내라'는 말은 무슨 뜻이니?"

"지금 화가 나는 것에 대해서요. 그리고 나에게 말하고 싶지 않은 것을 말하라고 시켜요."

"어떤 것을?"

"엄마 아빠가 하지 않은 것을 했다고 말하는 거요."

"위탁 엄마는 네가 그렇게 말하기를 원했니?"

브라이언은 고개를 끄덕였다. 아이의 눈에 눈물이 비쳤고 심장 박동 수가 미친 듯이 올라가기 시작했다.

"예를 들어서?"

"엄마 아빠가 나를 아프게 했다든지 하는 걸 말해요. 치료사나 그런 사람을 보러 갈 때면 항상 꼼짝 못하게 붙들려 있어요."

"일주일에 몇 번 정도 하니?"

"한 달에 한 번 정도요. 하지만 그건 우리가 어딜 가느냐에 따라 달라요. 증언하러 가거나 치료사를 만나거나 하면 언제나 그걸 전날이나 그날 해요."

나는 바바라가 그에게 사실이 아닌 것을 말하라고 시켰느냐고 물었다.

"아줌마는 내 옆구리를 엄청 아프게 문질러요. 그러면, 아시죠? 포기하게 되요. 아프다구요."

"아줌마가 너에게 뭘 말하라고 시켰니?"

브라이언은 울음을 터뜨렸다. 눈물과 콧물이 온 얼굴에 넘쳐 범벅이 되었다.

"내 엄마 아빠가 하지 않은 일을 했다고 말하라고 시켰어요."

아이가 흐느끼며 말했다. 나는 아이에게 나한테 아무것도 말하지 않아도 좋으며 말하고 싶지 않거나 사실이 아니라고 생각하는 것은 어떤 것이든 말할 필요가 없다고 다시금 확인시켰다. 하지만 그는 용감했다. 내가 휴지를 건네자 내게 모든 이야기를 다 털어놓겠다고 했다. 그는 부모님과 강제로 헤어진 날에 대해 이야기했다. 엄마는 울면서 "난 이제 가야 한단다."라고 속삭였고 브라이언은 '가장 좋아하는 것 한 가지'를 가져가도 좋다고 허락받아 자기 성경을 집어 들었다. 그는 울부짖는 한 살짜리 동생을 달래려 애썼다.

"동생은 무슨 일이 벌어지는지 알지 못했죠. 그저 낮잠을 깨웠기 때문에 짜증을 부렸어요."

너무 어렸던 브라이언의 동생은 나중에 드디어 집에 돌아가게 되었을 때 자기 엄마를 알아보지도 못했다.

나는 브라이언에게 그가 목격했거나 참여했다고 말했던 켈리 윌슨을 죽인 악마 숭배 의식과 다른 잔혹 행위에 대해 물었다. 아이는 더 이상 울지 않았고 심장 박동 수도 정상으로 돌아왔다. 그러고는 감정이 섞이지 않은 아주 사무적인 말투로 그건 아프게 하는 걸 멈추기 위해 자기가 만들어 낸 이야기라고 말했다. 브라이언은 '아기 살해'와 같은 것을 말할 때 말로도 몸짓으로도 어떤 공포도 표현하지 않았다. 집에서 강제로 떠나야 했을 때나 붙들기 치료 과정을 설명할 때 동요하던 모습과 대조적이었다. 동생에 대해 깊은 연민을 보이며 부모에 대한 거짓말을 했다는 사실에 괴로워하는 브라이언은 분명 감수성이 예민하고 도덕적이며 배려심이 강한 소년이었다. 이런 아이가 살인과 식인 행위를 보았다면 극도의 정신적 괴로움과 공포심을 느꼈을 것이다. 그런 일이 정말 있었다면 그것을 감정의 동요 없이 기억할 수 있는 사람은 소시오패스뿐이다. 브라이언이 두 가지 종류의 경험에 대해 그렇게 다르게 반응할 수는 없었을 것이다. 이것이 내가 양육권 분쟁을 조정하는 판사가 브라이언과 동생을 집으로 돌려보내도록 하기 위해 강력하게 주장했던 내용이다.

버논 가 아이들에게 실제로 어떤 일이 벌어졌는지 알아내는 것은 더 복잡했다. 항문과 질에 흉터투성이인 아이들을 그동안 반복해서 강간했던 사람들에게 돌려보낼 사람은 아무도 없었다. 하지만 살인과 악마 숭배 의식 혐의가 거짓이었다는 사실이 다른 혐의의 신뢰성도 왜곡시켰고 이제 부모는 아이들이 학대나 그동안의 일에 대해 이야기한 모든 것이 의심스럽다고 주장할 수 있게 되었다. 나는 심박계와 기타 생리적, 감정적 신호를 사용해서 누가 아이들을 해쳤는지 찾아내 아이들에게 가장 좋은 영구적 거주지가 진정 어디인지 알아내려고 했다.

나는 우선 부모 집에서 격리될 때 유아였던 한 소녀와 이야기했다. 애니는 당시 이미 너무 많은 전문가와 이야기를 나눈 다음이어서 우리를 흉내 낼 수 있을 정도였다. 면담 때가 되자 아이는 회전의자에 앉아 몸을 앞뒤로 흔들면서 말했다.

"선생님에 대해 먼저 말해 주세요. 내 이름은 애니고 갈색 머리카락, 갈색 눈이고요 그동안 거쳐 온 위탁 가정이 만 개는 될 거예요."

애니는 캔에 담긴 소다수를 마시면서 한 모금씩 마실 때마다 부글부글 소리를 내며 맛을 음미했다. 나는 아이에게 그녀가 이야기했던 악마 숭배와 살해가 어디에서 비롯된 것인지 물었다.

"친아빠죠. 아빠가 아기들을 다 죽이고 나한테도 죽이라고 했어요. 나도 죽어 가고 아기들도 죽어 가고."

애니는 웃으면서 소다수로 부글부글 소리를 냈다. 심박계에는 아무런 움직임도 잡히지 않았다.

"그걸 어떻게 기억하지?"

내가 물었다.

"언니가 말해 줘서 기억해요."

아이가 다리를 앞뒤로 흔들었다. 모든 내용을 혼자 기억해 냈느냐고 묻자 아이는 아니라고 대답하면서 자기가 세 살도 되기 전이었기 때문에 다 기억할 수는 없다고 설명했다.

내가 붙들기를 기억하냐고 묻자 갑자기 애니의 표정이 어두워지더니 심각한 어조로 말했다.

"기억나요. 난 그거에 대해 말하고 싶지 않아요."

말은 그렇게 했지만 곧이어 위탁 부모와 아동 보호국 담당자가 어떻게 했는지 설명했다.

"나한테 내 과거에 대해 계속 말하게 하고 내가 아기들을 죽였다고 말하게 했어요."

그다음 아버지로부터 성적 학대를 당했냐고 물으니 애니는 더 심하게 주저했다.

"아빠는 내가 자기 은밀한 곳을 만지게 했어요. 내가 하고 싶지 않다고 했더니 내 손을 잡아당겨 그곳에 눌렀어요."

말이 끝나자 아이는 의자에서 일어나 창문 밖을 내다보았고, 그런 일이 한 번 이상 있었냐고 묻자 눈을 내리깐 채 고개를 끄덕였다.

"아빠는 나에게 거기를 문지르게 했고 싫다고 말하니까 '나한테 명령하지 마. 안 그러면 죽여 버리겠어.'라고 말했어요."

이제 아이에게는 두려워하는 기색이 역력했고 실제로 걸어 나가 질문에서 도망치려는 해리 반응이 일어났으며 심장 박동 수도 빨라졌다. 조금 후 아이는 의자로 돌아와 앉았고 입을 열었다.

"워드 버논이라는 이름은 견딜 수가 없어요."

애니는 조금 전에 색칠할 때 썼던 연필을 집어 들더니 마치 그 이름을 지워 버리기라도 하듯 종이 위에 선을 마구 그어서 새카맣게 뭉개 버렸다. 소녀는 양어머니에 대해 이야기할 때도 비슷한 반응을 보였다. 하지만 진짜 어머니는 자신을 해치지 않았다고 말했다.

언니 린다에 대해 이야기를 꺼내자 애니는 SRA에 대한 생각이 처음 "바바라의 입에서 나온 것"이라고 말했다.

"바바라가 말했어요. '그래, 너는 헬렌과 지하 감옥에 갇힌 거야.' 그러면서 언니를 눈물이 쏟아질 정도로 아프게 찍어 눌러서 맞다고 말하게 만들었어요. 그 여자는 정말 언니가 할 말을 강제로 언니 입에 집어넣었어요."

린다는 아버지와 양어머니가 성적 학대를 했다는 말도 했고 조부모가 어떻게 거들었는지 자세히 말했다.

"그 사람들은 거의 매일 그 짓을 했어요."

애니가 말했다. 나는 재차 그것을 정말 기억하는지, 아니면 그렇게 말한 것을 누구에게 들은 건지 물었다. 아이는 얼굴을 딱딱하게 굳히더니 말했다.

"그런 일이 일곱 살 때 있었으면 저처럼 선생님도 기억할 수 있을 거예요."

애니의 신체 반응은 다시 악마 숭배 의식과 살인에 대해 이야기할 때와 비슷해졌다. 결국 버논의 아이들 누구도 진짜 부모에게 돌아가지 않았다. 이들이 버논의 대가족으로 돌아가면 명백하게 다시 학대

받을 위험이 컸기 때문이다.

이 사례에서 가장 크게 문제되는 부분은 이 한심한 조사로 야기된 공포가 어떻게 확산되고 평소 이성적이었던 사람들을 얼마나 이상하게 행동하도록 만들었는지 하는 점이다. 이것은 부모가 감정적으로 감당하기 힘든 상황에 대처해야 하는 경우에도 꼭 명심해야 할 부분이다. 일단 악마를 숭배하는 의식을 통한 학대 혐의가 공론화되자 그 믿음 자체가 생명력을 갖게 되었고 잘 훈련받은 정신 건강 전문가나 법집행관, 심지어 우리 클리닉의 의료진 일부까지도 그 영향에서 벗어나지 못했다.

일단 아이들을 집에서 끌어내 격리하고 SRA 혐의가 표면화되자 아이들을 보호하는 사람들 거의 모두가 악마 숭배자가 아이들을 납치하고 그들을 도우려는 사람을 살해할 거라는 공포에 시달렸다. 아동 학대와 살해에 관련되었다고 생각되는 '사교 집단 지도자'와 다른 사람들 거의 대부분이 붙잡혀 구금된 다음에도 사탄 조사관, 아동 보호국 담당자와 위탁 가정 부모들은 더 거대한 음모가 있어서 자신들이 엄청난 위험에 처해 있다고 확신했다. 결국 이들은 극도의 피해망상적 행동을 보이기 시작했고 여전히 사교 집단이 암약하고 있다고 굳게 믿고 이들의 마수로부터 피하기 위해 아이들을 데리고 서부 텍사스로 도망쳤다. 그리고 도망쳐 온 서부 텍사스에서 어린 바비 버논이 양부모의 폭행으로 뇌사에 빠졌다. 라페 부부의 자살은 사교 집단이 결국 '이들을 찾아낸' 증거라고 생각되었다. 일단 사람들에게 사교 집단의 위력과 악마적 행위에 대한 믿음이 생기자 그 믿음에 반하는 증거는 아예 눈에 보이지 않았다.

라페 부부가 자살한 이유는 사실 누구나 쉽게 이해할 수 있다. 그동안 돌보던 아이를 폭행하고 잔인하게 머리를 땅에 찧어 영구적인 식물인간 상태로 만들어 버렸으니 죄책감이나 부끄러움, 슬픔 등 어떤 것으로도 자살을 결심할 수 있었을 것이다. 악마를 숭배하는 사교 집단 따위가 없더라도 말이다. 하지만 조사에 임한 사람들은 이런 평범한 추정을 다시 검토하는 대신 점점 더 진실에서 벗어나 위선의 늪에 빠져들고 말았다.

길머는 마을 전체가 둘로 분열되었다. 한쪽은 악마 숭배 사교 집단이 마을에 존재해서 사람들을 죽였으며 여전히 재앙을 일으킨다고 생각했고, 다른 쪽은 무고한 사람들이 자녀를 잃고 차마 입에 담을 수 없을 정도로 말도 안 되는 범죄 혐의를 받았다고 주장했다. 켈리 윌슨의 부모가 이런 반목의 전형적인 사례였다. 켈리의 엄마는 브라운 경사가 딸을 납치하고 살해한 악마 숭배 사교 집단의 일원이라고 굳게 믿었지만 켈리의 아빠는 브라운과 다른 사람들이 부당하게 유죄를 선고 받았으며 딸의 진짜 살인범은 아직 잡히지 않았다고 목소리를 높였다.

아이들의 양육권 재판을 주재한 판사는 악마 숭배 의식이 있었다고 확신했다. 텍사스 주 법무부는 이전에 제출된 증거가 신뢰될 수 없는 이유를 설명했으나 브라운을 기소한 대배심은 기소 취하를 끝내 거절했으며 결국 다른 판사가 고소를 취하했다. 하지만 길머 주민 중 상당수는 여전히 악마 숭배자가 마을 한 귀퉁이에 모여 아이들을 학대하고 살해한다고 확신했다. 사건을 맡아 일하는 과정에서 나 자신도 사교 집단과 연관되어 있다는 혐의를 받았으며, 클리닉 직원들은 도로에 죽어 있는 고양이 시체 등에서 길머의 귀신이 나올 것 같은 으스스한 풍경과 공포에 사로잡힌 분위기를 전해오곤 했다. 강압에 못 이긴 아이들 열여섯 명의 진술 외에는 어떤 증거도 없었음에도 불구하고 멀쩡하게 20세기 문명 시대에 살던 우리 어른들은 우연히 범죄 수사를 담당했던 경찰관, 범행 당일 미 대륙의 반대쪽에 있었다는 고용인 기록과 주유소 영수증을 제출한 남자까지 포함해서 여섯 명이나 되는 사람들에게 유죄를 선고했다.

사람은 사회적 동물이며 주변의 감정적 분위기에 쉽게 휘둘린다. 어떤 뛰어난 교육, 논리, 지능도 한 집단의 근거 없는 믿음에 대적하기 힘들 때가 있다. 원시 시대에는 다른 사람의 감정적 신호를 빨리 알아채고 따라하지 못하는 사람은 살아남기 힘들었을 것이다. 이런 신호에 대한 감응은 사회적 성공의 열쇠이며 코너의 경우에서처럼 이것을 제대로 감지하지 못하는 것은 심각한 장애로 분류된다. 하지만 이런 유산의 '부작용'은 텍사스 길머에서와 같은 현대판 마녀 사냥을 야기할 수도 있다.

| 8장 |
까마귀가 되고 싶었던 소녀

트라우마로 인한 해리 반응

열일곱 살 앰버는 고등학교 화장실에서 의식 불명 상태로 발견되었다. 호흡이 얕고 심장 박동이 느렸으며 혈압도 매우 낮았다. 학교의 연락을 받고 응급실로 달려온 엄마 질(가명)은 제정신이 아니었다. 나도 응급실에 불려 와 있었다. 나는 그 달의 비상근의였고 아동 정신 의학 연구원으로 청소년 자살 관련 진단을 검토하는 역할이었다.

그런데 의사들이 아이를 진찰하는 와중에 갑자기 소녀의 심장이 정지했다. 의료진은 재빨리 소녀를 소생시키고 안정시켰지만 이것을 본 질은 공포에 질렸다. 의사들의 노력에도 불구하고 앰버는 아무리 해도 의식 불명에서 깨어나지 못했고 질은 거의 이성을 잃을 지경이었다. 다른 의사들이 앰버 문제에 집중할 수 있도록 엄마를 진정시켜야 했다. 체내의 어떤 약물이라도 발견해 낼 수 있는 독극물 검사 결과가 음성으로 나옴에 따라 10대를 혼수상태에 빠뜨리는 가장 흔한 원인인 약물 과용 가능성은 제거되었다. 질도 딸이 과거 건강상 문제가 전혀 없었다고 말하며 왜 이러는지 감을 잡지 못했다. 결국 의사들은 희귀한 심장 질환이나 뇌종양, 뇌졸중 등을 의심하기 시작했다.

나는 앰버를 보러 갔다. 질이 눈물을 흘리며 딸의 손을 잡고 있었고 간호사는 정맥 주사를 조정했다. 질은 간청하는 눈빛으로 나를 바라보았다. 난 이 병원이 아주 뛰어난 곳이고 그녀의 딸도 훌륭한 아이기 때문에 최선의 치료를 받게 될 것이라고 안심시켰다. 하지만 내가 아동 정신과 의사임을 밝히자 아이 엄마는 더욱 공포에 질렸다.

"애가 죽어 가고 있어서 오신건가요?"

그녀가 울부짖었다.

"아닙니다."

나는 재빨리 나머지 팀이 앰버의 문제가 무엇인지 분석하느라 바쁘며 아이 엄마와의 대화가 문제 파악에 도움이 될 것이라고 판단하여 내가 온 것이라고 설명했다. 내 진실이 통하여 질은 눈에 띄게 마음을 놓았다. 의료계가 환자를 좀 더 솔직하게 대하면 진료에 큰 도움이 될 것이다.

"그러면 왜 저에게 일이 어떻게 되어 가는지 말해 주지 않는 거죠?"

그녀가 물었다. 나는 일부러 정보를 차단하는 것이 아니라 의료진들도 앰버의 문제가 무엇인지 파악하지 못했고 나도 차트를 검토해서 원인 파악에 최선을 다하겠다고 말했다.

병실을 나온 나는 차트를 면밀하게 검토한 뒤 한 의사 및 레지던트와 의견을 나누었다. 그들의 이야기에 따르면 한 학생이 화장실에서 앰버를 발견했고 학교에서 구급차를 불렀다. 생명 징후는 안정적이었지만 심장 박동이 분당 48~52회 수준으로 너무 낮았다. 또래 소녀의 정상 심장 박동은 70~90회다. 그리고 구급 요원이 앰버를 병원에 옮기고 의료 팀의 진찰이 절반 정도 진행되었을 때 심장이 정지해 버렸고 의학 드라마 〈ER〉에서 수백 번 반복되어 친숙해진 심폐 소생술을 통해 다시 소생했다.

앰버가 응급실에 실려 온 지 네 시간 만의 일이었다. 신경학 컴퓨터 단층 촬영 결과로는 뇌에 이상 징후가 없었고 다른 신경학 검사 역시 정상이었다. 심장학과 진단에서도 아이의 증상을 설명할 수 있는 문제점을 찾지 못했다. 혈액 성분도 모두 정상이었고 독극물 검사를 몇 번이나 해도 음성이었다. 내 생각이 맞았다. 질에게 아무도 어떻게 되어 가는지 말해 주지 못하는 이유는 아무도 알지 못하기 때문이었다.

나는 병실로 돌아가 질에게 확인한 바를 말해 주었다. 그러고는 앰버의 삶에 대해 질문하기 시작했다. 이것은 최면술 전 피험자의 긴장을 풀기 위해 배웠던 간단한 기술로, 엄마를 진정시키는 동시에 딸의 과거에서 문제 발생 요인을 찾아낼 수도 있는 방법이었다.

"딸에 대해 이야기를 들려주십시오."

나는 말했다. 질은 뜬금없는 질문에 혼란스러워 보였다.

"어디서 태어났나요?"

나는 다시 물었다. 질은 과거를 회상하며 딸이 태어난 이후 수백 번 행복하게 말했을 이야기를 시작했다. 사람들은 보통 회상에 잠기면 감정이 바뀐다. 그녀는 딸의 생일에 대해 말하면서 대화 중 처음으로 미소를 지었다. 나는 질이 망설일 때마다 앰버의 첫 등교 날이나 어린아이였을 때 좋아했던 책과 같은 중립적이거나 긍정적인 질문을 계속했다.

하지만 나는 곧 그녀가 상당한 기간에 대해 언급하지 않는다는 것을 눈치 챘다. 이야기에서 건너뛰는 기간 중 질의 삶은 고난의 연속이었을 것이다. 그녀는 30대 중반인 나이보다 10년은 더 늙어 보였고 희끗해진 금발은 가늘고 얼굴은 초췌했다. 물론 심각하게 아픈 아이의 보호자가 좋아 보이기는 어려운 일이지만 질은 많은 고난을 겪고 살 곳을 구하러 다니는 등 고생한 사람 같은 인상이었다. 나는 모두 이야기할 필요는 없다고 말했지만 결국 질은 힘들었던 과거를 털어놓았다. 모녀는 인간관계에 실패하고 제대로 된 일자리를 구할 수 없어 몇 년이나 근거지도 없이 전국을 떠돌았다. 하지만 지금은 사무행정 업무 쪽의 좋은 직장을 얻고 텍사스에 정착해 있었다.

나는 질의 이야기를 들으며 누워 있는 앰버도 관찰했다. 머리는 검은색으로 염색했고 한쪽 귀는 세 개, 다른 쪽은 두 개의 귀고리를 하고 있었다. 나는 순간 중요한 사실을 깨달았다. 그녀의 팔뚝에는 수십 개의 짧고 얕게 베인 상처가 있었다. 완벽하게 평행을 이룬 채 몇 개의 선이 가로지르고 있는 상처였다. 위치와 깊이, 형태로 보아 전형적인 자해였다.

상처가 앰버의 문제와 연관이 있는지 알아보기 위해 질에게 최근 앰버가 화를 낼 만한 일이 있었는지 물어보았다. 엄마는 잠시 생각하더니 갑자기 놀라 손으로 입을 막았다. 전날 밤 질의 전 남자 친구 중 하나인 드웨인이 전화를 걸어왔던 것이다. 드웨인은 8년 전, 당시 아홉 살이었던 앰버를 몇 년이나 상습 성폭행하다가 질에게 들켜 쫓겨났다. 학대는 몇 년이나 이어졌다. 쓰러졌던 전날 밤에 드웨인이 앰버에게 전화를 걸어 집에 찾아오겠다고 말했고, 엄마는 즉시 전화를 빼앗아 우리는 더 이상 너와 볼 일이 없다고 소리를 질렀다.

앰버와 유사한 상처가 있는 자해 환자 중 상당수가 트라우마 이력을 가지고 있다. 이들은 스스로에게 상처를 만들면 과거 트라우마 상황에서 경험했던 적응 반응과 유사한 해리 상태dissociative state를 유도할 수 있다. 베는 행위를 통해 자신을 진정시켜 끝없이 반복되는 트라우마 기억이나 단순한 일상의 문제에서 야기되는 두려움으로부터 탈출하는 것이다. 앞서 언급했던 것처럼 해리 상태에서는 현실과 단절되어 실재감이 없어지고 감정과 육체적 고통이 줄어들면서 꿈처럼 몽롱한 상태가 된다. 이것은 뇌에서 자연 헤로인과 같은 물질인 오피오이드가 분비되어 통증을 없애고 문제 상황에서 멀어진 것 같은[1] 고요한 감정을 만들어 내는 현상이다. 쥐 실험의 경우 뇌에 엔도르핀과 엔케팔린[2] 같은 천연 오피오이드를 투여하면 고도의 스트레스 환경에서도 동물이 완벽하게 차분해지는 것을 볼 수 있다. 삶을 위협하는 문제로 고통받는 사람들은 때로 오피오이드 약물을 투여했을 때와 비슷한 '단절', '비현실성', '무감각'을 경험한다. 엔도르핀과 엔케팔린은 물리적, 감정적 고통에 대처하기 위한 뇌의 스트레스 반응 시스템 중 일부다.

나는 문득 응급실에 누워 있는 앰버의 생리학적 상태가 헤로인 과용 증상과 매우 유사하다는 것을 깨달았다. 물론 그녀는 약물 과용과 달리 스스로 숨을 쉬고 있긴 했지만, 평소 자해 습관과 전날 밤 예상치 못한 학대자와의 접촉을 고려하면 극도의 해리 반응이 일어나 자신의 뇌에 엄청난 양의 오피오이드를 쏟아부었는지도 모른다!

처음 이 가능성을 꺼냈을 때 응급실 의료진은 어처구니없다는 반응이었고 나조차 이 이론이 억지스럽다는 것을 인정해야 했다. 무엇보다 이와 유사한 다른 경우를 한 번도 들은 적이 없었다. 하지만 오피오이드 과용에 처방하는 낼럭손은 매우 안전하고 유해성이 입증되지 않아 어떤 주사침 교체 프로그램에서는 이것을 약물 과용 해독제로 제공하기도 한다. 우리 병원에서는 트라우마 관련 신호를 만나면 자신의 반응을 통제하기 위해 습관적으로 해리 상태에 빠지는 아이들에게 이와 유사하지만 효과가 더 오래 지속되는 날트렉손을 쓴다.

반응이 없는 앰버의 상태가 몇 시간 더 계속되고 추가 검사에서도 증상을 설명할 만한 별다른 결과가 나오지 않자 의료진은 결국 날럭손을 시도해 보기로 결정했다.

결과는 일반적인 오피오이드 과용 사례와 마찬가지로 대단히 신속했다. 주사를 놓고 90초가 지나자 앰버는 눈을 깜빡이며 정신이 돌아왔고 몇 분이 지나자 일어나 앉아 자신이 어디에 있는지 물어보았다. 다행히 아이의 자해 상처를 발견하여 빠르게 추론한 덕분에 트라우마 기억에 대한 해리 반응이 증상을 유발했다는 이론을 세웠고, 이를 통해 앰버가 의식을 잃고 병원에 실려 온 이유와 날럭손에 대한 반응 모두를 적절하게 설명할 수 있었다.

앰버는 예후 관찰을 위해 하루 더 병원에 머물러야 했다. 나는 다음 날 아침에 아이를 보러 갔다. 앰버는 잠에서 깨어 침대에서 잡지에 글씨와 그림을 그리고 있었다. 나는 먼저 자신을 소개하고는 말을 걸었다.

"우린 어제도 만났었지만 기억하지는 못할 거야. 의식을 잃고 있었으니까."

"의사 같아 보이지는 않네요."

그녀는 하얀 가운도 없이 티셔츠와 청바지, 샌들을 신은 내 모습을 위아래로 훑어보며 말했다. 의심스러운 모양이었다. 하지만 아이는 동시에 자신감을 내보이며 금방 다시 그림 그리기에 몰두했다.

"정신과 의사예요?"

그녀는 나를 쳐다보지도 않은 채 물었다. 나는 슬쩍 그녀의 그림을 훔쳐보았다. 잡지에는 고대 필체를 연상케 하는 정교한 디자인과 큰 뱀 같은 동물이 각 페이지의 귀퉁이를 둘러싸고 있었다. 그녀는 내가 보고 있는 것을 알아채고 천천히 잡지를 덮었다. 감추기도 하면서 동시에 드러내기도 하는 흥미로운 방식이었다. 책을 덮을 때 나에게로 몸을 돌렸기 때문에 책 표지에 가려진 페이지를 더 쉽게 볼 수 있었다. 아이는 나와 대화를 원하는 것 같았다.

"어머니와 너에 관한 이야기를 나누었어."

나는 말했다.

"엄마는 널 매우 사랑하지만 또 몹시 걱정하고 있지. 네가 어릴 때 있었던 일을 누군가와 이야기하는 게 좋겠다고 생각하시더구나."

나는 잠시 말을 멈추고 생각할 시간을 주었다.

앰버는 나를 똑바로 쳐다보면서 대답했다.

"엄마가 선생님을 좋아하는군요."

그러고는 마치 생각에 잠긴 듯 눈길을 돌려 버렸다. 나도 자기에게 상처를 줄 엄마의 연인이라 생각하는 걸까? 아니면 나의 첫 번째 환자였던 티나처럼 모든 남자를 불신하는 걸까? 아이의 뇌 한쪽이 엄마가 좋아하는 모든 남자를 혐오하게 되었는가? 여성 임상의를 보냈어야 했나? 하지만 직관적으로 아직은 괜찮아 보였다. 아이가 남자와 관련된 나쁜 관계를 솔직하고 예측 가능하고 안전하며 건강한 관계로 바꾸려면 시간이 필요할 것이다.

"맞아. 어머니는 우리가 널 도와주길 바라셔."

나는 화제를 바꾸었다.

"어머니는 드웨인과의 일을 말해 주었지. 거기부터 시작하자. 우리가 도와줄 수 있을지도 몰라. 어떤 일이든 누군가에게 털어놓고 이야기하면 훨씬 나아질 수 있어. 그래야 어제 일어났던 일이 다시 벌어지는 것을 막을 수 있어."

"그 일은 이제 끝났어요."

앰버가 단호하게 말했다.

나는 손을 내밀어 그녀의 손바닥을 펴고 팔뚝을 드러나게 했다. 그리고 상처를 힐끗 본 다음 그녀를 다시 바라보며 물었다.

"확실해?"

앰버는 팔을 잡아 빼 팔짱을 끼더니 눈을 돌려 버렸다.

나는 계속했다.

"들어 봐. 물론 너는 나를 몰라. 나에 대해 아무것도 모르니 제대로 알기 전까지는 믿으면 안 되겠지. 그러니 제안을 할게. 조금 후 내가 떠나면 나와 상담을 할지 잘 생각해서 결정해 줘. 결정은 전적으로 네 몫이야. 다시는 날 보고 싶지 않다면 그런 네 선택도 존중할 거야. 모든 것은 네 마음에 달렸어."

이어 트라우마를 겪은 아이에 대한 클리닉의 연구를 쉽게 설명했고, 우리는 그것을 활용하여 앰버를 도울 수 있고 또한 그 상담을 통해 알게 된 내용으로 또 다른 학대받은 아이들도 도울 수 있다고 이야기했다.

　나는 잠시 말을 멈추고 그녀를 보았다. 나를 바라보는 아이의 표정에는 여전히 확신이 없었다. 내가 아이의 경험을 얼마나 이해하는지 알려 줄 필요가 있었다.

　"불안하면 자기 몸을 칼로 베고 싶지? 처음 피부에 면도칼을 대고 베었을 때 해방감을 느꼈겠지."

　아이가 놀란 듯 쳐다보았지만 나는 계속해서 아이의 깊은 비밀을 들춰냈다.

　"학교에서 긴장되어 참을 수 없으면 화장실로 달려가 약간의 자해라도 했겠지. 더운 날에도 항상 긴팔 옷으로 상처를 가리고 다녔을 거야."

　말을 멈추고 우리는 서로를 바라보았다. 내가 손을 들어 악수를 청하자 앰버는 잠시 쳐다보다가 천천히 손을 내밀었다. 우리는 악수를 했다. 나는 얼마 후 다시 돌아와 어떤 질문이든 답해 줄 것이며 상담할 생각이 있는지 물어보겠다고 말했다.

　병실로 돌아오자 앰버와 질이 나를 기다리고 있었다.

　"이제 집에 갈 때가 된 것 같구나. 어떻게 결정했니? 다음 주에 나를 만나러 올래?"

　"예."

　아이가 불편한 미소를 지으며 대답했다.

　"어떻게 그 모든 것을 알 수 있었죠?"

"다음 주에 와서 이야기하자. 지금은 그 우스꽝스러운 가운을 벗어던지고 집으로 돌아가 어머니와 쉬는 게 좋을 것 같아."

나는 짐짓 분위기를 밝게 하려 애썼다. 트라우마는 조금씩 삭히는 것이 제일 좋다. 모녀는 이미 충분히 어려운 이틀을 보낸 후였다.

상담을 진행하면서 나는 앰버가 의외로 빠르게 마음을 여는 데 놀랐다. 매주 진행되는 심리 치료의 경우 환자가 자신의 생각을 털어놓는 데는 흔히 몇 달의 시간이 필요하다. 하지만 앰버는 3~4주 만에 드웨인의 학대에 대해 얘기하기 시작했다.

"학대받았던 일에 대해 말하고 싶지 않으세요?"

어느 날 그녀가 말했다.

"네가 준비되었을 때 말해 줘."

나는 말했다.

"그 일에 대해 많이 생각하고 싶지 않아요. 기억조차 하기 싫어요."

나는 언제 그 일이 생각나는지 물었다.

"잠들 때 가끔이요. 하지만 그러면 저는 그냥 가 버려요."

"가 버린다고?"

물론 나는 해리에 대한 이야기임을 알고 있었지만 아이가 직접 설명하기를 바랐다. 그녀가 자세를 바꾸었다. 머리를 젖히고 허공을 응시했으며 눈은 왼쪽 아래로 고정되었다. 분명 마음속에 고통스러운 이미지를 떠올리는 중이었다.

"처음 그 꼴을 당했을 때 정말 무서웠어요."

그녀는 거의 어린아이 같은 목소리로 조용히 말했다.

"너무 아팠고 숨도 쉴 수 없었어요. 제 자신이 극도로 무력하고 왜소하고 약하게 느껴졌어요. 엄마에게는 말하지 않았어요. 당황하고 혼란스러웠거든요. 그래서 일을 당할 때면 눈을 감고 다른 생각을 하려고 애썼어요. 얼마 지나지 않아 나는 눈을 감기만 하면 바로 안전한 곳으로 갈 수 있게 되었어요."

설명이 계속되면서 어조가 점점 변해 갔다.

"나는 그곳을 나만의 특별한 피난처로 삼았어요. 그곳에 대해 생각만 하면 금방 안전한 그곳으로 날아갔어요. 아무도 그곳이 어디인지 몰라요. 거긴 나 혼자뿐이고 누구도 오지 못해요. 거기서는 아무도 나를 해칠 수 없어요."

잠시 말이 멈추었다. 그녀의 말은 이제 단조롭고 낮은 목소리로 변해 거의 로봇처럼 들렸고 계속 허공을 응시하는 눈도 거의 깜빡이지 않았다. 잠시 침묵이 계속 되다가 그녀가 말을 이었다.

"그곳에서는 날 수 있을 것 같아요. 그러면 내가 까마귀라고 상상해요. 파랑새나 울새 같은 아름다운 새가 되려고도 해봤지만 거기서는 아름다워지지 못해요. 독수리나 매 같은 위풍당당한 새도 되지 못해요. 내 마음은 나를 까마귀 같은 어두운 것으로만 만들어요. 하지만 굉장히 세요. 다른 동물을 지배할 수 있어요. 영리하고 친절하지만 무자비하게 공격해서 나쁜 놈, 악마를 죽여 버려요. 나는 흑사병이에요."

그녀는 다시 말을 멈추고 나를 바라보았다. 아이가 한 말이 우리 주위를 떠돌았다. 아이는 어릴 때부터 이런 식으로 자신이 만들어 낸 환상을 통해 비밀스러운 곳으로 날아가 스스로를 위로했다. 분명 이 이야기를 누구한테도 한 적이 없었을 것이다. 이렇게 상처받기 쉬운 순간에는 환자를 보호하는 것이 급선무다.

"지금도 흑사병이니?"

내가 물었다. 그녀는 잠시 시선을 돌렸다가 다시 나를 보더니 울기 시작했다. 이제부터가 치료의 진정한 시작이다.

몇 주의 시간이 지나면서 나는 아이에 대해 점점 더 많은 것을 알게 되었다. 앰버의 이야기는 트라우마에 대한 해리 반응과 그것이 어떻게 환자를 고통으로부터 구해 내는지 이해하는 소중한 기회였다.

앰버가 당했던 폭력적이고 끔찍한 성적 학대는 일곱 살쯤부터 시작되었다. 그녀의 부모는 두 살 때 헤어졌고 엄마는 몇 년 뒤 새로운 연인을 사귀어 그에게 생계를 의지했다. 드웨인은 열흘에 한 번 정도 술을 마셨을 때만 그녀를 범했다. 그러고 나면 며칠 동안 후회하며 선물과 칭찬 공세를 통해 자신이 저지른 일을 만회하려 했다. 그의 음주는 예측 불가능했기 때문에 앰버는 언제 또 그런 고통을 겪게 될지 걱정하며 항상 공포 속에 살아야 했다. 성적은 떨어졌고 행복은 멀어져 갔으며 외향적이던 아이는 점차 내성적이고 불안한 소녀로 변해 갔다.

그녀는 드웨인의 짓을 엄마에게 말하는 것이 너무나 두려웠다. 항상 말을 하면 더 끔찍한 일을 당할 것이라고 위협했기 때문이다. 그 상황을 벗어나는 것이 불가능하다고 생각한 앰버는 스스로 통제를 시도했다. 때때로 일부러 드웨인에게 술을 먹이고는 도발적으로 행동하고 유혹하여 성폭행을 유도했던 것이다. 언제 그가 침대로 기어들어올지 걱정하며 사느니 아예 언제 공부하고 언제 편하게 잠들 수 있는지 직접 확인하는 것이 나았다. 본질적으로는 계획을 짜고 공포를 분리시켜 그녀의 나머지 인생을 방해받지 않기 위함이었다. 그러자 학교 성적이 다시 오르기 시작했고 아이도 정상으로 돌아온 것처럼 보였다. 이런 행동으로 성폭행은 더욱 배가되었겠지만 상황에 대한 통제력을 갖게 되어 일상생활 속에서 학대로 인한 불안감을 관리할 수 있었다. 물론 이런 대응은 이후 그의 행동에 복잡한 감정을 야기하여 죄책감으로 인한 새로운 문제를 낳긴 했지만 그 당시에는 트라우마 대처에 도움을 주었다.

앰버는 강간이나 항문 성교를 당할 때마다 해리되어 자신만의 흑사병과 까마귀의 환상 세계로 도망쳤다. 그곳에서는 마물과 악마에 추격당해도 롤플레잉 비디오 게임에서처럼 항상 승리했다. 환상은 정교하고 상세했으며 그녀의 몸에서 실제 어떤 일이 일어나는지 말 그대로 아무것도 느끼지 못하게 막아 주었다. 아이는 이런 방법으로 트라우마를 차폐하여 고통에 대응하고 정상적으로 일상생활을 이어 나갈 수 있었다. 하지만 다른 문제가 발생했다. 드웨인의 체취나 그가 풍기는 술 냄새 같이 무슨 일이 벌어졌는지 떠올릴 수 있는 단서에 노출될 때마다 즉각 통제 불가능한 해리 반응이 야기되었고 그것이 그녀를 '안전한 곳'으로 도망시켜 외부의 자극에 반응하지 않게 만들었다. 그의 전화를 받은 다음 날 병원에 실려 가게 만든 일은 가장 극단적인 반응의 결과라고 할 수 있다.

학대는 몇 년 동안 계속되다가 아홉 살 때 엄마가 작은 소녀의 침대에 있는 드웨인을 발견했고, 곧 그를 내쫓았다. 질은 그런 상황에서 많은 엄마들처럼 앰버를 탓하지는 않았고 경찰을 불렀지만 그 외에 앰버를 도울 방법은 찾지 않았다. 또한 가해자가 다른 주로 이사가 버리자 지방 검사도 더 이상 사건에 신경 쓰지 않았다. 그럴 듯한 기술도 없는 편모였던 질은 자신과 딸의 생계를 위해 악전고투해야 했다. 그녀는 딸을 데리고 보다 나은 취직 자리를 찾아 여러 주를 옮겨 다녔으며 결국 학교로 돌아가 좋은 급여의 직업을 구할 수 있었지만 안정적이지는 못했다. 그 무렵 앰버는 이미 학대로 인한 깊은 상처를 받은 상태였다.

앰버는 계속 혼자 힘으로 대처해 나갔고 뛰어나지는 못해도 어느 정도 성적은 유지했다. 총명했기에 더 잘할 수 있었겠지만 이런 상황이 발목을 잡아 능력만큼 성적을 내지 못하고 B 클래스에 머물렀다. 학급에서도 아주 인기 있는 소녀는 아니었지만 무시당할 수준도 아니었다. 그녀는 검은 옷을 입고 다니지만 행동이 특별히 요란스럽지는 않은, '고스족'이라는 10대 무리와 어울렸다. 이들은 술이나 마약에 빠지지 않았지만 신비주의와 대안 문화에 관심이 많았기 때문에 술꾼이나 마약쟁이에게 관대했다. 실제로 최근 청소년 고스 문화에 대한 연구를 보면 앰버와 같은 자해 이력이 있는 청소년이 이 문화에 매료되곤 한다. 흥미롭게도 고스족이 되었다고 해서 자해 행위가 증가하는 것은 아니며,[3] 이미 스스로를 칼로 베거나 다치게 하던 10대가 자신의 '어두움'에 대한 관심을 이해해 주는 고스족 집단을 찾아간다.

처음에는 학교에서 불안해질 때마다 자신의 팔을 꼬집거나 깊이 할퀴곤 했지만 곧 피부를 베면 보다 손쉽게 해리 상태에 빠져 참을 수 없는 스트레스 상황도 금방 탈출할 수 있음을 알아냈다.

"마치 마법의 피부 같았어요."

그녀는 칼이나 면도날로 피부를 베는 것이 얼마나 믿을 수 없을 만큼 편안한 감정을 유발하고 그녀를 안전한 곳에 보내 주는지 설명했다. 물론 많은 10대가 약물을 통해 비슷한 탈출 방법을 찾는다.

10대의 마약 문제는 단순한 쾌락주의나 반항으로 간주되곤 하지만, 사실 가장 심각한 약물 문제를 안고 있는 10대는 앰버처럼 스트레스 반응 시스템이 유년기부터 지속적인 자극에 시달린 아이들이다. 마약이나 알코올 중독자는[4] 다른 사람에 비해 유년기 트라우마 경험 비율이 엄청나게 높다. 가장 심각한 중독자 그룹, 특히 여성의 이력은 아동기 성적 학대, 이혼이나 사별로 인한 부모 상실, 심각한 폭력의 목격, 물리적 학대와 방치 등의 트라우마[5]로 점철되어 있다. 트라우마를 경험한 사람의 뇌를 스캔하면 때로 중독자와 동일한 영역에서 이상이 감지되며[6] 이런 뇌 영역 변화로 인해 마약으로부터 더욱 취약해지는 것 같다.

자해 역시 자가 치료 시도보다는 반항이나 관심 끌기 행동으로 치부되곤 한다. 베는 행위는 뇌의 오피오이드를 분비시키므로 예전에 트라우마를 겪었고 해리를 통한 구원[7]을 바라는 사람들에게 특히 더 매력적이다. 칼에 베어 본 사람들 누구나 어느 정도 오피오이드 효과를 보지만 이전의 트라우마와 감정적 고통으로 인해 민감한 해리 반응을 보이는 사람에게는 더욱 큰 쾌락과 매력으로 다가온다. 헤로인이나 옥시콘틴 같은 마약도 마찬가지다. 통념과 달리 이런 마약 사용자 대부분이 엄청난 황홀함을 원하는 것이 아니다.[8] 오히려 이들 대부분이 약물이 유발하는 수많은 느낌을 싫어한다. 하지만 심각한 스트레스와 트라우마의 잔영으로 고통받는 사람은 무감각해지는 것이 아닌 진정과 위안을 찾는다.

흥미롭게도 코카인이나 암페타민 같은 흥분제는 트라우마에 대한 자연적 반응인 과각성을 모방한다. 두 가지 물질 모두 신경 전달 물질인 도파민과 노르아드레날린(에피네프린이라고도 한다.) 분비를 촉진하며 과각성 중 그 수치가 급증한다. 해리 경험이 생리적, 심리적으로 오피오이드에 '취한 상태'와 유사한 것처럼 흥분제에 '취한 상태'는 생리적, 심리적으로 과각성 상태와 비슷하다. 흥분제로 '취했을' 경우와 과각성 상태일 경우 모두 심장 박동이 빨라지고 감각이 예민해지며 힘이 세지고 뭐든지 할 수 있을 것 같다. 이런 느낌은 맞서 싸우거나 도망칠 때 꼭 필요한 에너지를 공급하지만 또한 흥분제가 왜 편집증과 공격성을 증가시키는지 그 이유도 설명해 준다. 트라우마로 고통받는 사람은 이런 과각성과 관련된 뇌 변화로 인해 마약 중독에 취약해지며, 이런 해리 반응은 헤로인보다는 오피오이드 계열에서 더 잘 발생한다.

트라우마가 뇌와 신체에 어떤 영향을 미치는지 확인되자 우리는 증상을 일부 다스리기 위한 약물 치료 방법을 찾기 시작했다. 조기에 발견된 아이들의 증상이 나중에 마약 중독이나 자해와 같은 문제로 발전하지 않게 막는 것이 목적이었다. 예를 들어 낼럭손이나 날트렉손 같은 오피오이드 차단제는 과민한 해리 상태를 둔화시킬 수 있고 클로니딘은 과각성을 줄여 줄 수 있다. 마마 P의 경우처럼 우리가 약물 치료를 시작하면 자기 아이를 '약에 중독'시키거나 사랑이나 애정은 전혀 주지 않고 약만 먹일까 봐 두려워하는 사람도 있지만, 사실 적절한 약물 치료는 올바른 방법으로 사용하기만 하면 상당히 도움이 될 수 있다.

날트렉손을 사용했던 초기 환자 중에는 열여섯 살짜리 소년 테드가 있다. 그도 앰버처럼 심리적 문제가 아닌 육체적 증상으로 우리에게 왔다. 아무런 사전 조짐 없이 학교에서나 심지어 그냥 길을 걷다가도 기절하곤 했던 것이다. 앰버의 경우처럼 각종 검사에서 어떤 심장 장애도 발견되지 않았고 간질이나 뇌 손상 같이 이런 증상을 야기할 수 있는 진단 가능한 어떤 신경학적 문제도 없었다. 의료진은 원인 파악을 포기한 채 테드의 증상이 의식 불명 상태를 유발하는 특이한 10대의 관심 끌기 방법 중 하나라고 진단했고, 다른 가능성이 모두 배제되자 결국 정신 의학에 도움을 청했다.

테드는 키가 크고 비쩍 마른 미소년이었지만 항상 우울해 보였고 자기 몸이 사라져 버리기를 바라는 사람처럼 자세가 구부정했으며 움직임에 자신감이 없었다. 하지만 비참함, 무기력증, 자살 충동, 사회적 불편감, 수면 장애를 비롯한 여러 전형적인 증상이 없어 우울증 진단에 맞지 않았다. 그의 문제는 단지 일주일에 두 번가량 갑작스럽게 기절해 버린다는 것이었다.

하지만 나는 그와 상담을 시작하자마자 다른 근본적인 문제를 발견했다.

"나는 가끔 로봇이 된 것 같아요."

그의 말이었다. 그럴 때면 자신의 삶에서 감정적 측면이 제거되고 마치 영화를 보거나 주위에서 일어나는 일을 전혀 깨닫지 못한 채 움직이는 것 같았고 분리감, 단절감, 무감각을 경험했다. 바로 전형적인 해리 증상이었다. 나는 이어진 상담을 통해 무엇 때문에 그의 뇌가 그를 세상으로부터 보호하려 하는지 알아냈다.

테드는 취학 전부터 끊임없이 가정 폭력을 목격해야 했다. 그의 양아버지는 틈만 나면 어머니를 두들겨 팼다. 그저 한두 번 철썩 때리거나 밀치는 정도가 아니라 거의 언제나 숨이 넘어갈 정도로 잔인하게 폭행했고 그때마다 어머니는 흉터와 멍투성이가 된 채 살려 달라고 빌곤 했다. 결국 병원으로 실려 간 적도 여러 번 있었다. 테드가 좀 더 자라 어머니를 때리지 못하게 막아서자 양아버지는 아내 대신 아들에게 분노를 폭발시켰다.

"엄마가 맞는 것을 지켜보느니 내가 맞는 게 나았어요."

테드의 말이다. 아들까지 폭행에 시달리자 어머니는 결국 어렵게 관계를 청산했지만 이미 오랜 시간이 흐른 후였다.

양아버지의 폭행에서 벗어났을 때 테드는 이미 열 살이었고 그동안 삶의 대부분을 매일같이 심각한 폭행이나 폭행 위협 속에서 벌벌 떨어야 했다. 그는 사회에서 내성적인 외톨이가 되었다. 그의 교사는 수업이나 주변의 일에 관심이 없고 멀리 떨어져 있는 것처럼 보였던 그를 몽상가라고 불렀다. 그래도 어느 정도는 정상적으로 수업에 참여해서 뛰어난 성적은 받지 못했지만 평균은 따라갈 수 있었다. 테드는 앰버보다 한 단계 더 나아가 너무 높지도, 낮지도 않은 성적을 받아 관심을 끌지 않고 주위 배경처럼 사라져 버리는 방법을 찾아냈던 모양이다. 좋은 성적은 긍정적인 관심을 끌지만 그에겐 모두 똑같았다. 어떤 관심이든 모두 견딜 수 없이 고통스러웠고 심지어 두렵게까지 느꼈다. 테드는 더 이상의 학대를 피하는 가장 좋은 방법은 아무것도 구분할 수 없는 회색의 바다 한가운데로 보이지 않게 사라지는 것이라 마음먹었던 것 같고 고등학교에 입학할 때까지는 별 문제 없이 해나갈 수 있었다. 그러다가 기절 현상이 시작되었다.

나는 기절 현상을 멈추기 위해 날트렉손을 처방해 보기로 했다. 앞에서 언급한 것처럼 극도의 트라우마 스트레스를 겪은 사람의 뇌는 앞으로 닥칠 스트레스 요인에 지나치게 예민해져서 즉시 신체 및 정신 기능을 멈추고 완벽한 스트레스 반응 기전을 작동시켜 스트레스 양을 줄여 나간다. 스트레스 반응 중 특히 심각하고 피할 수 없는 스트레스라고 생각되면 뇌는 오피오이드를 분비한다. 나는 날트렉손과 같은 장시간 작용하는 오피오이드 차단제로 예민해진 뇌에서 분비된 오피오이드가 영향을 주지 못하게 막아 기절 현상을 중단시키려 했다.

테드는 약물 사용에 동의했고 꾸준히 내원하며 치료를 받았다.

약을 복용하던 4주간 기절 현상은 더 이상 나타나지 않았다. 하지만 약이 해리를 도와주던 오피오이드 반응을 차단하자 테드는 새로운 경험이나 스트레스를 받으면 극도로 불안해졌다. 이것은 정신과 약은 물론 일반 약물에서도 흔히 부딪히는 문제다. 약은 특정 증상을 훌륭하게 없애 주지만 한 사람의 전부나 복잡한 문제 전체를 치료하는 것이 아니어서 흔히 새로운 다른 증상을 악화시킨다. 사실 부모나 교사가 날트렉손이 "아이의 상태를 더 악화시킨다."고 생각하는 경우가 많다. 그동안 지속적인 스트레스에 대해 '멍하게' 반응하던 아이들이 약을 먹은 후에는 과각성 증상을 보이곤 하기 때문이다. 이런

'싸우거나 도망가기' 반응에서는 아이들이 더 활동적, 반항적이며 공격적이기까지 하기 때문에 훨씬 더 어른을 괴롭히게 된다. 클로니딘을 주어 과각성을 줄여 보아도 그 효과가 그다지 오래 지속되지 못한다. 결국 궁극적으로는 아이가 다른 스트레스 대항 기술을 배워야만 한다. 결국 우리는 날트렉손이 큰 효과를 볼 수 있으나 대단히 조심해서 사용해야 한다고 결정했다.

테드에게는 간헐적인 기절보다 더 심각한 문제가 있었다. 바로 감정적, 신체적 문제 처리 능력을 현저하게 저해하는 해리 장애였다. 병원을 찾았던 기절 현상만 해결하는 것이 아니라 진정으로 그를 도우려면 스트레스에 대응하는 방법을 가르쳐 주어야 했다. 날트렉손의 도움으로 그의 뇌는 더 이상 작은 스트레스에 반응하여 자동적으로 전체 기능을 중단하지 않았지만, 이제 그의 정신은 일상생활의 스트레스를 어떻게 더 건전하고 편안하며 생산적인 방법으로 처리할지 배워야 했다.

앰버와 마찬가지로 테드의 경우도 문제를 일으켰던 과각성 스트레스 기전뿐 아니라 그를 해리 상태로 이끌었던 학대와 관련된 연상 작용까지 다루어야 했다. 테드는 남자와 접촉하거나 남성성이 과시되는 상황을 만났을 때 기절하는 경우가 가장 많았다. 극도로 남자다움을 과시하는 군인이었던 학대자를 연상시키는 단서였던 셈이다. 기절 현상은 청소년기 후반에 이전보다 훨씬 더 자주 성인 남자와 접촉하게 되면서 갑자기 시작되었고 현재는 남자 교사나 코치는 물론 어른스러워지기 시작하는 같은 반 친구와 있어도 정신을 잃었다. 소년일 때에는 이런 유발 요인을 피하며 지낼 수 있었지만 이제는 도처에 성인 남자가 우글거렸다.

그가 날트렉손을 끊는 순간 이 단서에 과잉 반응하여 해리 반응을 일으키는 것을 막으려면 안전한 상황에서 성인 남자와 대면시킬 필요가 있었다. 그래서 진료 시간이 시작될 무렵 상대적으로 짧은 시간에만 작용하는 오피오이드 차단제인 낼럭손을 준 다음 남성 관련 단서에 노출시켜서 더 이상 그런 단서에 큰 스트레스를 받지 않도록 유도하기로 했다. 진료 시간이 끝날 무렵에는 낼럭손의 효과가 거의 사라지기 때문에 그 후 단서에 노출되었을 때 극심한 공포를 경험하면 다시 해리 반응을 일으킬 수 있었다.

효과를 극대화하기 위해 나는 진료 시간 내내 평소보다 훨씬 더 진부하게 거들먹거리는 남자로 연기해야 했다. 내가 조금만 더 젊어지고 조금만 더 건강해졌다면 훨씬 더 쉽게 해낼 수 있었을 텐데! 나는 테드를 진료하는 날마다 셔츠를 바지 속에 쑤셔 넣어 남자다운 허리선을 강조하고 소매를 걷어 올려 울퉁불퉁한 팔뚝의 근육을 과시했다. 내 꼴이 참 바보 같아 보였지만 그래도 테드가 남자와 건전한 관계를 맺고 이런 단서에 익숙해지게 하려면 어쩔 수 없었다. 그러다가 테드가 학대와 관련된 느낌이나 기억을 되살리기 시작하면 나는 재빨리 그를 진정시키고 안전하다고 일깨웠다. 결국 시간이 지나자 그 자신이 스스로 신체 기능 정지 없이도 상황을 처리할 수 있게 되었다.

테드는 굉장히 총명했다. 내가 이런 치료의 근거를 설명해 주자 그는 곧 자신만의 방법을 찾아내 치료 과정을 더 확대시켰다. 학교 야구팀의 통계 기록원을 자원하여 안전하고 편안한 상태에서 젊은 남자에 둘러싸이는 상황을 만들어 냈고, 이전에 증상을 야기시켰던 연상을 대체할 새로운 연상 작용을 개발했다. 얼마 지나지 않아 그의 기절 현상은 완전히 사라졌다. 그 후로도 테드의 '배경 속으로 사라지려는' 시도는 계속되었지만 그래도 자신의 삶을 훨씬 더 온전히 받아들일 수 있게 되었다.

앰버의 이야기로 돌아가자. 그녀가 응급실에 처음 실려 온 이후 우리는 10개월간 매주 만났다. 그녀는 주기적인 기절 현상을 겪지 않았고 자신의 해리 증상을 어느 정도는 통제할 수 있었기 때문에 낼럭손이나 날트렉손은 처방하지 않았다. 나는 그녀와의 진료 시간이 기다려졌다. 앰버는 언제나 빛나는 총명함과 창의성, 유머 감각으로 자신의 이야기를 명료하게 풀어내서 자신의 경험을 잘 표현하지 못하는 다른 아이들에 대해 더 잘 이해할 수 있게 해주었다. 하지만 동시에 그녀의 내면은 너무나 약하고 지나치게 예민했으며 어둡고 지쳐 있었다. 앰버처럼 언제나 경계를 늦추지 않고 '보초를 서는' 것은 엄청난 에너지가 필요하며 모든 세상을 위협으로 인식하며 살다 보면 누구나 금방 지쳐서 기진맥진해진다. 그녀는 육체적 위협에만 공포를 느끼는 것이 아니었다. 다른 사람의 긍정적인 이야기를 중립적인 언급으로, 중립적인 관계를 부정적인 충돌로 왜곡시키곤 했고 부정적 단서는 어김없이 파멸적인 인신공격으로 확대 해석했다.

"그 사람들은 나를 미워해요."

항상 이런 식이었다. 그녀는 누구도 의도적으로 공격하지 않을 때에도 계속 누군가에게 모욕당한다고 생각했고 이 때문에 타인과 친해지기도 전에 싹을 잘라 버려 제대로 관계를 맺기 어려웠다. 나는 그녀가 명백하게 잘 이해할 수 있는 삶의 다른 면처럼 사람과의 상호 관계도 명확하게 파악하도록 돕는 데에 많은 시간을 할애했다. 이런 작업의 기본은 인지 치료였고 보통은 우울증에 효과적인 방법이다. 앰버가 겪은 성적 학대는 수많은 우울증 증세를 만들어 냈고 그중 하나가 자기혐오였다. 앰버 같은 아이들은 다른 사람들이 곧 자신이 무가치하고 '나쁘다'는 사실을 알아차릴 것이고 그렇기 때문에 자신은 다치거나 거부당해도 싸다고 생각하는 경우가 많다. 또한 자기혐오의 감정을 세상에 투영하여 거절의 신호에 대단히 예민해지고 과각성을 보인다.

그러므로 치유의 핵심은 그런 생각이 반드시 맞는 것은 아니며 세상이 그렇게 어둡지만은 않다는 사실을 인내심을 가지고 이해하는 것이다. 앰버의 경우 이것은 느리고 고통스러운 과정이었다. 나는 그녀에게 모든 사람이 그녀를 해치려 드는 게 아니라는 것을 이해시키고 싶었다. 그녀의 교사, 친구, 이웃 중에는 친절하게 기꺼이 도움을 주는 좋은 사람이 많았다. 하지만 앰버는 그때마다 과거 드웨인이 그녀에게 가했던 고통과 공포로부터 자신을 보호하기 위해 그랬던 것처럼 인간관계를 단절시키곤 했다.

하루는 앰버가 진료실로 들어오면서 물었다.

"선생님, 까마귀가 얼마나 똑똑한 새인 줄 아세요?"

그녀는 도전적인 태도로 내 눈을 똑바로 바라보더니 의자에 털썩 주저앉아 작은 커피 탁자에 발을 올려놓았다.

"아니, 몰랐는걸. 왜 그런 이야기를 하니?"

나는 진료실 문을 닫고 책상으로 가서 자리에 앉은 다음 의자를 그녀 쪽으로 돌렸다.

"코르부스 코락스 Corvus Corax."

까마귀의 라틴어 학명이었다.

"라틴어를 알아?"

"아뇨. 이게 까마귀의 공식 명칭이에요."

"까마귀를 정말 좋아하는구나."

"내가 까마귀인걸요."

"내 눈엔 여자애로 보이는데."

"웃기지 말아요. 선생님은 내 말이 무슨 뜻인지 아시잖아요."

"어느 정도는."

앰버가 입을 다물었다.

"동물에 대해 이야기하고 싶니? 그럼 오늘은 동물의 세계에 대해 이야기해 보자."

"좋아요."

"동물은 다른 동물에게 특정 방법으로 의사소통 신호를 보내는 경우가 많아. 그 상대는 자기 종족이 될 수도 있고 자기를 잡아먹는 포식자가 될 수도 있지."

내가 이야기를 할수록 앰버는 의자에 더 깊이 파묻혔고 말없이 조용해졌다. 해리를 일으켜 신체 기능을 닫아 버리는 것을 금방 알아볼 수 있었다.

"그중엔 '날 좀 가만 내버려 둬, 안 그러면 가만두지 않겠어.' 신호가 있어. 곰은 두 발로 일어서서 포효하고, 개는 이를 드러내며 으르렁거리고, 방울뱀은 방울 소리를 내지."

말을 멈추자 방 안 가득 침묵이 깔렸다. 나는 앰버에게 그녀가 얼마나 강력한 "날 좀 내버려 둬." 신호를 발산하는지 이해시키고 싶었다. 때때로 그녀는 "사람들은 날 좋아하지 않아."라는 자기 충족적 예언을 만들어 내곤 했다. 일부러 부정적 신호를 발산해서 부정적 응답을 끌어내는 방법이었다. 당연히 이런 반응은 다시 세상은 자기를 싫어하는 사람으로 가득하다는 그녀의 생각을 더 강화시켰다. 앰버가 눈을 깜빡이더니 나를 쳐다보았다. 아직 완전히 돌아오지는 않은 상태였다.

"지금 까마귀는 뭘 하고 있니?"

내가 물었다. 그녀는 희미하게 미소를 지었다.

"까마귀가 바로 그 신호를 보내고 있네요."

앰버는 몸을 일으켜 내 쪽으로 기울이더니 긴 셔츠 소매를 걷어 올렸다. 새로 생긴 상처들이 있겠지. 하지만 아니었다. 눈앞에 나타난 것은 검은 잉크만으로 그린 문신이었다. 날개를 활짝 편 까마귀였다. 그녀는 내가 자세히 볼 수 있도록 팔을 내밀었다.

"잉크 색이 멋지네. 누가 그린 거야?"

이제 그녀는 최소한 자신의 검은 옷과 귀고리들, 문신이 사람들에게 보내는 어떤 신호의 일종임을 이해했다.

"남부 촌뜨기였어요. 몬트로즈에서 온 사람이에요."

그녀는 셔츠 소매를 다시 내렸다.

"어쨌든 이젠 문신을 새겼어요. 이게 칼로 베는 것과 같은 효과를 줄까요?"

"아닐걸. 어쨌든 문신은 아프지 않으니까."

"선생님도 자기 살을 베나요?"

"아니. 난 여러 가지 진정법을 사용해. 어떤 때는 효과가 있거든."

나는 그녀에게 베고 싶어지는 상황에 써먹을 수 있는 자기 최면 방법을 하나 가르쳐 주었다. 최면은 사람들의 해리 반응을 통제할 수 있는 방법으로 접근하도록 돕는다. 앰버에게도 이런 강력한 적응 반응을 사용할 때, 또는 사용할 정도의 상황에 대해 더 건전한 통제력이 생기기를 바랐다.

가르쳐 준 방법은 호흡을 집중하는 도입법이었다. 우선 한두 번 자신의 호흡을 주의 깊게 관찰한 다음 한 번 깊고 통제된 심호흡을 한다. 그러고는 10부터 1까지 천천히 숫자를 거꾸로 센다. 상상 속에서

숨을 들이쉴 때마다 계단을 하나씩 내려가 계단 끝에 있는 문을 열면 아무도 그녀를 해치지 못하고 스스로 완벽하게 통제할 수 있는 자신의 '안전한' 장소로 들어가는 것이다. 일단 그녀가 기술을 성공적으로 습득하자 나는 그녀가 이후 스트레스를 받거나 당황했을 때마다 자기 팔을 베는 대신 이 기술을 써먹을 수 있도록 연습시켰다.

앰버는 조금씩 마음의 문을 열다가도 금세 다시 자기 껍질 안으로 숨어 버렸고 자신의 상처와 수치심에 대해 조금씩 터놓다가도 그것이 너무 고통스러워지면 곧장 달아났다. 나는 밀어붙이지 않았다. 그녀의 방어 기전에는 타당한 이유가 있었고 언제든 준비가 되면 더 많은 것을 이야기해 줄 것이라고 믿었다. 앰버는 계속 문신을 늘려 나갔다. 대부분 조그만 것이었고 검은색만 사용했다. 검은 장미, 검은 스코틀랜드식 매듭, 검은 까마귀도 있었다. 또한 여전히 온몸을 검은 옷으로 칭칭 감고 다녔다.

그 후 어느 상담에서 우리는 사람이 어떻게 다른 사람의 신호를 읽고 응답하도록 설계되었는지 더 자세히 이야기하고 우리가 보내는 신호에 대해 설명했다.

"사람의 뇌에는 다른 사람의 사회적 신호를 읽고 반응하도록 설계된 특별한 신경망이 있단다."

나는 이 내용을 읽었던 신경 과학 저널을 아이에게 내밀었다. 내 목적은 여전히 그녀가 자신이 다른 사람에게 보내는 부정적 신호와 그로 인해 다른 사람의 사회적 신호를 오해하게 된다는 사실을 인식시키는 것이었다.

"그러니까 내 사회적 신호 신경 세포가 엿 같다는 거예요?"

앰버는 즉시 내가 시도한 시점에서 과거로 뛰어 달아났다. 그녀의 반응 그 자체야말로 내가 그녀에게 이해시키려 애쓰는 문제를 가장 정확하게 보여 주고 있었다. 일단 약간 물러서야 했다.

"어이쿠. 그런 생각은 어디서 나왔니?"

"선생님이 바로 그렇게 생각하고 있잖아요. 난 다 알아요."

"그럼 네 힘이 더 강해져서 드디어 상대방의 마음까지 읽을 수 있게 된 거야? 모든 사람의 생각을 읽을 수 있는 거니, 내 생각만 읽을 수 있는 거니?"

앰버는 내 말 속에 들어 있는 농담을 이해하지 못했다. 그녀의 경우 좀 더 앞으로 나아가는 가장 안전한 방법은 감정이 아닌 인지적 부분에 호소하는 것이다.

"뇌의 이 특별한 뉴런이 활성화되면 당시 상호 작용 중인 사람의 뇌에 활성화 되어 있는 유사한 뉴런을 그대로 반영하지. 실제로도 이들을 거울 뉴런이라 불러. 이것이 우리의 뇌가 다른 사람과 관계를 맺고 상호 소통할 수 있게 해주는 신경망 부분이야. 정말 멋진 일이잖아?"

그녀는 말없이 듣기만 했다. 나는 그녀가 이런 내용을 조금이라도 더 알아들어서 그녀 자신에게 어떤 의미가 있는지 깊이 생각하기를 바랐다.

"엄마가 아기를 안고 웃어 주고 소리 내어 얼러 주면 엄마의 미소에서 오는 시각적 자극, 쭈쭈 소리에서 오는 청각적 자극, 엄마의 냄새에서 오는 후각적 신호, 체온에서 오는 촉각 정보와 엄마의 손길에서 느껴지는 압력 같은 주요 감각 신호 모두가 아기의 뇌에 올라가는 신경 활동 패턴으로 바뀌고, 실제로 엄마가 웃고 어르고 흔들 때 사용한 뇌 부분과 대응되는 아기의 뇌 부분을 자극하는 거야. 엄마와 상호 작용의 패턴화한, 반복적인 자극이 말 그대로 아기의 뇌를 만들어 내지!"

그녀는 이제 조용히 귀를 기울였고 완전히 몰입해서 고개를 끄덕이고 있었다.

"정말 대단한 일이지. 나는 이 멋진 뇌를 사랑해."

나는 저널을 다시 책상 위에 놓은 뒤 앰버의 대답을 기다렸다.

"선생님은 진짜 이상한 사람이에요."

앰버가 웃어넘겼다. 하지만 자신이 내 이야기를 잘못 해석했으며 내가 그녀의 뇌를 "엿 같다고" 말한 게 아니라는 것을 이해했음이 분명했다. 그녀는 이제 자신의 자각이 얼마나 현실과 동떨어져 있으며 다른 사람에 대한 자신의 반응이 얼마나 비뚤어진 시각으로 왜곡되어 있는지 깨닫기 시작했다.

시간이 지나면서 앰버는 점점 좋아졌다. 휴식기 심장 박동은 분당

60회 이상으로 올라가 더 이상 위험한 수준으로 저하되지 않았고 혼수상태에 빠지는 일도 없었다. 집이나 학교 모두 그녀가 잘 해나간다고 보고해 왔다. 진료실에서도 좀 더 활기찬 모습으로 바뀌었다. 이제 급우들에 대해서도 이야기하기 시작했다. 아직은 어느 정도 따돌림이 있었지만 전체적으로는 정상이었다.

어느 날 진료실에 들어온 앰버가 의자에 몸을 던지듯이 앉더니 말을 꺼냈다.

"우리 집 또 이사 가요."

그녀는 태연한 척하려 애썼다.

"그 사실은 언제 알았어?"

"어제요. 엄마가 오스틴에 더 좋은 일자리를 구했대요. 그래서 이사 갈 거예요."

허공을 응시하는 그녀의 눈에 눈물이 가득 차기 시작했다.

"언제 이사 가는지 아니?"

"몇 주 내로요. 다음 달 1일에 첫 출근한대요."

"그렇구나. 그럼 그것에 대해 좀 이야기해 보자."

"뭐하러요?"

"나는 이 일 때문에 네 기분이 아주 나쁠 거라 생각하거든."

"이런, 이젠 누가 내 마음을 읽는 거죠? 선생님 따위가 내 느낌을 어떻게 안다는 거예요?"

"음. 나는 그저 네 기분이 아주 나쁠 거라 생각한다고 말했을 텐데.

내 짐작이 틀렸니?"

앰버는 다리를 쭉 뻗더니 거기에 머리를 파묻어 눈물을 숨겼다. 검은 바지 위로 눈물이 끝없이 흘러내렸다. 내가 휴지를 내밀자 그녀는 손을 내밀어 받아들였다.

"이런 거 너무 싫어."

그녀가 조용히 말했다. 방에는 침묵이 가득 찼다. 나는 그녀 가까이로 의자를 끌어당겨 어깨에 손을 올려놓고 한참을 그대로 있었다. 우리는 그렇게 조용히 앉아 잠시 시간을 보냈다.

"제일 싫은 건 어떤 부분이야?"

"몽땅 다요. 새 학교, 새 아이들, 괴상한 도시. 이 모든 걸 새로 시작해야 한다는 게 싫어요."

"그건 정말 힘들겠다."

나는 섣불리 좋은 말을 늘어놓아 그녀의 감정을 무시하고 싶지는 않았다. 어차피 조용히 기다리면 언젠가 새 출발의 긍정적 측면에 대해 이야기하게 될 터였다. 그날은 그저 그녀가 쏟아내는 좌절감과 슬픔을 조용히 들어 주었다.

그다음 주 진료 시간에 그녀가 말했다.

"이 도시를 빨리 벗어나고 싶어요."

그녀는 이미 '알 게 뭐야?' 단계로 뛰어오른 상태였다. 두고 떠나는 것에 대해 '상관하지 않으면' 좀 더 쉽게 이사를 바라볼 수 있을 것이다.

"내 생각에는 지난주에 네가 그렇게 심하게 울었으니……."

앰버는 발끈하며 나를 쳐다보았다. 나는 그녀의 시선을 피하지 않고 앰버가 슬퍼하고 걱정하는 내 얼굴과 표정을 읽도록 해주었다. 그녀의 분노가 점차 사그라졌다. 우리는 무거운 마음이었지만 이사와 생활의 변화에 대해 상담을 시작했다.

마지막 몇 주간 앰버는 자신을 어떻게 새 학교에 적응시켜야 할지 생각하느라 악전고투했다. 그녀가 '새 출발'할 준비가 되었을까? 언제나 어둠 속에 가라앉아 화를 내고 있어야 할까? 새 학교에서도 검은 옷만 입어야 할까? 이제 그녀는 이 새로운 인간관계를 좀 더 부드럽게, 좀 더 개방적으로, 좀 더 매력적인 방법으로 시작할 수도 있음을 생각하기 시작했다. 동물계에 대한 이야기, 뇌의 작용에 대한 이야기들은 그녀가 자신을 좀 더 잘 이해하도록 도와주었다.

"어떻게 할지 아직 결정하지 못했어요. 다시 처음부터 나를 만들어야 할지, 나를 어떻게 보호해야 할지, 대체 어떻게 해야 할지 모르겠다니까요. 내가 어떻게 변할지 진짜 모르겠어요."

"새 생활이 시작되면 넌 분명 옳은 선택을 할 거야."

"무슨 뜻이에요?"

"네가 어떤 선택을 하면 그 선택은 분명 옳은 것일 거란 뜻이야. 다른 누군가가 너의 모습을 선택하게 하지 마라. 너의 어머니나 친구, 나……."

나는 잠시 말을 멈추고 그녀의 눈을 조용히 쳐다보았다.

"그리고 드웨인의 유령이 네가 어떤 사람이 될지 선택하게 놔두지 마."

"드웨인이 내게 대체 무슨 짓을 할 수 있다는 거예요?"

"나는 너의 검은색이 네가 선택한 게 아니라고 생각해. 드웨인이 널 학대하고 범하던 때엔 네가 세상을 투영하여 만들어 냈던 회피와 환상, 그 모든 어둠이 효과가 있었겠지."

"아니에요. 바로 내가 그 세계를 창조했다고요."

"기억해 보렴. 네가 처음 그 세계로 도망갔을 때 넌 아름답게 지저귀는 새를 원했었지? 파랑새나 울새 같은. 하지만 잘되지 않았지?"

"그랬죠."

"앰버, 네가 처음 선택했던 것은 아름답고 화려하게 지저귀는 새였어. 그때는 그런 걸로는 부족했겠지. 왜냐면 그런 새는 너무 약하고 힘이 없으니까. 너를 보호할 수 있는 좀 더 세고 음침하며 위협적인 것이 필요했을 거야."

"맞아요."

"하지만 앰버, 지금은 그런 게 필요 없을지도 몰라. 지금은 새들이 즐겁게 노래할 수 있을지도 몰라."

"난 아직 잘 모르겠어요."

"사실은 나도 잘 모른다. 하지만 그래도 될 때가 오면 넌 분명히 알 수 있을 거다. 그리고 그때가 오면 넌 틀림없이 올바른 선택을 할 거야."

이사 날이 다가오자 나는 그녀와 그녀의 어머니에게 오스틴에서 새 치료사를 찾으라고 간곡하게 권했고 질에게 정신과 의사 목록을 주면서 내가 멀리 헤어지게 되지만 언제라도 그 의사와 협력하여 돕겠다고 안심시켰다. 또한 언제라도 필요하면 내게 전화하거나 상담을 신청해서 앰버가 잘 해나가고 있는지 확인해도 된다고 강조했다. 하지만 무엇보다 오스틴에서 믿을 수 있는 치료사를 찾아 우리가 시작했던 상담을 계속해 나가기를 바란다고 말했다. 앰버는 고개를 저었다.

"이젠 정신과 의사 따위 필요 없어요. 난 미치지 않았다고요."

"내가 그동안 한 번이라도 너를 미친 사람으로 취급한 적 있었니?"

"그건 아니지만."

앰버가 말을 끊었다. 그녀도 자신의 말이 터무니없다는 것을 잘 알고 있었다.

"들어 봐, 모든 것은 너에게 달려 있어. 나는 네가 시간을 투자해서 좋은 사람을 찾아내면 도움이 될 거라고 생각해. 이 의사들을 만나 보면 누구와 이야기할 때 더 편안한지 알아낼 수 있을 거야."

"알았어요."

그녀의 대답은 의례적인 것이었고 아마 새 의사를 찾아가지는 않을 것이다. 우리는 둘 다 그것을 알고 있었다.

"그래. 네가 어떤 선택을 하든 그것은 전적으로 너의 것이라는 사실만 명심해라."

나는 작별을 고하는 악수를 청했다. 그녀는 내 손을 잡아 주었다.

"명심하죠, 박사님."

앰버의 어머니는 이사 간 뒤 약 반 년간 몇 번 소식을 전해왔다. 그녀는 내가 주었던 의사 목록에서 한 사람을 골라 아이를 데려갔지만 앰버가 싫어했고 다른 의사를 찾아가지는 않았다. 모든 일이 순조로울 때에는 어느 부모도 비싼 돈과 시간을 들여 가며 의사에게 다닐 필요를 느끼지 못한다. 앰버는 이제 "너무나 잘 해내고 있었기" 때문에 엄마는 싫다는 딸을 억지로 병원에 끌고 갈 생각이 없었다.

앰버가 오스틴으로 이사 간 지 1년쯤 지난 어느 날, 이메일에 로그인한 나는 BlueRaven232에게서 온 편지를 보았다. 처음에는 그저 그런 스팸 메일인 줄 알고 그냥 삭제할 뻔했다. 하지만 순간 제목이 내 눈을 끌었다. '새로운 문신.' 나는 편지를 클릭했다.

선생님께,

선생님에게 제일 먼저 알려드리고 싶었어요. 새로운 문신을 했거든요. 오렌지색, 빨간색, 보라색, 파란색의 화려한 꽃다발이에요. 진짜 여자애 같은 그런 거요. 검은색 잉크는 하나도 안 썼다니까요.

파란색 까마귀

나는 답장을 보냈다.

알려 줘서 고맙다. 훌륭한 선택인 것 같구나. 잘했다!
질문이 하나 있는데, 하늘색 까마귀니?
P 박사

그날 오후 다시 메일이 날아왔다.

아니에요, 진한 남색 까마귀예요.
이보세요 선생님, 이제 막 시작이라니까요. 안 그래요?

나는 미소를 짓고 다시 글을 썼다.

정말 멋진 시작이구나, 앰버.

요즘도 가끔 파란 까마귀에게서 메일을 받는다. 그녀는 이제 젊은 아가씨로 성장했다. 대학에 갔고 4년 후 졸업했다. 우리들 모두와 마찬가지로 좋을 때도 나쁠 때도 있지만 건강하고 생산적이며 배려심 강한 아가씨가 되었다고 단언할 수 있다. 그녀는 유아 교육과 관련된 직업을 구했고, 다시 학교로 돌아가 사회사업가나 공무원, 교사가 되고 싶어 하기도 한다. 그녀의 선택이 옳은지는 아직 잘 모르겠다. 어쨌든 그녀가 자신의 고통을 잘 극복하고 있고 트라우마가 아이들의 세계관에 어떤 영향을 주는지 잘 알기 때문에 아이들을 돌보는 그녀의 능력이 어떻든 간에 그녀를 만나는 아이들은 모두 세상 최고의 행운아다.

9장

엄마 이야기는 거짓말이에요
엄마가 날 아프게 해요
경찰을 불러 주세요

대리인에 의한 뮌하우젠증후군

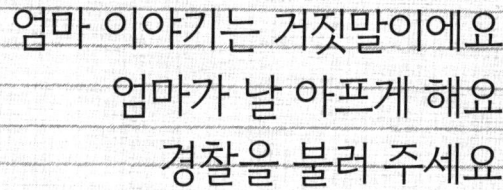

학대받고 트라우마를 겪는 아이들을 위한 클리닉을 운영하면서 내가 직면한 어려움 중 하나가 바로 성공이다. 치료에 성공하여 유명해지면 도움이 필요한 사람들이 감당할 수 없을 정도로 몰려든다. 하지만 직원과 진료 시간을 확장하다 보면 아이들에게 꼭 필요한 양질의 개별화된 시간 집약적 치료를 지속적으로 제공하기 힘들어진다. 결국 우리 연구 팀은 더 많은 아이들에게 최선의 도움을 제공하기 위해 직접 진료를 하기보다는 사례 연구와 예방 교육에 우리의 역량을 집중했다. 우리의 교육은 학대받은 아이를 치료하는 정신과 의사에서 정책 입안자, 정책 담당관, 부모에 이르는 모든 성인을 대상으로 한다. 오늘날 연구 팀은 전국의 여러 협력 업체와 함께 클리닉 업무를 계속하고 있지만, 1998년 당시 연구의 대부분은 휴스턴의 큼지막한 우리 클리닉에서 이루어졌다. 하루는 여섯 살 난 소년 제임스가 클리닉에 들어왔다. 제임스는 정신과 치료를 받으러 온 것이 아니었다. 나는 아이의 복잡한 상황에 대한 전문가적 의견을 요청받았다. 이후 제임스는 내게 용기와 결단력의 중요성을 가르쳤고, 진료 시 아이 본인의 말을 직접 듣고 관심을 가져야 한다는 사실을 일깨워 주었다.

소년의 상황에 대해 혼란스러워진 판사는 아이를 우리에게 보내 일이 정확하게 어떻게 된 것인지 확인해 달라고 요청했다. 법적 후원 단체는 양부모의 학대를 의심했지만 여러 정신과 의사와 CPS에서는 제임스가 너무 말썽꾸러기여서 양부모를 쉽게 할 필요가 있다고 주장했다. 학교 교사들은 설명되지 않는 타박상과 상처를 보고했다. 소년은 첫돌이 되기 전에 입양되었고 당시 양부모는 다른 입양아 셋과 친자녀 한 명을 키우고 있었다. 우리가 처음 만났을 때 제임스는 둘째였고 첫째 누나도 여덟 살 난 어린 꼬마였다.

양어머니 메를은 제임스가 도저히 참을 수 없는 통제 불능 아이라고 하소연했다. 툭하면 집에서 도망쳤고 움직이는 차에서 뛰어내리려 했으며 자살을 시도하고 침대에 오줌을 쌌다. 그 결과 지금까지 수없이 병원 신세를 져야 했고 2층 발코니에서 뛰어 내린 적도 있었다. 아이는 상습적으로 거짓말을 했고 특히 부모에게 더 심했으며 그런 상황을 즐기는 것 같았다. 충동성과 주의력 장애로 인해 항우울제를 비롯한 여러 약물을 처방받았고 수없이 많은 심리 치료사와 정신과 의사, 상담사를 찾아다녔다. 엄마는 아이가 너무 통제 불능이라 아이 자신과 형제의 안전을 위해 이웃으로 가장하여 직접 아동 보호 서비스에 신고했으나 아이는 집중 치료실에서 받은 약을 한꺼번에 털어 넣었고, 마침내 인내심이 바닥났다. 당시 아이는 워낙 상태가 위급해서 헬리콥터로 병원에 후송되었다. 현재는 엄마가 한숨 돌릴 수 있도록 하기 위해 거주 치료 센터에서 보호 중이었다. 판사는 우리에게 이 아이를 어찌 해야 할지 판단해 달라고 요청했다.

CPS 보호 관찰원을 비롯한 심리 치료사 몇 명은 심각한 유아 방임이나 트라우마를 겪는 아이들에게 자주 나타나는 반응성애착장애 RAD, Reactive Attachment Disorder라고 의심했다. 두 소녀를 살해했던 레온의 문제가 바로 이 장애였을 수 있다. 환자는 감정 이입이나 타인과의 인간관계를 맺지 못하고 사람을 조종하거나 반사회적 행동을 일삼는다. 반응성애착장애는 유아 시절 안아 주거나 어르는 등의 육체적, 감정적 관심을 충분히 받지 못한 경우 나타날 수 있다. 관계를 맺고 사회적 신호를 해석하는 뇌 영역이 적절히 발달하지 못하면 건전한 인간관계를 통해 즐거움을 얻지 못하며 신경 생물학적 관계 인식에 장애가 발생한다.

반응성애착장애는 성장부전 증상을 동반하여 로라의 사례처럼 제대로 자라지 못하기도 한다. 이 장애는 6개월마다 새로운 위탁 가정으로 옮겨져 보호자와 지속적 애착 관계를 발달시키지 못했던 로라의 엄마 버지니아 같은 사람에게서도 자주 관찰된다. 고아원 같은 시설에서 자란 아이들도 위험하다. 저스틴과 코너의 경우가 이에 해당한다. 반응성애착장애를 가진 아이는 아는 사람에게는 냉담하면서도 낯선 사람에게는 어울리지 않는 애정을 표현하기도 한다. 이들은 태어나면서부터 부모나 보호자와 지속적인 관계를 유지하지 못했기 때문에 부모를 대체 가능한 개체로 인식하는 것 같다. 그러나 이런 무차별적인 애정 공세는 진실한 관계를 원하는 것이 아니라 자신이 꼼짝 못하고 순종할 정도로 지배적인 권력자에 대한 '복종'의 표현이다. 반응성애착장애 아이는 위협을 가하는 성인을 애정 표현으로 누그러뜨리려 하지만 상대방과 지속적인 감정적 연결 고리를 형성하지는 않는다.

반응성애착장애가 흔치 않은 것은 다행이지만 이 때문에 지금도 이 장애를 그저 버릇이 없는 것으로 치부하는 부모나 정신 건강 의료인이 많다. 이런 오해는 입양이나 위탁아의 경우 더 잦다. 또한 텍사스 길머의 아이들을 해쳤던 '붙들기 요법'처럼 감정적 공격과 가혹한 처벌을 동반하여 학대와 유사한 치료법이 반응성애착장애의 '특효 처방'으로 잘못 알려져 있다. 제임스를 담당했던 한 심리 치료사는 아이의 행동이 거칠어지면 벽장에 가두라는 조언까지 했다.

제임스의 행동에 대한 심리 치료사와 엄마의 설명은 진단과 잘 맞아 보였다. 그러나 제임스의 기록에는 결정적으로 이상한 부분이 있었다. 병원이나 거주 치료 센터에서는 아이가 아주 차분했고 도망치거나 자살하겠다고 위협하지도 않았다. 학교에서의 행동도 친구에 대한 사소한 폭력 정도여서 통제 불능의 악마 같다는 엄마의 토로와 어울리지 않았다. 또한 부모의 행동이 이상했다. 아이가 치료 센터에 머무를 때 금지된 일임을 충분히 인지하고도 아이의 진료 예약 시간에 병원으로 찾아왔다. 아이의 아빠는 선물을 들고 한 시간 가까이 기다린 적도 있었다. 엄마는 직원과의 상담에서 아이와 떨어져 고통스럽다고 끊임없이 호소했으나, 정작 아이의 현 상황보다는 오로지 자신과 자신의 문제에만 집중하는 것처럼 보였다.

제임스는 참으로 호감 가는 아이였다. 금발의 곱슬머리에 또래보다 약간 작은 아이였는데 상냥하고 예의 바르게 행동했고 눈을 바라보며 미소를 지었으며 크게 웃거나 농담을 던지곤 해서 꼭 오랜 친구 같았다. 우리 클리닉의 다각적 전문 진료 팀에서 주 임상의였던 스테파니도 같은 느낌을 받았다. 네 번을 만난 후 판단에 필요한 정보가 다 수집되었다고 판단하고 상담을 종료하기로 했다.

우리 클리닉에서는 특정 아이를 치료하는 관련자 전원이 직원 회의를 열어서 진료 계획을 검토하고 의견을 조율하며 각자가 경험한 환자의 반응과 인상을 철저히 토론한다. 그런데 제임스에 대한 회의에서 임상의였던 스테파니는 감정적인 반응을 보였다. 소년을 정말 좋아했던 그녀는 더 이상 함께 하지 못하는 게 슬프다며 울먹였다. 이것을 본 나는 순간 뭔가 잘못되었음을 직감했다.

반응성애착장애를 가진 아이는 상호간 애착 관계가 결여된다. 문제는 인간관계 형성에 관여하는 거울 뉴런에서 발생한다. 이들은 타인에 대한 흥미가 없고 감정 이입 능력이 부족하기 때문에 의사도 이들을 좋아하기 힘들어서 진료 과정이 어려워진다. 이런 아이와의 상호 작용은 공허하고 매력이 없기 마련이다. 그러므로 아이가 반응성 애착장애를 가졌다면 스테파니가 헤어지면서 이런 반응을 보이지 말았어야 했다. 심리 치료사 역시 같은 인간이다. 반응성애착장애 아이와의 무미건조한 관계로 인해 치료 과정은 힘들고 부담스러워진다. 아이의 냉담함과 불쾌한 행동에 분노하고 절망한 부모는 가혹하고 징벌적인 심리 치료에 이끌린다. 이것이 많은 치료사가 이런 해로운 방식에 집착하는 이유이기도 하다. 상황이 이렇기 때문에 대부분의 치료사가 진료가 끝나면 안도감을 느끼기 마련이다. 그런데 제임스는 스테파니와 나에게 진정으로 사랑받았다! 토의가 진행되면서 나는 제임스가 반응성애착장애아가 아님을 깨달았다.

 우리는 아이의 기록을 다시 열어 일련의 사건을 다른 시각으로 더 면밀하게 재조사하기 시작했다. 약물 과용의 경우 약간의 추가 조사를 통해 그날 보안관보가 오전에 가출했던 제임스를 붙잡아 집으로 돌려보냈음이 드러났다. 메를의 주장에 의하면 돌아온 지 한 시간도 안 되어 항우울제를 '과다 복용'한 것이다. 당시 독극물 통제 핫라인 상담원이 전화한 메를에게 아이를 즉시 병원에 데려가라고 말했는데 놀랍게도 아이 엄마는 병원이 아닌 10분 거리의 인근 슈퍼마켓으로 30분이나 차를 몰았다. 차를 주차하고 가게 안에 들어간 메를은 아이가 인사불성이라며 이성을 잃은 것처럼 비명을 질러 댔다. 전화를 받은 응급 의료 센터에서 응급 상황임을 간파한 요원이 생명 구조 헬리콥터를 긴급 호출해서 아이를 병원으로 후송했다.

그녀와 접촉한 의료진이 대부분 메를을 의심했다는 사실도 뒤늦게 밝혀졌다. 응급 구조 요원이 슈퍼마켓에서 사경을 헤매는 아이 상태를 안정시키려 사투를 벌이는 동안 그녀는 걱정하며 흥분하던 모습과 완전 딴판으로 조용히 앉아 소다수를 홀짝거렸다. 병원에서 어려운 고비를 넘겼다는 기쁜 소식을 들었을 때에도 메를은 아이에게서 생명 유지 장치를 떼어내도 되냐고 물어서 의사를 놀라게 했다. 한 응급실 간호사는 그녀가 의료 장비에 손대는 것 같다고 언급했다. 또한 의식을 회복한 제임스는 엄마가 없음을 확인하자마자 병원 직원에게 말했다.

"엄마 이야기는 거짓말이에요. 엄마가 날 아프게 해요. 경찰을 불러 주세요."[1]

갑자기 제임스의 행동이 이해되기 시작했다. 그동안 제임스의 사연은 일반적인 어린이의 행동 양식에 비추어 볼 때 말도 안 되게 미심쩍은 부분이 많았다. 이 분야에서 오래 일하면 특정 부류의 아이가 특정 상황에서 어떻게 행동할지 거의 직관적으로 알 수 있다. 무언가 '이상하면' 더 면밀하게 주의를 기울여야 한다. 일례로 스테파니와 나는 제임스에게 반응성애착장애 아동을 대할 때와 전혀 다르게 반응했다. '훈련된 직감'이 초보자와 전문가를 구분 짓는 경우가 많다. 전문가도 상황이 타당하지 않을 때 그것을 항상 의식적으로 알아차리는 건 아니지만 뇌 어딘가에서 퍼즐 조각이 빈 것을 인지하고 수상하다는 신호를 보낸다. (사실 '육감'이란 스트레스 반응 체계가 잘못된 문맥이나 이야기의 여러 신호를 예리하게 조합하는 낮은 수준의 활동이다.)

제임스는 분명 품행이 나쁘고 반항적이어서 가출하는 게 아니라 엄마의 폭력을 피해 도망치는 것이었다. 제임스 또래의 아이들은 학대를 당해도 가출하는 경우가 거의 없다. 잔인하게 맞고 방임된 초등학생 아이도 부모를 잃어버리는 공포보다 변화와 낯선 경험을 더 두려워하는 경향이 있다. 불확실한 비참함보다 비참한 확실성을 선택하는 셈이다. 연령대가 낮아질수록 익숙한 사람과 상황이 더 중요해지고 많은 아이들이 대부분 폭력을 휘두르는 위험한 부모에게 돌려 보내 달라고 애걸하곤 한다. 그러나 제임스는 달랐다. 아이의 행동은 애착과 관계 형성에 어려움을 겪는 사람이 아닌 도움을 청하는 사람의 행동이었다.

새로운 관점에서 보면 소년이 2층 발코니에서 뛰어내리거나 달리는 차에 달려들지 않았다는 것도 명백했다. 누군가 아이를 밀어 버린 것이다. 당연히 약도 자기가 집어먹은 것이 아니었다. 누군가 고의로 아이에게 과용시킨 것이다. 아이가 남을 조종하거나 속였던 것도 아니었다. 자신과 형제들을 구하기 위해 알고 있는 유일한 방법으로 도움을 청했을 뿐이었다. 더구나 제임스는 무시당하고 아무도 믿어 주지 않는 데다가 거짓말한다며 끊임없이 벌을 받는 상황에서도 결코 포기하지 않았다.

메를은 이미 최소한 두 번이나 성공적으로 제임스를 죽일 뻔했다. 약물 과다 복용 때는 물론 2층 발코니에서 떨어졌을 때에도 생명 구조 헬리콥터가 출동해야 했다. '위탁 간호'가 끝나면 제임스를 집으로 돌려보낼 계획이었던 데다 사안을 토의하는 그 순간에도 다른 형제들은 여전히 목숨을 위협하는 위험한 집 안에 있었다. 평소 상당히 신중한 편이었던 나도 상황이 파악되면서 아이들에게 닥친 위험을 깨닫자 한시도 지체할 수 없었다. 즉시 서둘러 당국에 신고하고 판사에게 당장 아동 보호 서비스를 통해 아이들을 구출하고 부모의 권리를 영구히 박탈할 것을 요청했다.

제임스의 사례는 아동 정신 의학의 핵심 쟁점 하나를 극명하게 보여 준다. 정작 환자였던 아이는 자신의 복지와 치료 결정에 거의 참여할 수 없었고 자신의 치료에 필요한 기본 정보를 직접 제공하지도 못했다. 우리는 메를을 통해 제임스에게 문제가 있다고 들었지만 사실 메를이 그렇게 만들었기 때문에 아팠을 뿐이었다. 제임스에 대한 시각은 언제나 '행동장애'를 가진 '까다로운 아이'라는 틀에 갇혀 벗어나지 못했다. 그는 감히 상상하기조차 힘든 끔찍한 상황에서도 정의를 위해 불굴의 노력으로 용감하게 싸웠지만 자신과 형제들을 구하기 위한 필사의 몸부림은 그저 '나쁜 짓'으로 비쳤을 뿐이다.

문제아를 진료하는 사람은 상황에 대한 일반적인 선입견과 끊임없이 싸워야 한다. 비행 청소년인 줄 알았던 아이가 사실은 성적 학대 피해자일 수 있으며, 선입견으로 아이에게 붙인 딱지만으로 치료 방법이 결정되는 경우도 많다. '나쁜' 아이인지 '미친' 아이인지에 따라 치료 방법이 달라지고, 두 경우 모두 임상의가 '가해자'로 보는지 '피해자'로 보는지에 따라 같은 행동이라도 해석이 크게 바뀐다. 즉 같은 행동도 보는 관점에 따라 '가출'로도 '도움 요청'으로도 보일 수 있으며 그로 인해 아이의 치료 결정에 큰 영향을 미칠 수 있다.

대부분의 부모는 아이의 이익을 최우선으로 생각하지만 분명 문제 부모가 문제아의 직접적 원인 제공자인 경우도 존재한다. 때문에 아이의 치료에 부모가 적극 나서도록 노력해야 하지만 아이를 해치는 부모를 돕는 꼴이 되어서는 안 된다. 많은 아이들이 해로운 습관을 고치지 않거나 고칠 수 없는 부모 때문에 치료 시기를 놓치며 이런 부모는 치료가 시작된 후에도 금방 의사를 의심하고 아이를 위해 어떤 것도 책임지려 하지 않는다.

제임스의 경우, 메를은 의도적으로 아이를 반응성애착장애로 진단하는 전문가를 찾아가고 그녀의 행동이나 체벌을 의심하는 사람은 피했다. 이런 방법으로 몇몇 치료사와 아동 복지 기관의 사회 복지사에게서 원하는 의견을 얻어 내 진단에 동의하지 않고 학대나 다른 가능성을 의심하는 시선에서 벗어날 수 있었다.

그러나 많은 부모가 자녀의 정신 질환은 부모의 책임이라는 시선에서 벗어나기 위해 몸부림치는 것도 사실이다. 상당히 최근까지도 정신분열증이 엄마의 정신분열증 때문에 발병하고 자폐증의 원인이 '냉정한 엄마'라는 믿음이 존재했다. 오늘날에는 이런 증상에 유전과 생물학적 영향이 가장 큰 부분을 차지한다는 것이 정설이다. 하지만 학대와 트라우마 역시 비슷한 증상을 야기할 수 있다. 코너와 저스틴의 사례에서처럼 학대와 방치로 인한 문제가 자폐증, 정신분열증, 또는 뇌 손상으로 오인되곤 한다. 하지만 이들의 문제는 파괴된 환경이 원인이었다. 정신분열증, 자폐증 같은 질병과 유아 학대와 방치에 의한 장애의 구분은 오늘날에도 아동 정신 의학의 중요한 쟁점이며, 영아기의 트라우마가 기존의 유전적 취약성을 드러낸다는 사실은 더욱 이해하기 어렵다. 일례로 정신분열증이 있는 사람은 일반인보다 아동 학대나 트라우마를 경험했을 가능성이 훨씬 더 높다. 모든 인간은 아무리 유전적 요소가 강력해도 환경의 영향을 무시할 수 없다. 부모가 계획적으로 위증하는 제임스의 사례에서는 아이의 치료와 부모를 다루는 문제가 생각보다 훨씬 더 복잡해질 수 있다.

결국 메릴은 대리인에 의한 뮌하우젠증후군MBPS, Munchausen's by proxy syndrome을 가진 것으로 밝혀졌다. 뮌하우젠증후군은 터무니없는 허풍쟁이였던 18세기 독일 남작 칼 프리드리히 폰 뮌하우젠의 이름을 딴 증상이다. 뮌하우젠 증후군 환자는 대개 남성*이고 의학적 관심과 동정을 얻기 위해 스스로를 고의적으로 아프게 한다. 이들은 의사를 찾아다니면서 불필요하고 고통스러우며 건강을 해치는 검사와 조치를 반복하고 그럴듯한 증상을 만들기 위해 정맥 주사관에 배설물을 주입해서 감염을 일으키는 등의 극단적인 행동도 서슴지 않는다. 반면 대리인에 의한 뮌하우젠증후군은 다른 사람, 대개 자신의 아이를 아프게 만들어 관심과 지원을 받으려 한다. 원인은 밝혀지지 않았으나 의존성과 관련된 문제임은 분명하다. 메를 같은 사람은 병리학적 도움이 필요하며 이들의 인적 사항을 보육자나 조력자에게 공개해야 한다. 또한 아프거나 다친 아이에게 직접 자기 의견을 표할 기회를 주어야 한다. 이 증세를 가진 사람은 아이를 병원에 입원시킬 때 받는 관심의 눈길과 지원, 의학적 관심에 극도로 집착한다. 때로는 극도로 수동적인 사람을 사귀어 타인을 통제하고 이용해 먹으려는 자신의 욕구를 보호와 지시를 필요로 하는 배우자에게서 충족한다. 메를의 남편은 이 묘사에 정확하게 맞는 인물이었다.

대리인에 의한 뮌하우젠증후군이 있는 사람은 아이들이 성숙하여 의존성이 줄어들고 독립하는 것을 참지 못하며 아이를 더 낳거나 병약한 아기를 입양하여 이 문제를 해결하는 경우도 많다. 하지만 메를의 경우에는 어떤 이유에선지 제임스가 이미 나이가 들었음에도 계속 아프게 했고, 아이의 끈질긴 저항과 탈출로 인해 원하는 전문가

---

* 원문에는 여성으로 되어 있으나(Patients with Munchausen's syndrome, usually women, deliberately make themselves ill in order to get medical attention and sympathy from others.) 뮌하우젠 증후군은 남성에게 흔히 나타나는 질병이므로 남성으로 번역하였다.
뮌하우젠 증후군은 드문 질환으로 보통 복통, 기절, 열감과 같은 증상으로 계속 여러 병원을 찾아다니면서 치료를 받는 질환이다. 이렇게 환자 노릇을 하려는 욕구는 일상생활에서 벗어나 보호받고 도움을 받으려는 의도로 보인다. 이 질환은 성인기 초기에 생기고 남자에게서 더 흔하다. 환자들은 증상이나 병원 검사 등에 대해서 잘 알고 있고 이런 지식은 의료 계통에서 일하면서 얻기도 한다. 이런 이유로 검사가 정상으로 나오거나 시험적 개복술이 시행되고 나서야 환자의 주장이 허위임을 알게 된다. 이런 환자들은 과거력을 숨기고 자신의 상황을 과장하기도 한다. 뮌하우젠 증후군의 한 형태인 인위성장애는 환자가 증상을 과장하고 자해를 하기도 한다. 이 질환은 의료인들에게서 가장 흔하다. 다른 형태로는 대리인이나 부모에 의한 뮌하우젠 증후군이 있는데 흔히 아이 엄마가 아이가 아파서 치료가 필요하다고 계속 주장한다. — 옮긴이

의 관심이나 지원을 받지 못하고 발각될 위험도 증가했다. 아이를 잃은 엄마는 궁극적인 동정의 대상인데다 아이의 행동으로 인해 자기의 악행이 발각되어 다른 아이들의 양육권을 잃을 위험이 있었기 때문에 메를은 점점 더 집요하게 제임스의 목숨을 노렸다. 대리인에 의한 뮌하우젠증후군을 가진 엄마는 극도로 위험하다. 엄마가 아이를 죽인다는 발상이 너무나 터무니없기 때문에 대개 여러 아이들이 목숨을 잃은 후에야 겨우 진상이 밝혀지곤 한다. 아이를 잃은 부모에 대한 동정심은 무척 자연스럽고 무의식적인 것이어서 죽음의 원인을 철저히 조사하지 않는 경우가 많고 대부분 유아기에 살해되는 탓에 영아돌연사증후군으로 치부되곤 한다. 한 연구에서는 아이 다섯을 연달아 영아돌연사증후군으로 잃은 엄마를 예로 들면서 영아돌연사증후군이 유전된다고 주장하기까지 했다. 하지만 예시되었던 엄마는 사실 대리인에 의한 뮌하우젠증후군이 있었고 아이들을 질식시켜 죽인 것으로 드러나 결국 살인죄로 유죄 판결을 받았다.[3]

　대리인에 의한 뮌하우젠증후군의 초기 연구에서 의심스러운 엄마의 행동을 몰래카메라로 촬영한 자료가 있다. 대리인에 의한 뮌하우젠증후군을 가진 서른아홉 명의 엄마가 테이프에 찍혔다. 어떤 엄마는 생명 유지 장치에 손을 댔고 베개로 아기를 질식시키거나 아기의 목구멍에 손가락을 집어넣은 엄마도 있었다. 대상 아이들의 형제 중 열두 명이 돌연사했고 비디오테이프 증거를 들이대자 엄마들 중 네 명이 여덟 명의 아기를 살해했다[4]고 실토했다.

불행히도 이 장애에 대한 관심이 증가하면서 정말로 영아돌연사증후군으로 아이를 잃은 엄마들이 기소되는 경우가 늘고 있다. 그나마 다행스러운 것은 한 가족 내에서 영아돌연사증후군으로 인한 죽음과 대리인에 의한 뮌하우젠증후군이 함께 일어날 가능성은 매우 희박하기 때문에 제한된 데이터로도 죽음의 원인을 구분할 수 있다는 점이다. 이 증후군의 이름을 붙인 영국 소아과 의사 로이 메도우Roy Meadow는 메도우의 법칙으로 알려진 유아 사망 원인 판단 기준을 고안했다. "유아 한 명의 갑작스러운 사망은 비극이지만 두 명은 의심스럽고 세 명은 다른 결론이 나기 전까지는 살인이 분명하다."[5] 그러나 최근 자신의 '법칙'에 근거한 전문가 진술이 의학적 자료에 근거하지 않았음이 드러나 의사 면허를 잃었다. 메도우는 이후 면허를 돌려받았지만 이 '법칙'에 의해 유죄 판결을 받은 수많은 여자들이 재심을 청구했고 이미 최소한 세 건의 유죄 판결이 번복되었다.[6]

메도우 사태로 인해 일부는 아동 학대의 특수한 유형인 뮌하우젠증후군의 존재조차 의심한다. 그러나 지원과 의학적 관심을 얻으려던 메를이나 고의로 아이들에게 해를 입히는 모습이 비디오테이프에 찍힌 부모와 같은 명백한 증거도 존재한다. 이런 장애를 가진 여자의 아이 중 9퍼센트가량이 엄마의 손에 목숨을 잃고 훨씬 더 많은 수가 심각한 부상을 당하며 불필요하고 고통스러운 치료[7]를 끝없이 받는다. 불행히도 원인이 무엇인지 거의 알지 못하기 때문에 진단을 위한 단서도 매우 적다. 대리인에 의한 뮌하우젠증후군은 남성에게는 거의 없으나 보건 의료 분야에서 일하는 여성에게 많으며, 많은 경우 그 자신도 유년기 트라우마로 고통받거나 학대 또는 심각한 방치의 희생자다. 그러나 대부분의 여성 보건 의료 종사자나 유년기 트라우마 희생자는 이런 증세를 보이지 않는다. 대리인에 의한 뮌하우젠증후군은 다른 사람을 돌보고 그 행위를 인정받으려는 행동이 악화되어 나타나는 병리학적 결과로 생각된다. 요컨대 선행이 너무 과도해지는 현상인 셈이다. 같은 의존성이라도 어떤 사람에게서는 극단적인 배려와 이타적 모습으로 발현될 수도 있다. 얼마나 남을 돕고 싶으면 상대를 일부러 다치게 하여 항상 도움이 필요하게 만드는지 나는 정말 모르겠다.

고맙게도 판사는 우리의 충고를 받아들였고 즉시 메를과 남편에게서 제임스와 형제들의 양육권을 빼앗았다. 후에 배심원단은 제임스가 양모에게 학대당했고 양부는 이를 방관했음을 인정했다. 엄마가 어떤 식으로 제임스의 말을 왜곡하여 문제아로 만들고 자신의 사악함을 감추었는지 증명하는 증거들이 제출되었고 친자 한 명을 포함한 다섯 아이들에 대한 부부의 친권을 박탈함과 동시에 아동 학대죄로 고발했다.

나는 지금도 당시 검사로부터 가끔 제임스와 새 양부모 소식을 듣는다. 마지막에 들은 바로는 아이는 새 이름으로 새 인생을 얻어 무럭무럭 잘 자라고 있다. 그의 문제 행동과 가출은 전적으로 도움을 얻기 위한 시도였고 나는 그가 자신은 물론 형제들의 목숨도 구했다고 믿는다. 그의 사례는 내게 다른 치료사나 공식 보고서, 하다못해 부모가 뭐라고 하든 항상 내 직감을 믿고 아이의 말에 귀를 기울여야 한다는 사실을 일깨워 준다.

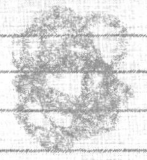

| 10장 |
모두가 나의 치료사예요

또래 집단에 의한 트라우마 치료

대기실로 들어가던 나는 잠시 걸음을 멈추었다. 소년의 행동은 티 없이 맑았다. 깔깔 웃으며 엄마의 무릎으로 기어 올라가서는 엄마의 얼굴에 자기 얼굴을 들이대고 부드럽게 손을 내밀어 엄마의 입을 장난처럼 더듬어 만졌다. 둘 사이 무언의 상호 작용은 엄마와 영유아 사이의 전형적인 유대 행위였다. 하지만 피터는 일곱 살이었다. 엄마와 아이는 이 부드럽고 편안한 놀이에 익숙해 보였다. 내가 나타나자 엄마인 에이미(가명)는 살짝 당황한 정도였지만 그녀의 남편이자 피터의 아빠인 제이슨(가명)은 부끄러운 장면을 들킨 것처럼 화들짝 놀랐다.

"피터, 똑바로 앉아."

제이슨은 일어서서 악수를 나누며 말했다.

나는 소년에게 걸어가 앞에 서서 웃으며 인사했다.

"안녕, 피터."

그리고 손을 내밀었다. 피터는 손을 내밀어 살짝 내 손을 건드렸다.

"피터, 일어나서 박사님과 제대로 악수해야지."

제이슨이 말했다. 에이미가 피터를 무릎에서 내려 똑바로 세우려 했지만 아이는 다리에 힘을 빼고 흐느적거리며 웃음을 터뜨렸다. 여전히 놀이 중인 것 같았다.

"피터, 일어나."

제이슨이 다시 말했다. 참을성 있는 목소리였으나 경직되어 절망과 피로감이 배어 나왔다. 부부는 많이 지쳐 보였다.

"괜찮아요. 편히 계세요. 오늘은 그저 그간의 상황과 부모님 생각을 듣는 시간이니까요."

나는 가족의 맞은편에 앉았다.

"오늘 상담은 피터가 우리와 만나 인사하고 서로 친해지는 게 목표랍니다. 좋은 시간이 되기를 바랍니다."

피터가 머리를 끄덕이자 에이미가 말했다.

"말로 해야지, 아가."

결국 피터가 자세를 바로 하며 말했다.

"네."

피터의 가족은 세 시간이나 걸려 클리닉을 찾아왔다. 피터는 오랫동안 주의력 결핍과 충동 제어에 어려움을 겪었고 말하기와 같은 언어 문제가 있었으며 당연히 학교에서의 사회성과 학습 문제도 동반되었다. 또한 때때로 완전히 이성을 잃고 이상하고 격렬하게 폭발하거나 몇 시간이고 계속해서 짜증 내며 울부짖어 보호자를 궁지에 몰아넣었다.

피터는 세 살 때 러시아 고아원에서 입양해 온 아이였다. 부부는 금발에 파란 눈, 발그레한 뺨을 한 천사 같은 이 작은 아이에게 금세 마음을 빼앗겨 버렸다. 고아원 관계자는 아이를 얼마나 잘 먹이고 시설이 얼마나 깨끗한지 자랑스럽게 보여 줬지만 사실 피터를 비롯한 모든 아이들은 철저히 방치된 상태였다. 에이미와 제이슨은 다른 입양 부모로부터 우리가 학대받은 아이들을 진료한다는 얘기를 듣고 어렵게 찾아온 길이었다. 우리는 이틀의 상담 방문 중 첫째 날을 마쳤다. 가족은 이 시간을 위해 1000킬로미터가 넘게 달려온 터였다.

"피터, 내일 다시 우리에게 오겠니?"

아이는 환하게 웃으며 말했다.

"예!"

당시 우리 클리닉의 업무는 광범위했다. 보통 때에는 정신 분석의, 사회 복지사, 아동 정신 의학 담당자, 아동 정신과 의사로 이루어진 다각적 전문 진료 팀을 구성하여 아이와 가족을 몇 주일에 걸쳐 상담한다. 하지만 피터의 집은 너무 멀어서 이 과정을 압축해야 했다. 먼저 학교, 소아과 의사를 비롯하여 이전에 아이를 검사했던 각종 정신 보건 관계자나 기타 전문가의 기록을 검토, 처리해서 우리가 아이와 가족에게 느꼈던 생각과 종합했고, 뇌를 자기 공명 영상으로 촬영하여 유아 때의 방치가 뇌에 얼마나 손상을 일으켰는지 검사했다. 우리가 자체적으로 진행한 연구에 따르면 피터의 경우처럼 고아원 등의 시설에서 유아기에 심각한 방치를 겪으면 뇌 크기가 작아지고 일부 영역이 위축되어 뇌와 관련된 기능 장애를 일으킬 수 있다.[1] 검사를 통해 피터가 어떤 부분에 가장 큰 영향을 받았는지 찾아내 치료 효과를 높일 생각이었다.

  진찰 기간 중에는 틈틈이 수십 명의 의료진이 한데 모여 해당 아이를 관찰하고 상담한 결과를 나누고 의견을 교환한다. 이것은 아이의 강점과 취약점을 확인하고 지각 능력에서 운동 기술, 감정, 인지, 행동 능력에서 도덕적 감정에 이르는 여러 영역의 현재 발달 단계를 정밀하게 조사하기 위한 절차다. 이런 방법으로 예비 진단을 내리고 적절한 초기 개입을 권고할 수 있다. 설정을 수없이 반복해야 하기 때문에 시간과 비용이 많이 소요되지만 이 절차를 사용하면 소수의 전담 의료인만으로도 충분히 수행 가능한 진료 방법을 개발할 수 있다.

  피터 가족을 진료하던 당시 우리는 피학대 아동에 대한 신경 순차법neurosequential 연구에서 큰 성과를 거두고 있었다. 유아 트라우마와 방임의 피해자는 실제 나이가 아닌 손상이나 결핍을 경험했던 연령에 맞는 자극이 필요하다. 즉 실제 나이는 일곱 살이라도 아기일 때처럼 안아 주거나 부드럽게 흔들어 달래야 할 수 있다. 보호자나 의료인은 끝없는 존중과 배려 속에서 이런 발달 단계에 적합한 강화와 치료 자극을 반복적이고 지속적으로 제공해야 한다. 징벌과 강제를 동원한 고압적인 치료는 상태를 더 악화시킬 뿐이다. 여기에 음악, 춤, 마사지 치료를 병행하여 스트레스 반응 통제에 필요한 뇌 기저부의 주요 신경 전달 물질계를 자극하고 조직화했다. 이 영역은 영아기에 급속도로 중요한 발달 과정을 거치기 때문에 유년기 트라우마에 더 영향을 받는 것으로 보인다. 마지막으로 해리나 과각성 반응을 보이는 경우에는 약물 치료도 함께 했다.

하지만 치료에 관계의 지속성이 매우 중요하다는 사실은 깨달았으면서도 아이의 성장에 또래 집단에서의 관계가 얼마나 영향을 끼치는지에 대해서는 여전히 잘 알지 못했다.

피터의 과거 이력은 나에게 두뇌 발달에 인간관계가 얼마나 중요한 역할을 담당하는지 깨닫게 해주었다. 피터는 세 살까지 어른의 관심을 전혀 받지 못했다. 고아원은 아기 창고나 다름없었다. 크고 밝은 방에는 완벽하게 깨끗한 요람 60개가 가지런히 놓여 있었고 보모 두 명이 요령 있게 침대를 오가며 60명의 아이들을 먹이고 기저귀를 갈아 주었다. 아기가 어른을 접하는 시간은 대략 8시간당 15분 정도에 불과했던 셈이다. 이렇게 짧은 시간에 아기에게 말을 걸거나 안아 줄 수는 없는 노릇이다. 실제로 직원들은 바쁘게 우유를 먹이고 기저귀를 갈아 주었을 뿐, 요람을 흔들거나 안아서 달래 줄 시간은 거의 없었다. 심지어 걸음마를 하는 아이들조차 밤낮으로 요람에 갇혀 있어야 했다.

돌봐 주는 사람이 아무도 없는 가운데 아이들은 서로 돌아누워 옆의 요람으로 작은 손을 뻗어 서로 잡고 옹알거리며 짝짜꿍을 했다. 어른의 부재 속에서 그들은 서로에게 부모가 되어 주었다. 다행히 이런 빈약한 상호 작용이라도 심각한 애정 결핍이 유발하는 상처를 어느 정도는 누그러뜨려 주었을 것이다.

양부모의 집에 온 피터는 엄마 아빠에게 알아들을 수 없는 말을 중얼거렸고 부부는 크게 기뻐하며 즉시 러시아어 통역사를 구했다. 하지만 통역사는 러시아어가 아니라며 고개를 저었다. 고아원 직원이 동유럽에서 이민 온 사람이어서 아이들에게 자기 모국어를 가르쳤던 것은 아닐까? 하지만 아이의 말은 체코어도, 헝가리어도, 폴란드어도 아니었다.

놀랍게도 피터의 말은 어떤 나라 언어도 아니었고 쌍둥이들이 자기들끼리만 사용하는 비밀 언어나 청각 장애 아이가 부르는 즉석 노래처럼 고아들 스스로 만들어 낸 원시 언어였다. 헤로도토스의 기록에 의하면 이집트의 프삼티크 왕은 두 아이에게 자연 언어를 배우게 하려고 주변 사람들로부터 말을 배울 기회가 없도록 완전히 격리시켜 키웠다고 한다. 고아원 운영자도 본의 아니게 이와 같은 가혹한 언어 실험을 한 셈이다. 아이들은 스스로 수십 개의 단어를 만들어 함께 사용했고 통역사는 그중 '어른이나 보모'를 의미하는 '뭄'이라는 단어만 간신히 알아들을 수 있었다. '음'이 아기가 젖을 빨면서 처음 배우는 발음이기 때문에 많은 언어에서 엄마를 뜻하는 말로 쓰인다는 사실에 착안한 것이었다.

전체 회의에서 우리 팀은 어른의 부재, 언어적 기회 박탈을 포함해서 아이의 이력을 통해 알아낸 모든 사실을 주의 깊게 검토했다. 아이의 양부모에 대해서도 토론했다. 에이미와 제이슨에 대한 첫인상은 우리들 모두에게 대단히 인상적이었다. 이들은 피터를 입양하기 전에 먼저 모든 육아 서적과 비디오를 섭렵했고 소아과 의사와 피터와 같은 아이를 입양했을 때 예상되는 문제를 심도 깊게 의논했다. 아이를 집으로 데려온 후에는 언어 치료사, 재활 치료사, 물리 치료사, 정신 건강 상담자를 동원하여 피터를 도와주려 애썼다.

부부는 전문가의 조언을 성실하게 따랐고 피터를 건강하고 행복하며 생산적이고 인정 많은 아이로 키우기 위해서라면 돈이나 시간, 노력이 얼마나 들든 개의치 않았다. 하지만 이런 끈질긴 노력과 전문가 수십 명의 치료에도 피터의 상황은 힘겨웠다. 극적으로 좋아진 부분도 많았지만 발달 정도가 들쑥날쑥했고 고통스러울 정도로 느렸다.

다른 아이들은 금방 배우는 것도 피터는 수백 번 반복해야만 가까스로 익혔고 영어를 아무리 가르쳐도 발음이나 문법이 엉망이었다. 운동 제어에도 문제가 있어서 가만히 앉아 있어도 끊임없이 몸이 흔들렸고 제대로 눈을 맞추거나 시선을 고정하지 못했다. 일곱 살이나 되었는데도 몸을 흔들거나 손가락을 빠는 등의 원시적인 자기 진정

행위를 계속했고 음식을 입에 넣기 전이나 사람들을 만날 때 자꾸만 킁킁대며 냄새를 맡으려 들었다. 쉽게 산만해지고 혼자 깔깔대거나 미소 짓는 아이의 모습은 '자신만의 작은 세계'에 갇혀 있는 것처럼 보였다. 더구나 최근에는 발달이 정체되는데다 오히려 약간 퇴행하는 것 같은 모습도 감지되었다.

우리는 먼저 피터의 강점에 대해 토의했다. 무엇보다 아이는 거의 예의에 어긋날 정도로 사람에게 친밀감을 표시했고 언어의 어떤 측면은 평균 이상이었으며 수학적인 재능도 있었다. 또한 극단적으로 정성 들여 돌보았지만 주변의 어른이나 친구들에게 뻔뻔할 정도로 아기 같은 모습을 보였다.

즉 피터는 분명 인지면에서는 일곱 살이었지만 다른 영역에서는 훨씬 어리게 행동하고 있었다. 뇌 발달이 사용 의존적이라는 사실에 비추어 이 관찰 결과를 분석하면, 아이가 더 잘 해내는 분야는 관련 뇌 영역이 적절한 자극을 받았던 것이고 부족한 면은 관련 영역에 대한 자극이 유아기 방치를 극복하기에 충분하지 못하거나 심각하게 결핍되었음을 의미한다. 뇌 스캔 결과도 우리의 관찰과 일치하는 이런 분열된 신경 발달을 보여 준다. 아이의 뇌는 대뇌 피질이 위축되고 원래 뇌 조직이 있어야 할 공간에 척수액이 들어찬 큰 공동이 있었으며 뇌 기저부가 또래에 비해 작아 충분히 발육되지 않은 것으로 보였다.

이러한 분열된 발달 양상은 혼란스럽거나 방치된 환경에서 자란 아이들에게 일반적이며 부모와 교사, 주변인에게 큰 혼란을 주는 원인이다. 외형으로만 보면 피터는 일곱 살 난 소년이지만 여러 가지 점에서 사실 아직 세 살짜리에 불과하다. 잘하는 영역은 8~9세 이상의 능력을 발휘하지만 18개월 수준에 불과한 기술이나 기능도 많다.

이런 부조화는 양육자 간 싸움의 주요 원인이 되곤 한다. 피터의 양부모도 아이의 교육에 대한 생각이 크게 달랐다. 에이미는 아이와 단둘이 있으면 아이의 요구를 극단적으로 맞춰 주었다. 피터가 아기처럼 굴면 그 수준에 맞춰 받아 줬고 나이 든 소년처럼 행동하면 역시 그렇게 대해 주었다. 나는 아이의 발달 욕구를 맞춰 주는 그녀의 직관력에 힘입어 피터가 그나마 이 정도 발달할 수 있었다고 생각한다.

하지만 제이슨은 소년을 아기 취급하는 에이미의 방식에 의문을 제기하기 시작했다. 에이미는 피터가 과거 때문에 특별한 애정이 필요하다고 주장했지만 제이슨은 에이미가 아이에게 지나치게 부드럽게 대해 피터의 발달 장애를 야기하는 거라고 주장하면서 결혼 생활에 긴장이 생기기 시작했다. 사실 이런 의견 대립은 양육 과정에서 아주 보편적인 현상이다. 하지만 에이미와 제이슨의 경우처럼 불협화음이 깊어지면 심각한 부부 문제가 될 수도 있다.

이미 대기실의 짧은 만남에서 갈등의 단면을 본 나는 부부에게 피터에게 필요한 것을 이해시키고 이것이 아이의 발달을 정상화시키는 데 얼마나 중요한 일인지 설명해야 했다. 그래야 피터가 아직 미숙한 영역에 대해 연령에 맞는 행동을 강요하여 스트레스를 주거나 부모 자신이 혼란에 빠지는 일을 피할 수 있을 것이었다.

검사 두 번째 날에 우리는 피터에게 공식 심리 검사를 시행했다. 그리고 부모와 아이 사이의 상호 관계를 좀 더 관찰한 다음 잠시 휴식 시간을 주며 아이를 내보냈다. 이제 부부에게 피터에 대한 의견과 해결 방안을 제시할 시간이었다. 나는 방에 들어가며 에이미와 제이슨이 불안해하는 것을 느낄 수 있었다.

"어떻게 생각하십니까?"

제이슨이 말했다. 이상하게도 분명 나쁜 소식을 원하는 것 같았다.

"나는 피터가 매우 운이 좋은 소년이라고 생각합니다. 두 분은 아이를 정말 훌륭하게 돌보고 계세요. 아이는 지난 4년간 상당한 진전을 보였네요."

나는 잠시 말을 멈추었다가 조심스럽게 덧붙였다.

"정말 대단하십니다. 많이 힘드셨죠?"

에이미가 울기 시작했다. 남편은 부드럽게 그녀를 감싸 안았고 나는 휴지를 들어 아이 엄마에게 건네주었다.

나는 천천히 우리 의견을 피력했다. 혹시 의견이 다르거나 잘못되었다 생각하면 언제든 이야기해 달라고 했다. 먼저 전해 들은 피터의 과거 이야기와 고아원의 세부 상황을 설명하고 아이의 발달 지체 항목을 나열했다.

그런 다음 아이가 흥분하면 발달 과정이 모두 허사가 되고 두려울 정도로 원시적인 행동 양상을 보이는지 물었다. 바닥에 태아와 같은 자세로 웅크리고 누워 신음하며 몸을 흔들거나 소름 끼치는 비명을 지르고 일단 발작이 시작되거나 당황하면 '갈 데까지 가 버리고' 퇴행하는 듯이 보이다가 천천히 정상으로 돌아왔을 것이다. 부부가 고개를 끄덕였다. 나는 기회를 놓치지 않고 감정 상태의 변화가 학습에 영향을 미칠 수 있음을 설명했다. 우리도 흥분 상태에서는 잘 알고 있던 개념이나 심지어 언어 자체도 순간적으로 잊어버리는 경우가 있다. 피터 같은 아이에게는 낯설고 두려운 상황이 훨씬 더 큰 스트레스를 주기 때문에 얼마든지 이런 퇴행을 유발할 수 있다.

이제 평가한 내용을 종합할 순서였다.

"우리는 피터의 문제와 극복 방법에 대해 이야기했고 아이가 전부는 아니어도 잘하는 부분이 있다는 것도 알았습니다. 지금부터 이 모든 것을 고려하여 아이의 치료 방법을 생각해 보겠습니다."

나는 잠시 말을 멈추고 희망과 경고 사이의 균형을 맞추려 노력하였다.

"먼저 두 분에게 뇌가 어떤 방식으로 발달하는지 설명해도 될까요? 이걸 이해하시면 피터의 발달 상황에 대해 좀 더 편안하게 생각할 수 있을 테고 진전이 왜 그리 느리게 보이는지도 이해하기 쉬울 겁니다."

나는 말을 하면서 여러 해 동안 연구해 온 이론과 사례에 대한 생각이 처음으로 종합되고 구체화되는 것을 느꼈다.

나는 먼저 종이에 몇 개의 도표를 그렸다. 첫 번째(부록의 그림 1 참조)는 뇌와 나머지 신체의 성장을 간단하게 비교한 것으로, 신체는 청소년기가 되어서야 성인의 키와 몸무게에 도달하지만 뇌는 세 살만 되어도 성인의 85퍼센트 크기에 이른다.

"인간의 뇌는 유아기에 가장 빠르게 성장합니다. 사실 뇌는 인생의 첫 3년동안 대부분의 성장을 모두 끝낸답니다."

피터는 바로 이 중요한 뇌 형성 시기에 삭막한 고아원에서 방치된 것이고 이것을 이해해야 했다.

그런 다음 피라미드를 그리고 종이를 뒤집었다(부록의 그림 2 참조). "뇌는 밑에서부터 위로 형성되어 갑니다. 윗부분이 여기죠."

나는 뒤집힌 피라미드의 넓은 면을 가리켰다.

"여기가 대뇌 피질입니다. 뇌에서 가장 복잡한 부분이고 생각과 다양한 기능의 통합 역할을 합니다."

나는 기저부가 어떤 역할을 하는지, 중앙의 감정 영역이 어떻게 사회적 관계를 만들고 스트레스를 조절하는지, 중심의 뇌간이 어떻게 스트레스 반응을 유도하는지, 이들 영역이 어떻게 발달 과정에서 순차적으로 '깨어나고' 아이들의 성장에 따라 최심부의 뇌간에서 대뇌 피질 쪽으로 이동하는지, 기저부의 적절한 형성 과정이 복잡한 상층부 뇌 영역 발달에 얼마나 중요한지, 피터와 같은 유아기 방치가 이 영역에 얼마나 영향을 주고 행동 장애를 일으키는지 설명했다.

"중요한 것은 피터의 실제 나이가 아니라 현재 발달 단계입니다."

나는 말했다.

내 말을 이해한 제이슨이 무심결에 고개를 끄덕였다.

"쉬운 일은 아닙니다. 그렇지요?"

이제 부부가 모두 고개를 끄덕였다.

"예를 들어 어떤 인지적 개념은 다섯 살짜리의 기대 수준에 적합한 교육을 하다가도 10분 후 사회적 상호 작용을 가르칠 때에는 기대 수준과 과제를 훨씬 더 어린 나이에 맞추어야 하죠. 하지만 이런 방식으로 아이는 점점 더 목표에 다가갈 겁니다. 그래서 이런 아이의 양육이 혼란스럽습니다. 기대 수준을 하나로 모으려는 순간 균형이 깨지고 맙니다."

에이미와 제이슨은 이런 괴리를 여러 번 겪었지만 지금까지는 이것을 명료하게 이해할 수 없었다. 내 설명에 크게 공감한 부부는 이후 피터의 '아기 짓'을 둘러싼 갈등도 줄어들어 엄마가 아기 놀이를 하고 있어도 아빠가 걱정하지 않게 되었고 더 나아가 아빠가 직접 피터와 아기 놀이에 나서기까지 했다. 반면 에이미도 때로는 제이슨이 하는 것과 같은 아이를 좀 더 견인하는 육아 방식이 더 유용할 때도 있다는 걸 이해했다.

하지만 설명만으로는 충분하지 않았다. 해결해야 하는 가장 어려운 문제가 있었다. 부부가 아이에게 거의 언제나 매달려 있어야 하는 지금 상황으로는 피터에게 적절한 교육을 제공하기란 불가능한 일이었다. 도움이 필요했다. 부부는 감정적으로나 체력적으로나 완전히 녹초가 되어 있었다. 임시 간호와 같은 지원을 제공해야 했다. 우리는 부부에게 외부 기관에 위탁하는 방법으로 부부 자신의 시간을 확보해서 피터를 위한 '재충전'을 하라고 권했다.

에이미와 제이슨은 우리의 권유를 모두 받아들였다. 이들은 우리 병원 근처에 살고 있지 않았기 때문에 그쪽 지역 업체와 협력해야 했다. 운 좋게도 때마침 훌륭한 의료 팀이 근처에 있었다. 피터의 치료에 특수 언어 치료사, 작업 요법사, 최고 수준의 치료사, 소아과 의사가 다 같이 협력하기로 했다. 우리는 모두와 이야기를 나누었고, 유아 방치로 고통받던 코너 같은 아이들에게 효과가 있었던 마사지 요법과 음악, 운동을 피터의 일과에 포함시켜 달라고 청했다.

하지만 시간이 지날수록 처음에 퍼즐의 한 조각일 뿐이라고 생각했던 피터의 학교, 특히 반 친구 문제가 가장 중요한 요소였음이 드러났다. 나는 아이의 이력을 검토하다가 문득 피터의 발달 대부분이 미국에 온 첫 3년 동안 이루어졌음을 깨달았다. 아이가 부모, 어른, 또는 그들 중 선택된 한두 명과만 시간을 보낼 때였다.

하지만 아이가 유치원에 다니기 시작하면서 발달이 멈추고 행동 문제가 심각해졌다. 엄마는 피터가 나이는 여섯 살이지만 실제 행동은 두 살짜리에 해당한다는 것을 직관적으로 이해했지만 친구들은 그가 왜 그렇게 이상하게 행동하는지 이해하지 못했다. 아이의 상황을 전해 들어 알고 있는 선생님조차 어떻게 다루어야 할지 몰랐다. 피터는 어떤 것을 가져가도 좋을 때와 그렇지 않을 때를 이해하는 사회적 신호를 알지 못해서 다른 아이의 장난감을 허락 없이 잡아챘고, 자신의 물건을 같이 써야 할 때와 자기 것을 지켜야 할 때, 말해야 할 때와 조용히 있어야 할 때를 구분하지 못했다. 모둠 시간에 갑자기 일어나서 선생님의 무릎에 파고들거나 그러지 말아야 한다는 자각도 없이 돌아다니기 일쑤였다. 또한 때때로 괴성을 지르며 무섭게 분통을 터뜨리곤 했다.

그 결과 다른 아이들이 피터를 무서워하고 따돌리기 시작했다. 아이의 기묘한 발음의 영어도 도움이 되지 못했다. 급우들은 그를 낯설고 무서운 소년으로 보았다. 아이는 입양 가정의 보호받는 세계에서 그를 잘 알고 사랑하는 어른과 맺은 일대일 관계에서는 잘 해나갔다. 하지만 다양한 급우와 선생님 사이에서 관계를 유지해야 하는 유치원의 복잡한 사회 세계는 차원이 다른 문제였다.

집에서는 끝없는 인내와 사랑으로 돌보아 주었지만 유치원에서는 그의 행동이 의심받고 거부당하기 일쑤였다. 학급은 소란스러운 아이들과 시끄러운 장난감으로 가득 차 있는데다 자꾸 여기저기 이동해야 해서 아이를 위축시켰다. 그전에는 어른들이 모두 자신의 발달 수준을 잘 이해하고 잘 해내지 못해도 부드럽게 돌봐 주었지만 이제 학교에서는 대체 무엇이 어떻게 돌아가는지 이해할 수 없었다. 피터가 아무리 건전하고 긍정적인 자극을 많이 받아도 이렇게 따돌려지거나 놀림받을 때마다 쉽게 의기소침해졌.

피터는 또래 중에 진정한 친구가 없었고 자기보다 훨씬 어린 아이들과 어울리려 했다. 그는 서너 살 아이들을 제일 좋아했다. 반 친구들은 우스꽝스럽게 말하고 아기처럼 구는 피터와 어떻게 지내야 할지 몰랐다. 아이들은 더 어리거나 약해 보이는 친구와 잘 지내고 친절하게 대하는 경우도 많지만 피터의 경우는 그들에게 두려운 존재였다.

학교 친구들의 이런 반응은 사실 충분히 이해할 만하다. 학급에서 벌어지는 상황은 바깥세상에서 매일 같이 벌어지는 일의 축소판이다. 사람은 자신이 이해하지 못하는 것을 두려워한다. 잘 모르는 것은 두렵다. 그래서 익숙하지 않은 모습이나 낯선 방식으로 행동하는 사람을 만나면 본능적으로 거리를 두게 된다. 우리는 이상한 사람을 비인격화하거나 평가 절하해서 상대적으로 자신이 우월하고 영리하며 유능하다고 자부한다. 인종 차별, 연령 차별, 여성 혐오, 반유대주의와 같은 역사상 수많은 추악한 행위들도 이런 위협에 대항하는 두뇌의 중재 반응에 의한 것이다. 사람은 이해하지 못하는 대상을 두려워하는 경향이 있고 두려움은 이성을 억눌러 쉽게 증오하고 폭력적으로 돌변하게 만든다.

피터에 대한 배척과 사회적 거부에 직면한 에이미와 제이슨은 어떻게 해야 할지 몰랐다. 아이를 유치원에 다시 보내 사회성을 배우게 해야 할까? 하지만 피터의 인지력은 분명 1학년 수준에 전혀 떨어지지 않았고 오히려 더 앞서는 것 같았다.

피터는 지적으로는 앞서 있지만 사회적으로 눈치가 없었고 아이가 정상적인 발달 과정을 따라잡으려면 또래 집단의 도움이 절실했다. 때문에 아이를 그냥 1학년부터 시작하게 하는 것이 좋을 것 같았다. 청소년을 진료하는 경우 의료진이 환자의 반 친구들과 만남의 시간을 갖고 환자가 정신적 외상을 입게 된 이유와 뇌에 미친 영향을 설명할 때도 있다. 친구들이 상황을 조금만 이해해도 환자의 사회생활 개선에 큰 도움이 된다. 하지만 이 방법이 1학년에서도 통할까? 또한 피터가 이것을 받아들이고 이해해 줄까?

마침 진단이 끝난 후 피터가 사는 지역에 몇 주일간 머무를 일이 있어서 그때 반 아이들과 이야기할 수 있었다. 나는 이 문제를 피터와 직접 상의해 보기로 했고 어느 날 아이와 색칠 놀이를 하면서 슬쩍 물어보았다.

"피터, 러시아에서 살던 때가 기억나니?"

아이는 동작을 멈추더니 잠시 나를 쳐다보았다. 나는 천천히 색칠을 계속하며 아이를 보지 않았다. 아이의 색칠 속도가 느려졌다. 아이는 문득 새 종이를 꺼내 페이지 전체에 커다란 파란 원을 그렸고 나는 같은 질문을 다시 던졌다.

"이게 러시아예요."

피터는 종이를 나에게 들어 보이며 말했다. 그리고 종이를 바닥에 내려놓더니 색연필로 작고 섬세하게 거의 보이지 않을 정도의 점을 찍었다.

"그리고 이게 피터예요."

나는 아이를 쳐다보았다. 아이의 슬픔이 그대로 전해져 왔다. 그는 자신이 누구에게도 특별하지 않고 그저 이름 없는 수십 명의 아기 중 하나였던 고아원에서의 느낌을 그림으로 웅변하고 있었다.

나는 따뜻한 공감의 미소를 지었다. 그리고 짐짓 눈썹을 치켜 올리며 말했다.

"하지만 그건 이제 더 이상 피터가 아니야. 그렇지?"

그는 힘차게 고개를 흔들더니 다시 밝게 웃었다.

"피터, 내가 네 1학년 반에 찾아가는 건 어떨까?"

나는 아이가 이해하는지 확신할 수 없었지만 어쨌든 내가 하려는 일이 무엇인지, 왜 그래야 하는지 피터가 알아 주기를 바랐다.

"네."

"우리가 네 뇌 발달과 변화에 대해 해왔던 이야기 있지? 내가 그 뇌 이야기를 너희 반 아이들과 하려는데, 어떻게 생각하니? 네가 부모님한테 오기 전에 살던 곳에 대해 좀 이야기해 볼 수도 있고."

"네."

피터는 심각하게 대답하더니 내게 질문했다.

"사진도 가지고 갈 건가요?"

"사진?"

"내 뇌 사진이요."

"아, 물론이지. 너만 괜찮다면. 네 뇌 사진을 반 아이들에게 보여 줘도 되겠니?"

"물론이죠. 내 뇌는 최고예요."

"그럼, 그렇고말고. 네 뇌는 최고야."

피터의 허락을 받은 나는 즉시 피터의 양부모와 학교의 허락도 받아 냈다. 피터의 반 친구들을 새로운 피터 '치료사' 집단으로 만들어 볼 작정이었다.

나는 처음 학교에 들어온 1학년 피터네 반 아이들 앞에 서서 말문을 열었다.

"나는 피터의 친구예요. 뇌를 연구하는 사람이죠. 피터가 휴스턴에 있는 내게 여기로 와서 피터에게 설명했던 대로 여러분에게도 뇌에 대해 알려 달라고 부탁했어요. 괜찮겠죠?"

나는 피터를 교실 앞으로 불러 조수 역할을 부탁했다.

나는 먼저 뇌에 대해 간단히 이야기한 다음 뇌는 근육과 같이 움직인다고 설명했다. 여기에 학교가 'ABC' 근육을 운동시키는 방법을 설명하면서 이런 운동은 반복하는 것이 아주 중요하며 뇌에는 크고 강하게 성장하려면 많은 관심을 기울여야 할 비슷한 종류의 '근육'이 아주 많다고 언급했다. 또한 뇌가 어떻게 발달되는지, 무엇이 우리의 두뇌 활동을 만드는지를 뇌의 변화에 초점을 맞추어 설명했다.

"자, 그럼 피터, 아까 무엇이든 새로운 것을 배우려면 얼마나 많은 연습이 필요한지 이야기했었죠? 뇌가 변하려면 그것을 사용하고, 사용하고, 사용해야 하기 때문이죠."

나는 아이들은 한 번 쳐다보고는 다시 피터를 쳐다보았다.

"맞죠, 피터?"

피터가 미소를 지으며 고개를 끄덕였다.

"마찬가지 이유로 여러분의 선생님도 글쓰기를 반복해서 계속 연습시키는 것이고 읽기와 쓰기도 자꾸자꾸 연습시키는 거예요."

나는 슬라이드 몇 개를 보여 주었고 피터는 내가 가져간 뇌 모형을 들고 교실을 한 바퀴 돌았다. 질문이 쏟아졌다. 말할 수 있게 해주는 뇌 부분은 어디인가? 뇌는 무슨 색인가? 뇌에는 우리 생활이 비디오로 찍혀 있는가?

나는 아이들에게 발달 단계에 있는 아기의 뇌는 말을 걸고 쓰다듬어 주는 등 사람 사이의 상호 관계로 자극을 주는 것이 대단히 중요하다고 설명했다. 이것은 바로 내가 그동안 수많은 부모, 판사, 소아과 의사와 직원들에게 끊임없이 반복해 온 이야기였다.

그런 다음 아이들마다 자라는 환경이 서로 많이 다르다는 사실을 언급했다. 일본 아이들이 어떻게 일본어를 배우는지 설명하고, 어떤 나라에서는 돌이 되기 전까지는 엄마가 아기를 하루 종일 업고 다닌다고 소개했다. 아기 때 말을 걸어 주거나 쓰다듬어 주거나 사랑해 주는 사람이 별로 없으면 뇌가 변할 수 있다고 강조했다. 아이들은 내 이야기에 흠뻑 빠져들었고 함께 왁자지껄하게 웃었다.

피터도 미소를 지었다. 이게 핵심으로 들어갈 때였다. 정신없이 이야기하다 보니 시간이 꽤 지나 있었다. 심지어 나 스스로도 무슨 이야기를 했는지조차 잘 모를 정도였다. 오직 아이들과 피터의 반응에 맞춰 이야기를 진행하고 있었다. 나는 드디어 중요한 이야기를 시작했다.

"자, 지금까지 수업에 적극 참여해 줘서 감사합니다. 피터는 휴스턴에서 여러분에 대해 많은 이야기를 해줬어요. 여러분 중 유치원 때부터 피터와 같은 반이었던 분도 많지요?"

몇 명이 손을 들었다.

"우리는 피터의 놀라운 뇌를 연구하기 위해 휴스턴의 클리닉에 와 달라고 부탁했었답니다."

아이들이 놀란 눈으로 피터를 일제히 쳐다보았다.

"피터는 태어난 후 꼬박 3년간을 하루 종일 요람에만 누워 있었습니다."

아이들은 흥미를 보였으나 좀 당황한 듯 했다.

"피터가 태어난 나라는 뇌에 대해 아직 잘 모르는 곳이었어요. 피터의 엄마와 아빠는 피터를 돌볼 수가 없어서 태어나자마자 고아원에 보냈고, 고아원에서는 모든 아기를 하루 종일 작은 요람에 넣어 두었지요. 아기는 주위를 돌아다니거나 기어 다닐 수도 없었고 걸음마를 할 수 있어도 심지어 일어서는 것을 연습할 수도 없었습니다. 세 살이 되도록 피터는 걷지도 못했고 친구와 놀아 본 적도 없었으며 사랑하는 어른을 꼭 끌어안을 수도 없었어요. 피터의 뇌는 아기 때 자극을 별로 받지 못한 거죠."

교실은 찬물을 끼얹은 듯 조용해졌다. 26명의 여섯 살짜리 아이들이 모두 움직이지도, 말하지도 않았고 심지어 꼼지락대는 아이조차 없었다.

"그러다가 세 살 때 지금의 부모님이 고아원에서 피터를 데리고 나와 털사의 집으로 왔습니다."

나는 잠시 말을 멈추고 긴장을 풀었다.

"그때부터 피터의 놀라운 뇌는 엄청나게 많은 것을 한꺼번에 배우기 시작했어요. 한 번도 들어 본 적 없던 영어를 겨우 2년 만에 다 배웠고, 한 번도 걷거나 달리거나 뛰어 본 적이 없었지만 순식간에 모두 잘 할 수 있게 되었어요."

피터는 당황한 것 같았다. 나는 잠시 호흡을 조절했다.

"지금 이 순간에도 피터의 놀라운 뇌는 끊임없이 배우고 있습니다. 그는 정말 대단히 잘 해내고 있어요. 그래서 우리 의사들은 아기 때 그토록 어렵게 살았던 아이가 어떻게 그렇게 잘 해나갈 수 있는지 연구하기 위해 피터를 초빙했답니다."

이제 결론을 지을 차례였다.

"피터가 매일 학교에서 배우는 것 중에 일부는 여러분에게 배웁니다. 피터는 여러분이 어떻게 하는지 항상 지켜보고, 여러분과 같이 놀고 친구가 되면서 많은 것을 배웁니다. 항상 피터를 도와줘서 정말 감사합니다. 그리고 오늘 여러분을 방문하여 뇌에 대해 이야기할 수 있게 해줘서 정말 감사합니다."

나는 짧고 명료한 이야기를 통해 피터라는 미지의 존재를 아이들에게 이해시켜 두려움을 덜어 주려 애썼다. 이후 시간이 지나면서 아이들의 타고난 선량함이 빛을 발하기 시작했다. 피터는 더 이상 이상하고 두려운 아이가 아니었다. 오히려 반에서 최고로 인기 있는 아이가 되어 피터 옆에 앉거나 수업 활동의 짝이 되거나 자기 모둠에 끌어들이려고 서로 경쟁할 정도였다. 반에서 가장 똑똑하고 힘센 아이들이 피터에게 큰 관심을 보였고 이들이 분위기를 주도하자 모든 상황이 바뀌었다. 이제 아이들은 피터를 또래로 받아들여 보호했으며 그런 상호 작용을 통해 피터가 발달 단계를 따라잡도록 도와주었다.

아이들은 이제 피터의 발달 지체 문제를 잘 참아 주었고 사회적 실수를 바로잡을 때까지 기다려 주었으며 상호 관계를 통해 돌봐 주었다. 이런 또래 집단의 도움은 우리가 그때까지 피터에게 제공했던 모든 치료 행위보다도 훨씬 더 긍정적인 변화를 일으켰다.

아이들도 어른과 마찬가지로 잘 모르거나 이상하거나 익숙하지 않은 대상에게 거칠게 반응한다. 특히 자기 자신도 새 학년을 맞이한 것과 같은 낯선 환경에 적응하려 애쓸 때는 이런 현상이 더 두드러진다. 이들의 사회적 체계가 항상 쉽게 영향을 받는 것은 아니지만 왕따나 사회적 거부 행위 대부분은 익숙하지 않은 것에 대한 두려움에서 시작되며 성인의 경우 스스로 자각하는 것보다 훨씬 더 크게 영향을 받는다. 일반적으로 아이들은 해당 학생이 왜 이상하게 행동하는지 이해하고 나면 그들에 대해 좀 더 느긋하게 대할 수 있다. 또한 아이들의 연령대가 어릴수록 주변 성인이 거부하거나 받아들이는 미묘한 분위기에 더 쉽게 영향을 받는다. 이런 사회적 신호를 토대로 아이의 상태에 대한 주변 분위기가 결정되는 경우가 많으며, 교사나 부모가 이런 '좀 다른' 아동의 낯선 행동에 얼마나 크게 실망하거나 잘 견디느냐에 따라 왕따 현상을 최소화할 수도 있고 슬프지만 더 조장할 수도 있다.

피터의 미숙한 행동이 유아기에 방치되었기 때문임을 알게 된 반 아이들은 그 행동을 재해석하기 시작했고, 그가 자기 물건을 잡아채거나 두서없이 떠들어도 더 이상 개인적인 모욕이나 기분 나쁜 행동이 아닌 그저 나에게 들었던 피터의 과거 경험 때문에 남은 흔적임을 이해할 수 있었다. 그 결과는 대단히 놀라웠다. 피터는 거의 즉시 울화통을 터뜨리거나 울부짖는 행위를 중단했다. 그런 발작은 대부분 거부와 몰이해에 대한 좌절감의 표현이었을 것이다. 다른 아이들이 피터에게 마음을 열자 피터도 그들의 사회적 신호를 더 긍정적으로 해석하고 더 적절하게 행동할 수 있게 되었다. 끝없는 거부와 혼란, 좌절의 악순환은 이제 긍정적 강화의 선순환으로 돌변했으며 아이의 감정, 사회성, 운동 및 인지 영역 전반의 발달 단계에 존재하던 커다란 공백이 천천히 채워지기 시작했다. 고등학교에 진학할 무렵에는 이제 더 이상 이상한 아이가 아니었고 이후로도 학문적, 사회적으로 훌륭하게 잘 해나가고 있다.

피터의 친구들과 가족은 성공적으로 훌륭한 사회적 환경인 치료 집단을 형성하여 그를 치유했다. 뇌에 결핍되었던 특정 자극을 제공한 신경 순차 치료, 어린 시절 채우지 못했던 신체적 자극을 제공한 마사지, 뇌와 신체의 리듬을 회복시켜 준 음악과 운동 치료를 비롯한 수많은 치료와 교육도 에이미와 제이슨의 사랑과 세심한 정성, 반 아이들의 인내심과 도움 없이는 큰 효과를 얻지 못했을 것이다. 아이가 더 건강한 인간관계를 가질수록 트라우마와 결핍에서 회복될 가능성은 더욱 높아진다. 대인 관계야 말로 변화의 주체며 가장 강력한 치료 행위는 바로 사람 간의 사랑이다.

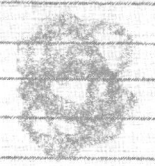

| 11장 |

공동체만이 희망이다

트라우마 치료에 가장 효과적인 방법

지금까지 나는 여러 아이들의 사연을 소개했다. 아이들과의 시간은 놀라운 경험이었고 내게 말로 표현하기 힘들 정도의 큰 깨달음을 주었다. 성인도 도저히 견딜 수 없을 것 같은 상황을 헤쳐 나가는 아이들의 용기와 강인함, 대처 능력은 언제나 감동 그 자체였다. 그러나 신경 순차적 접근 방법과 같은 새 치료 모델이 큰 희망을 안겨 주는 것은 사실이지만 내 경험이나 연구 결과에 따르면 트라우마를 겪는 아이들의 삶에서 가장 중요한 치유 경험은 치료 행위 자체에서 나오는 것이 아니다.

트라우마와 그에 대한 우리의 반응은 인간관계를 제외하고는 이해할 수 없다. 지진 생존자든 반복적인 성적 학대 희생자든, 이들에게 가장 중요한 것은 이런 경험이 사랑하는 사람이나 그들 자신, 나아가 전체 세상과의 관계에 미치는 영향이다. 이 모든 재난이 가장 심하게 트라우마를 남기는 측면은 인간관계의 파열이다. 아동의 경우 특히 더하다. 나를 사랑한다고 생각했던 사람이 도리어 나를 해치고 유기하는 일, 내게 안정감과 자존감을 주고 인간다운 삶을 살 수 있도록 해주는 일대일 관계가 박탈당하는 일은 가장 심각한 파괴적 경험이다. 인간은 사회적 존재기 때문에 겪을 수 있는 가장 나쁜 재앙은 필연적으로 관계의 단절에 대한 것이다.

그렇기 때문에 트라우마와 방임에서 회복된다는 것은 신뢰를 회복하고 자신감을 되찾으며 안정감을 돌려주고 사랑의 감정을 다시 연결해 주는 과정, 즉 관계에 대한 것이 된다. 물론 약물 치료도 증상을 완화시킬 수 있고 치료사를 찾아가면 대단한 효과를 볼 수 있다. 하지만 아무리 세상에서 제일 좋은 약물과 치료법을 동원해도 타인과의 지속적이고 배려심 많은 관계 없이는 치유와 회복이 불가능하다. 사실 실제로 치료를 가능하게 하는 것은 치료사의 요법이나 현명한 조언이 아니라 치료사와 맺는 인간적인 관계인지도 모른다. 우리의 치료를 따라 훌륭하게 성장한 아이들은 모두 궁극적으로 그들 주변에서 튼튼하게 지원해 주는 강력한 사회적 안전망 덕분에 치유될 수 있었다.

피터, 저스틴, 앰버, 로라와 같은 아이들을 치유한 것은 그들의 나약함과 상처받기 쉬운 마음을 너그럽게 이해해 주고 새로운 사회적 기술을 습득할 수 있도록 인내심을 가지고 도와준 가족, 친구, 존경하던 사람 등의 주변 사람들이었다. 그것이 테드가 운동 팀 기록원으로 일할 수 있게 도와준 코치든 버지니아에게 로라의 육아 방법을 가르쳐 준 마마 P든 피터를 또래 집단 내에 받아 주고 보호해 준 1학년 아이들이든, 또는 우리 환아들을 받아 주는 믿을 수 없을 정도로 훌륭한 입양 부모들이든 간에 이들 모두는 우리 아이들에게 가장 중요한 치료 기회를 제공한다. 아이들에게 가장 필요한 것은 소속되어 사랑을 받을 수 있는 풍요로운 사회적 환경이기 때문이다.

학대받고 트라우마를 겪는 아이들에게 가장 필요한 것은 과거 트라우마로 받은 고통과 괴로움, 상실감을 완화해 줄 건강한 공동체다. 아이들이 맺는 인간관계의 수와 질을 늘리는 방법은 아이의 치유에 도움이 된다. 가장 좋은 것은 지속적이고 인내심이 강하며 반복적인 사랑의 보살핌이다. 트라우마 사건 직후 몰려들거나 아이들에게 '마음을 열라'거나 '분노를 표출'하라고 강요하는, 의도는 좋았으나 제대로 교육받지 않은 정신 건강 '전문가들'은 별로 도움이 되지 못한다는 것을 말해 두어야겠다.

하지만 환아들은 트라우마에 취약한데도 건강하게 돌봐 주는 가족과 공동체를 갖지 못한 아이들이 대부분이기 때문에 현재 우리 사회의 시스템을 통해 효과적으로 돕기가 대단히 어렵다. 건강한 공동체 자체가 가정 폭력과 기타 폭력 범죄와 같은 대인 관계와 관련된 트라우마 사건이 처음부터 발생하지 않도록 막는 경우가 많기 때문에 사회적 연결 고리가 자주 끊어지는 고도의 동적 사회에서는 위험에 더 많이 노출될 수밖에 없다.

아동의 40퍼센트가 성인기 이전에 최소한 하나 이상의 트라우마를 유발할 수 있는 사건을 겪는다고 한다. 우리의 아이들이 살면서 트라우마를 겪더라도 회복할 수 있도록 건강하게 키우려면 좀 더 건강한 사회를 만들어야 한다. 사람이 지닌 가장 멋진 능력은 배울 수 있다는 것이다. 우리는 기억 능력과 과학 기술 발달을 통해 과거의 경험에서 배움을 얻을 수 있다. 하지만 동시에 우리를 단단히 결속시켜 주는 것으로 생각되었던 이런 기술이 오히려 점점 더 우리들 각각을 고립시킨다. 현대 사회에서는 사회생활의 기본이 되는 생물학적 단위인 대가족이 해체되고 타락해 간다. 많은 사람이 가족 제도의 붕괴가 심각하다고 걱정하지만 나는 상대적으로 주목받지 못하는 대가족 해체 문제를 더욱 우려한다. 아이를 건강하게 잘 키울 수 있는 부부에겐 상관없겠지만 레온의 사례에서처럼 부모 중 하나나 둘 모두가 어쩔 줄 몰라하거나 태만하게 행동하는 경우에는 대가족의 존재 여부가 큰 차이를 낳는다.

사람은 과거 오랜 세월 동안 가까운 친척 40~150명가량이 함께 씨족 사회를 이루며 살았다. 16세기만 해도 유럽에서 매일 긴밀하게 접촉하며 함께 사는 가족 구성원은 평균 이십여 명에 달했다. 하지만 1850년대에는 십여 명으로 줄어들었고 1960년대에 이르자 가족의 수는 겨우 다섯 명에 불과하게 되었다.[1] 20세기인 지금 한 가정의 구

성원 수는 네 명이 채 못 되며, 더욱 놀라운 것은 미국인 중 26퍼센트가 혼자 산다는 사실이다.[2]

기술이 발전하면서 우리는 태어나고 자라난 환경으로부터 점점 더 멀어지고 있다. 오늘날 사회는 생물학적으로 보면 정말 형편없는 세상이다. 사람의 기본적인 욕구 대부분을 고려해 주지 않으며 생활은 건강에 해로운 것으로 가득하다. 불행히도 내가 종사하는 정신과학 분야가 이런 경향의 한 부분을 이룬다.

여러 해 동안 정신 건강 전문가들은 사회적 지원이 없이도 심리학적으로 건강해질 수 있다고 주장해 왔다. 그들은 반문했다. "내가 나를 사랑하지 않으면 누가 나를 사랑할 수 있겠는가?" 여자에겐 남자가 필요하지 않다고 말했고 남자에겐 여자가 없어도 된다고 설득했다. 다른 사람과 관계를 맺지 않는 사람은 복잡한 인간관계에 묶인 사람보다 훨씬 건강해 보였다. 하지만 이 생각은 인간이라는 종족의 기본적인 생물학적 욕구를 부정한다. 우리는 사회적 동물이며 서로 깊이 연결된 상호 의존적 관계가 없으면 살아남을 수 없다. 사실 다른 사람에게 과거나 현재에 사랑받지 못하는 사람은 자기 자신도 사랑할 수 없다. 사랑하는 능력은 혼자 만들어 낼 수 있는 것이 아니다.

현대 사회는 사람의 정신 건강에 꼭 필요한 수많은 기본 요소를 포기해 왔다. 세계적으로 최신 치료와 진단만으로는 설명할 수 없는 우울증이 크게 증가해서 1905년에 태어난 아이는 75세까지 우울증을 앓을 확률이 1퍼센트밖에 되지 않았지만 이들이 24세가 되던 1955년에 태어난 아이는 6퍼센트가 심각한 우울증을 경험했다.[3] 다른 연구에서는 최근 수십 년 동안 10대 우울증 비율이 열 배나 증가했음을[4] 보여 준다. 결혼과 이혼의 세태가 변하고 낭만적인 인간관계를 찾기가 점점 더 어려워지며 부자든 가난한 사람이든 일과 가정생활 사이에서 아슬아슬하게 줄타기하는 모습에서도 이런 경향을 볼 수 있다. 정신 건강을 지키기 위해 필요한 것과 현대 사회가 제공하는 것 사이의 괴리도 부모 노릇을 점점 더 어려워지게 만드는 요인이다. 아이들을 키우는 사람이라면 누구나 인터넷, 미디어, 마약, 폭력배, 소아성애자, 경제적 불평등은 물론 무엇보다 이런 문제에 대응하는 우리의 문화적 가치에 대해 불안감을 감출 수 없을 것이다. 정확하게 무엇이 잘못되었고 그것에 대해 어떤 조치를 취해야 하는지에 대해서는 의견이 분분하지만 좌파나 우파 모두 오늘날 삶의 방식이 건강하다고 생각하는 사람은 없는 것 같다.

이제 사회 지도층이 앞으로 나서 질문을 던져야 한다.

"현대 사회에서 우리는 어떻게 공동체를 구성해야 하는가? 텔레비전과 이메일, 전깃불로 인해 인위적으로 늘어난 하루, 자동차, 비행기, 향정신성 약물, 성형 수술은 물론 수많은 최첨단 기술로 만드는 모든 것을 즐기는 현대의 세상에서 어떻게 관계를 형성해 나가야 할까? 어떻게 하면 이 모든 것을 현명하게 활용하여 다른 사람과의 관계를 무시하거나 저해하지 않고 향상시킴으로써 우리의 생물학적 요구가 존중되는 사회를 만들어 낼 수 있을까?"

나도 이 의문에 대한 답을 다 알지는 못한다. 하지만 현재의 아동 보육 습관 상당수가 아이들에게 해를 끼치고 있는 것은 확실하다. 예를 들어 세 살에서 다섯 살까지의 아동을 돌보는 캘리포니아의 한 대형 시설에서는 직원이 아이들을 만지는 것이 금지되어 있다. 심지어 이곳에서는 아이가 어른에게 안기려 하거나 매달리면 밀쳐 버리라고 교육받는다! 아이를 성폭행범으로부터 지키겠다는 외견상 그럴듯한 생각이 얼마나 심각한 부정적 결과를 낳을 수 있는지 보여 주는 전형적인 사례다. 아이들에게는 건강한 신체 접촉이 꼭 필요하며 앞선 사례에서 보았던 것처럼 유아의 경우 적절한 신체 접촉 자극이 없으면 문자 그대로 목숨을 잃을 수도 있다. 이것은 사람이 가지고 있는 생물학적 특성 중 하나다.

불행히도 오늘날에는 불건전한 신체 접촉에 대한 두려움이 너무 커져서 아이들에게 반드시 필요한 건강한 신체적 애착 관계조차 제대로 형성해 주지 못한다. 아이들은 애정을 표현하는 사람에게 끌리기 마련이어서 이런 상황이 오히려 아이들을 소아성애자에게 더욱 공격당하기 쉽게 만든다. 아이를 이웃의 친구들과 뛰어놀지 못하게 집 안에서만 키우고 생활을 엄격하게 통제하여 다른 사람에 대한 경계심을 키우면 우리 모두를 건강하게 지켜 주는 공동체의 끈끈한 유대감을 파괴해 버리게 된다.

나는 오랫동안 아동 성추행이 야기할 수 있는 참상을 보아 왔다. 길머 사건, 티나의 이야기와 수많은 사례에서 그 예를 명확하게 볼 수 있다. 성적 학대에 대해 걱정하는 사람들 대부분이 소름 끼치는 현실 자체에 근거하고 있지는 않으며 가해자 또한 공동체의 가장 취약한 부분을 겨냥하고 가장 약한 부분을 파고들어 번성한다. 어떤 포식자라도 가장 약한 제물을 찾아다니기 마련이다. 이것도 사람의 생물학적 특징이다. 그러므로 아이들을 안전하게 지키려면 서로 건강한 인간관계를 형성하고 맺어 가야 한다. 우리의 아이들을 사랑으로 꼭 안아 주어야 한다. 공동체를 깨뜨리지 않고 더욱 강화하여 아이들의 요구를 존중하는 방법으로 보호해야 한다. 아이들을 주간에 안전하게 지키려면 다른 사람이 아무도 없는 가운데 특정 어른 혼자 아이들과 접촉하지 못하게 해야 한다. 그렇다고 해서 아이들에게 사랑과 편안함을 느끼게 해주는 충분한 신체 접촉까지 금지하면 안 된다. 안전한 이웃을 원하는가? 그렇다면 이웃과 친하게 지내라. 아이들을 안전한 장소에 처박거나 틀에 박힌 활동에만 묶어 두지 마라. 아이의 생물학적 요구를 무시하고 그 결과를 인식하지 못하는 것이 아니라 인간의 본성에 맞게 반영하고 존중할 수 있도록 정책을 만들어라.

그 외에 아이들이 트라우마나 방임, 학대를 겪지 않도록 막는 방법은 또 무엇이 있을까? 그리고 이미 상처 입은 아이들에게 가장 필요한 도움은 무엇일까? 우선 현실을 냉정하게 판단해야 한다. 우리의 현재 정책과 관례는 인간관계를 우선시하지 않고 아이들을 돕기 위해 준비된 현재 시스템은 제대로 기능하지 않는다. 또한 우리가 현재 사회 문제에 적용하는 '해결책' 중 많은 것이 문제를 효과적으로 처리하지 못하며 오히려 악화시키는 경우도 많다. 무엇을 발달시켜야 하고 이것을 현대 사회에서 어떻게 적용해야 하는지 이해할 필요가 있다.

우선 유아와 신혼부부에서부터 시작하는 것이 좋다. 지금까지 보아 온 것처럼 정상적인 아기로 자라나려면 주요 보호자 한두 명이 지속적, 헌신적으로 돌보아야 하며 이런 보호자에게는 초보 부모의 지나친 부담을 덜어 줄 따뜻한 공동체의 일상적인 지원이 절실하다. 과거에는 남편은 회사에 나가 일하고 젊은 엄마 혼자서 온종일 아이 옆을 지켜야 하는 세상을 상상하지 못했다. 그때도 부모 모두 모두 일해서 어렵사리 생계를 이었지만 여자는 어린 아기들 근처에서 함께 일했고 남자는 좀 나이 많은 소년을 데리고 일을 가르쳤다. 지친 엄마는 언제든 아기를 이모나 누이나 할머니에게 잠시 부탁할 수 있었다. 어린 아기 한 명당 평균 네 명의 청소년이나 어른이 도움의 손길을 내밀었다. 오늘날에는 어른과 아이 비율이 아주 좋은 어린이집이라 해도 보호자 한 명이 다섯 명도 넘는 아이를 돌봐야 한다.

영장류 동물학자며 진화론자인 세라 블래퍼 허디Sarah Blaffer Hrdy가 《뉴 사이언티스트New Scientist》와의 인터뷰에서 이에 대해 언급했다.

정책 입안자는 핵가족을 가장 전형적인 가족 형태라고 생각하지만 인류의 가족사를 들여다보면 친부모가 전적으로 혼자 아이들을 키웠던 시대는 그리 흔치 않다. 다른 사람들의 돌봄에 익숙한 아이는 사회를 친절한 세상이라 생각하고 그에 따라 행동한다.

하디는 저서 『어머니의 본능: 모성 본능이 인류 형성에 미친 영향 Mother Nature: Maternal Instincts and How They Shape the Human Specie』에서 자신이 "비어버이 보호자alloparents"라고 명명한 대가족의 중요성을 역설한다.

방임의 위험에 노출된 아이들에게는 조부모와 같은 비어버이 보호자의 개입이 놀라운 변화를 일으킬 수 있다.[5]

우리도 이 책에서 지금까지 이 사실에 대해 살펴보았다.
또한 과거에는 아기만의 방 개념이 없었고 심지어 따로 잠자리를 마련해 주지도 않았다. 아기는 언제나 어른이나 형제 바로 옆에서 함께 지냈고 심지어 하루 종일 업어서 키우기도 했다. 오늘날 영아가 잠투정을 하거나 계속 울어 대는 것은 대부분 아기를 어른이 보이지 않는 장소에 혼자 떨어뜨려 두기 때문에 발생하는 문제다. 인류가 진화해 온 역사의 대부분을 보면 아기에게 이런 상황은 죽음의 위협이었기 때문에 아기가 혼자서 잠들기 싫어하고 울어 대는 것은 너무나 당연한 일이다. 사실 오히려 많은 아기들이 혼자 잠드는 일에 어떻게 그리도 빨리 익숙해지는지 그것이 더 놀랍다. 사람의 뇌가 얼마나 적응성이 뛰어난지 보여 주는 예라 할 만 하다. 아기도 나중에는 혼자 있어도 스트레스 시스템이 쉽게 발동되지 않게 진화할지 모른다. 하지만 그런 진화는 부모들이 원하는 지금 당장 이루어지는 것이 아니며 아마도 억겁의 세월을 지나야 할 것이다. 그러니 지금 당장은 아기에게 필요한 것이 무엇인지, 그것을 충족시키려면 어떻게 해야 하는지 배워야 한다.

우리는 영유아의 뜻을 잘 읽는 사회를 만들어야 하며 자녀를 두거나 아이들과 관련된 직업에 종사하는 사람은 누구나 아이들의 신호에 숙달해야 한다. 예를 들어 코너처럼 아기가 전혀 울지 않는다면 아기가 너무 많이 울 때와 마찬가지로 심상치 않은 징조임을 알아차려야 한다. 사람들이 연령대에 적합한 행동을 숙지하면 아이들이 필요할 때 더 빨리 도움을 얻을 수 있다.

또한 '엄마 전쟁Mommy wars(전업주부와 자녀를 둔 직장 여성 사이의 논쟁 — 옮긴이)'을 즉각 중단해야 하며, 부모가 자기 아이들과 더 많은 시간을 보낼수록, 공동체의 지원과 양질의 탁아 서비스를 더 많이 받을수록 모든 사람에게 이익이라는 것을 깨달아야 한다. 하디의 글이다.

인류는 엄마가 수많은 사회적 지원을 받는 속에서 발달해 왔다. 오늘날에도 아기가 인간으로서 갖는 잠재력을 완전히 발달시키려면 같은 사회적 약속이 필요하다.

많은 유럽 국가들, 특히 스칸디나비아 국가는 고도로 생산적인 경제와 고품질 탁아 서비스, 긴 유급 휴가까지 모두 이루어 내고 있다. 우리가 마찬가지 정책을 발전시키지 못할 이유는 전혀 없다.

◆

부모가 미디어와 기술의 사용 한계를 정하는 단순한 방법도 생물학적으로 존중받는 가정 환경 조성에 도움이 될 수 있다. 예를 들면 식사 시간에는 모든 전화, 텔레비전, 컴퓨터를 끄는 방법이 있을 수 있다. 또한 친척, 이웃, 가게 주인 및 기타 일상생활에서 마주치는 사람과 적절한 관계를 맺고 친절하게 배려하여 아이들에게 모범을 보여 줄 수 있다.

학교도 바뀌어야 한다. 우리의 교육 체계는 인지 발달에만 강박적일 정도로 집착하면서 아동의 정서적, 신체적 요구 사항은 거의 완벽하게 무시한다. 20년 전만 해도 초등학교에서는 점심시간과 휴식 시간이 매우 중요하게 취급되었고 체육을 필수 과목으로 매주 여러 시간 포함시켰다. 숙제는 대부분 하루 한 시간 이내에 할 수 있는 정도였고 아이들 스스로 마감 시간을 기억해서 제시간에 해결할 수 있었다. 부모가 도와야 하는 큰 프로젝트는 1년에 몇 번뿐이었다.

모든 것은 어린아이들의 생물학적 요구에 충실했으며, 특히 여자보다 성장 속도가 늦는 소년들에게 많은 배려를 보여 주었다. 학교는 아동기 아이들의 집중 시간이 짧으며 뛰어놀면서 사람 사이의 사회화를 배우는 자유 시간이 필요하다는 것을 잘 알고 있었다. 내 공동 저자 마이아Maia의 아홉 살난 조카는 어느 날 엄마에게 자기 친구가 누구인지 모르겠다고 말했다. 그의 학교생활은 너무 빡빡해서 진정한 인간관계를 맺을 만한 자유 시간이 부족했다. 쉬는 시간도 없었다. 이것은 정말 미친 짓이다. 자기 아이에게 다른 아이처럼 '더 좋은' 환경을 제공하려는 성급한 욕심이 오히려 아이들의 감정적 빈곤을 초래한다. 아이의 뇌에는 단어나 학과 내용, 꽉 짜인 수업도 필요하지만 사랑과 교우 관계, 즐겁게 뛰어놀고 공상에 빠질 수 있는 자유가 훨씬 더 절실하다. 이것을 이해하면 더 많은 부모가 사회적 압력에 저항하고 학교를 압박해서 좀 더 합리적인 방향으로 돌아오게 할 수 있다.

또한 인간관계의 중요성을 경시하는 우리의 교육 체계와 사회의 인식이 아이들의 감정 이입 능력 발달을 저해한다. 감정 이입은 언어와 마찬가지로 인간을 다른 동물과 구별하는 기본적인 능력이다. 하지만 언어와 마찬가지로 감정 이입도 학습으로 습득해야 한다. 보통은 두 가지 모두 영아기 때 습득하지만 코너나 레온의 경우에서처럼 감정 이입과 이성적 판단 능력이 발달하려면 외부 환경에서 오는 자극이 꼭 필요하다. 다행히 영아기에 이 두 소년처럼 오랜 기간 동안 홀로 방치되는 아기는 거의 없다. 하지만 아이들은 점점 더 많은 시간을 너무나 빡빡하고 경직된 환경에서 보내고 있어서 개인적인 친분 관계를 만들거나 반복적인 연습을 통해 따스한 배려심을 배울 시간이 턱없이 부족하다. 설상가상으로 부모와 보내는 시간도 점점 짧아진다. 이제 남은 시간은 몇 시간씩 이어지는 과중한 숙제나 텔레비전, 컴퓨터, 비디오 게임으로 빠르게 채워져 간다.

두뇌는 사용 의존적으로 발달한다. 즉 사용하면 발달하고 사용하지 않으면 퇴화된다. 아이들이 다른 사람과 어울리고 관계를 맺으며 갈등에 대처하고 복잡한 사회적 질서와 협상하는 방법을 배울 시간이 없으면 여기에 해당하는 뇌 영역의 발달이 지체된다. 다음은 하디의 글이다.

감정 이입 능력은 특정 양육 조건하에서만 표현되는 잠재력이다.

아기를 키우면서 활발한 사회적 안전망을 통해 이런 조건을 부여하지 못하면 이 기능은 제대로 발현되지 못한다.

모든 스트레스가 나쁜 것은 아니며 아이들은 안전과 함께 위험도 경험해 보아야 한다. 아이들을 보호하려는 마음은 자연스러운 본능이지만 아이들을 위험하지 않게 하는 데 강박적이지는 않는지 반문해 볼 필요가 있다. 최고로 안전한 놀이터에는 그네도 없고 미끄럼틀도 없으며 거친 땅도, 나무도, 다른 아이들도 없다. 그러면 결국 재미도 없다. 아이들의 뇌는 그들이 하는 행동에 따라 천천히 반복적으로 형성되어 간다. 작은 위험에 대처해 본 적이 없고 자기가 선택한 대처 방법의 결과를 경험한 적이 없으면 더 큰 위험에 대비하고 더 많은 순차적 결정을 내릴 준비도 하지 못한다. 오늘날 우리는 안전제일주의 문화 속에서 갓난아기부터 고등학생 때까지는 엄격한 감시와 지도로 아이들을 꽁꽁 묶어 두다가 대학교로 보내면서 갑자기 완전한 자유 속으로 풀어줘 버린다. 물론 일부 부모는 대학교에까지 아이의 사생활을 침해하려 들지만 말이다. 과거 인류 역사 대부분에서 청소년은 지금보다 훨씬 일찍 어른의 역할을 수행했고 삶의 여러 도전에 더 잘 대처해 왔다. 10대가 겪는 문제들은 대부분 이들의 발달 중인 뇌가 도전에 적절하게 대처하지 못했기 때문이다. 뇌의 의사 결정 영역은 20대 초반까지도 다 완성되지 않으며 위험을 감수하면서 수많은 의사 결정 경험을 쌓아야만 제대로 만들어질 수 있다. 아이들은 스스로 시행착오를 겪어 봐야 하고 경험 부족으로 인해 바보스럽고 근시안적인 선택을 했을 때 그 결과를 직접 경험하여 느껴야 한다. 더불어 마약이나 폭력 같은 한 번의 실수가 삶 전체를 탈선시키는 재앙으로 확대되지 않도록 적절한 정책을 쓰는 균형 감각이 필요하다. 하지만 불행히도 단 한 번의 규칙 위반으로도 학교에서 쫓겨나는 현재의 '무관용zero tolerance 정책(범법자에 대한 처벌을 대단히 엄격하게 가하는 정책 ─ 옮긴이)'이 바로 이런 짓을 하고 있다.

인간은 본능적으로 주위 사람의 행동을 모방하는 경향이 있으며 반복하고 강화하여 결국 내 것으로 만든다. 어떤 행동을 많이 하면 할수록 뇌에서 이 행동을 담당하는 부분이 더 강해진다. 사랑과 양육을 통한 반복을 생각하면 대단히 긍정적인 특징이지만 우리와 우리 아이들 주변에 늘어 가는 수많은 폭력과 폭력 모방물을 생각하면 겁나는 것이 사실이다. 단순히 비디오 게임이나 텔레비전의 폭력 장면에 노출되는 것보다 폭력이 난무하는 공동체에서 살고 경제적으로 빈곤하거나 그 자신이 폭력 행위의 희생자가 되는 것이 훨씬 더 폭력적으로 자라기 쉽다. 폭력과 범죄를 근절하고 싶다면 무엇보다 사회의 경제적 불평등을 해소하고 가정 폭력과 아동 학대 희생자를 도와야 한다. 학대받은 아이들이 자라서 모두 학대자로 돌변하는 것은 아니다. 하지만 분명 아이를 학대하거나 방임하는 부모는 영아기에 같은 경험을 했을 가능성이 대단히 높으며, 이런 아이가 폭력적인 공동체에서 살면서 폭력 모방물로 둘러싸이고 이것에 대항할 수 있는 긍정적인 사회적 관계를 거의 맺지 못하면 상황은 더 악화될 수 있다.

폭력적인 비디오 게임에 노출되는 양이나 이것이 아동의 행동에 미치는 영향 등에 대한 연구는 아직 없지만, 미국 정신의학회에 의하면 아이는 열여덟 살까지[6] 텔레비전에서만 해도 평균적으로 살인 모방 행위 1만 6000건, 폭력 행위 20만 건을 보게 된다. 사람의 '선량한' 본성이 중시되는 사회를 건설하려면 아이들이 이런 폭력에 노출되는 빈도를 줄여야 한다. 이 책에서 우리는 사소한 영향과 결정이라도 오랜 시간이 경과하면 얼마나 큰 문제로 비화될 수 있는지 여러 사례를 보아 왔다. 작은 것이라도 부정적 영향을 끊임없이 변화시켜 나가면 결국 큰 변화를 이룰 수 있다.

무엇보다 사람은 서로 협력해야만 살아남을 수 있는 환경에서 진화해 왔다. 인류 역사가 순수한 평화만으로 가득한 것은 아니지만, 어떤 사회에서는 우리의 폭력 성향을 누그러뜨리는 방법으로 아이들을 키우고 분쟁을 가라앉히는 반면 다른 곳에서는 오히려 증폭시키는 방법으로 행동한다. 진화론자가 가장 이해하기 어려운 난제는 협력 관계의 발달 과정이다. 진화의 '승자'가 대부분 유전자 재생산에 성공하며 이기적 행동이 생존과 재생산의 기회를 극대화하는 경우가 훨씬 더 많기 때문이다. 진화론자는 오랫동안 "자연은 인정사정 봐주지 않는다."고 주장해 왔지만 적자생존의 경쟁에만 초점을 맞추면 다른 동물에게서 거의 찾아볼 수 없는 인간의 가장 흥미롭고 중요한 특징을 간과하게 된다. 그것은 바로 이타주의적 경향이다.

  시간이 흐르면서 연구자들은 정교하게 균형을 이룬 어떤 상황에서는 자연스럽게 협력이 발생한다는 사실을 발견했다. 해당 조건에서는 협력하는 동물이 항상 혼자 맞서는 동물보다 살아남을 확률이 더 높아지기 때문이다. 하지만 협력이 이어지려면 이런 호의적인 환경도 지속되어야 한다. 사람 사이의 협력 관계가 유지되려면 다른 사람이 자신을 공정하게 대해 준다는 믿음이 있어야 하며 신뢰를 배신하고 다른 사람을 희생양으로 삼아 사기 치는 사람을 색출하고 처벌해야 한다.

  불행히도 글로벌 경쟁의 파도 속에서 부자는 더 부유해지고 나머지는 버려지는 오늘날 사회에서는 다른 사람에 대한 공정성과 선의가 점점 더 위협받고 있다. 미디어와 학교에서는 물질적 성공을 강조하고 운동이나 공부에서 다른 사람을 밟고 올라서야 한다고 가르치며, 경쟁이 치열해지는 분위기에서 중산층 부모는 점점 더 자식이 좀 더 상위 계층으로 올라가도록 수단과 방법을 가리지 않는다. 끊임없는 경쟁은 사람의 정신 건강과 사회적 단결에 꼭 필요한 협력과 남에 대한 배려, 이타심의 교훈을 무색하게 한다.

나는 공동체의 분열과 끊임없는 경쟁의 직접적 결과일 트라우마 사건 후 정신 건강 관리를 도와 달라는 요청을 받곤 한다. 이런 의뢰 중 가장 고통스러운 경우는 학교 총기 사고다. 이런 사례에도 역시 따돌림이 만연하여 당연하게 생각되고 패자는 이해와 지원을 받지 못한 채 철저하게 소외되고 배척되는 학교의 승자 독식 문화가 똬리를 틀고 있다. 이런 상황에서는 10대만이 아니라 교사, 부모, 학교 관리인까지 모두 합세해서 밑바닥부터 고통을 야기하는 엄격한 사회적 계층 구조를 만들어 내고 강요한다. 물론 사람은 항상 계급 사회를 형성하는 종족이며 이것도 우리의 생물학적 특징 중 하나다. 하지만 폭력을 미화하는 문화 속에서 다른 사람을 짓밟는 인정사정없는 경쟁에만 몰두하다 보면 따돌림을 받았다고 생각한 사람이 돌발적인 폭력을 휘두르는 것이 별로 놀랍지 않다. 모든 학생이 학교 공동체에 대한 소속감을 훨씬 더 강하게 가져야만 이런 사고를 막을 수 있을 것이다.

뇌는 지속적인 반복과 노출을 통해 오랜 시간을 두고 천천히 발달하며 각 순간마다 긍정적이거나 부정적인 패턴을 강화한다. 일단 패턴이 시작되면 홈이나 자국처럼 남아 유사한 행동을 더 쉽게 만들어 주고 반복될수록 이런 경향은 더 강해진다. 사회적 뇌의 거울 시스템은 행동 전염을 일으킨다. 여기에서도 마찬가지로 스포츠나 피아노, 친절 등을 연습할 때는 멋진 기능이지만 반복되는 것이 위협에 대한 충동성이나 공격적 반응이라면 문제가 된다. 나는 레온을 다시 생각한다. 그는 처음에는 반복적으로 방임되는 것으로 시작했지만 이후 그 자신이 그다지 중요하지 않은 작은 의사 결정을 거듭하여 나쁜 행동이 쉽게 늘어나고 좋은 선택은 점점 더 멀어져 갔다.

이런 뇌의 특성으로 인해 거의 대부분의 경우 개입 시기가 빠를수록 좋다. 물론 이 경우 올바른 개입이어야 한다. 레온의 경우 그를 도우려는 시도 대부분이 실제로는 상황을 더욱 악화시켰다. 아이들이 비행을 저지르면 처음에는 이들을 벌주고 권리를 빼앗으려는 충동에 사로잡히곤 한다. 우리는 아이들을 '버릇이 없거나', '제멋대로' 행동하는 짜증나고 부담스러우며 공격적인 존재로 보는 경향이 있다. 하지만 이런 행태는 보통 아이가 너무 풍족하거나 기분이 좋아서가 아니라 요구가 충족되지 않고 잠재력이 사장될 때 발현된다. 아이를 친절하고 너그러우며 배려심 깊은 사람으로 키우고 싶으면 같은 방식으로 대우해 주어야 한다. 처벌은 이런 자질을 만들어 내지 못한다. 물론 행동의 한계를 정하는 것은 필요하지만 아이가 처신을 잘하기를 바란다면 먼저 예의 바르게 대해 주어야 한다. 사랑받으며 자란 아이는 자기 주변 사람들을 행복하게 해주고 싶어 한다. 자신이 행복하면 주위 사람들도 즐거워진다는 것을 잘 알기 때문이다. 단지 처벌을 피하기 위해 규칙에 따르는 것이 아니다. 이런 긍정적인 피드백의 순환 고리는 부정적 피드백보다 훨씬 더 강력하다. 하지만 그러려면 나쁜 짓을 한 아이에게 즉각 반응하지 말고 먼저 나쁜 짓을 하게 만든 원인을 판단해서 그것부터 해결해야 한다. 레온이 아동기 초기에 도움을 받았다면 엄마로부터 방임을 경험했다 해도 분명 내가 만났던 냉혈 살인마가 되지는 않았을 것이다.

하지만 코너, 피터, 저스틴, 레온, 로라와 같이 유아기의 트라우마를 경험한 아이들과 일할 때에는 현대 사회에서 항상 부족한 두 가지가 꼭 필요하다. 바로 시간과 인내심이다. 트라우마를 겪는 아이들은 스트레스 반응이 과도하게 활성화된 경우가 많으며, 앞에서 보아온 것처럼 이것은 아이를 공격적, 충동적이며 도움이 필요한 사람으로 만들 수 있다. 이런 아이들은 쉽게 불같이 폭발하고 바로 진정되지 않아 돌보기 어려우며 아주 작은 낯선 것이나 변화에도 과도하게 반응하고 행동하기 전에 먼저 생각하는 법을 잘 알지 못한다. 이들의 행동에 지속성 있는 어떤 변화가 일어나려면 먼저 안전하고 사랑받는다는 느낌을 받아야 한다. 하지만 불행히도 치료 프로그램이나 개입 방법 중 많은 것이 이들의 행동을 오히려 퇴화시킨다. 이런 프로그램들은 대부분 벌을 주는 식이며 아이가 먼저 더 나은 행동을 보여 주어야만 사랑과 안전을 보장하는 방법으로 아이를 올바른 행동으로 유혹하려 한다. 이런 방법은 일시적으로 아이를 위협하여 어른이 원하는 행동을 하도록 강요할 수는 있지만 아이들 스스로 자신을 더 잘 통제해서 더 사랑스러운 모습으로 바뀌려는 장기적인 내면의 동기는 제공하지 못한다.

문제 아동은 일종의 고통을 겪고 있는 상태나 마찬가지다. 고통은 사람을 짜증스럽고 불안하며 공격적으로 만들기 마련이다. 이들은 인내심과 사랑으로 꾸준히 치료해야 하며 짧은 시간에 효과를 볼 수 있는 마법의 약은 존재하지 않는다. 서너 살 아이는 물론 10대 아이들에게도 마찬가지다. 아이가 나이가 많아진다 해서 처벌을 통한 접근이 더 적절하거나 효과적인 것은 아니다. 하지만 마찬가지로 우리 사회 체제는 이런 사실을 잘 깨닫지 못하며 그저 미봉책을 내놓은 다음 이것이 실패하면 처벌적 방법에만 매달린다. 이런 아이들에게 처벌이나 박탈, 강요는 또 다른 트라우마로 다가오며 이들의 문제를 더 악화시킬 뿐이다.

아이들을 치료하며 알게 된 가장 큰 교훈은 어떤 치료를 하더라도 우선 시간을 들여 관심을 가지고 이야기를 들어 주어야 한다는 것이다. 뇌가 가진 모방이라는 신경 생리학적 특성 때문에 누군가를 진정시키고 집중하게 만드는 가장 좋은 방법은 바로 나 자신이 먼저 진정하고 집중하는 것이다.

이런 관점에서 접근하면 아이들의 반응은 단순히 증상을 파악하고 고칠 방법만 생각하던 때와 완전히 달라질 것이다. 예를 들어 내가 처음 우리 안에 있던 저스틴에게 접근했을 때 그의 반응은 이전의 다른 사람에게 했던 것과 크게 달랐다. 내가 그의 무서운 행동 저변에 깔려 있는 두려움과 굶주림을 알아보았기 때문이다. 특히 배고프거나 화가 나서 어떤 행동을 했을 경우 나쁜 짓을 한 사람이 다름 아닌 내 자식이면 분명 이런 식의 객관적 판단이 어렵다. 하지만 아이의 관점에서 세상을 바라보고 더 안정감을 주려고 노력하면 아이의 행동을 더 잘 예측할 수 있고 나아가 개선할 방법을 찾아내기도 쉬워진다.

모방이라는 생물학적 특성으로 인해 아이의 공격성이나 충동적 경향에만 초점을 맞추면 상황은 더 악화된다. 아이들도 이런 분위기에 반응하여 진정하지 못하고 오히려 나쁜 행동을 더 과장하기 때문이다. 이런 집단 치료 방식의 부정적 측면이 계속 부각되는데도 우리는 습관적으로 문제 아동을 한데 모아 놓는 치료 그룹과 거주 프로그램에 의존한다. 레온의 사례에서 보았던 것처럼 이것은 문제를 더 악화시킬 수 있다.

트라우마에서의 회복에 규칙성과 반복이 얼마나 중요한지는 아무리 강조해도 지나치지 않다. 뇌는 패턴이 입력된 반복적 경험에 반응하며 변화한다. 어떤 것을 더 많이 반복할수록 더 깊이 몸에 밴다. 즉 회복에는 시간이 필요하며 인내심을 가지고 꾸준히 반복 횟수를 누적해야 한다. 트라우마를 겪은 기간이 길수록 더 심각하게 발현되며 이것을 치유하는데 필요한 반복 횟수도 더 늘어난다.

또한 트라우마의 기저에는 극도의 무기력과 통제력을 상실한 경험이 깔려 있기 때문에 회복을 위해서는 환자가 치료 과정의 중요한 부분을 자기가 관장해야 한다. 강제적 방법을 사용하거나 준비되지 않은 사람에게 마음을 터놓으라고 강요하거나 치료에 참여하라고 요구하고 개인적 차이를 존중하지 않으면 치료 자체가 심각한 해를 끼칠 수 있다. 회복을 위해서는 안정감이 가장 중요하다. 강요는 공포를 야기한다. 강압적 치료는 트라우마 희생자에게 위험할뿐더러 효과도 없다. 트라우마는 많은 10대의 문제 행동과 중독과 같은 다른 정신 건강상의 문제를 일으키는 경향이 있다. 불행히도 정신 의학 분야에서는 여전히 강제적 형태의 치료가 널리 사용되며 문제를 해결하려는 노력이 오히려 악화시키는 사례도 있다. 따라서 우리는 부모와 전문가 모두를 교육해야 하며, 사법 체계, 위탁 보호 체계, 아동 보호 및 정신 건강 보호 체계 모두가 트라우마에 대해 더 많은 정보를 토대로 피해를 늘리지 않고 줄여 가는 증거 기반 접근 방법을 사용해야 한다.

물론 아이들에게 더 안전한 세상을 만드는 것은 쉬운 일이 아니다. 이를 위해서는 국제화, 엄마 전쟁, 경제적 불평등과 같은 현 시대의 가장 큰 정치적 논란거리들을 적극적으로 다루어야 한다. 미국 정부는 지금까지 아동 문제에 대해 립 서비스 외엔 별다른 노력을 하지 않았고 보수와 진보 모두 '가족의 가치'를 높이 들었지만 실제로 대부분의 부모와 아이들에게 큰 영향을 미치는 일상의 문제 해결에 대해서는 고개를 돌렸다. 나도 모든 해답을 다 가지고 있는 것은 아니다. 하지만 우리 자신이 사회적 동물이고 특정한 능력과 약점을 동시에 가지고 발달해 왔으며 어떻게 사용하느냐에 따라 달라지는 뇌를 가지고 있음을 이해한다면, 최소한 맞는 질문을 할 수 있을 것이다. 그리고 그것을 바탕으로 사랑과 배려가 넘치는 공동체 건설의 첫발을 내디딜 수 있을 것이다.

| 부록 |

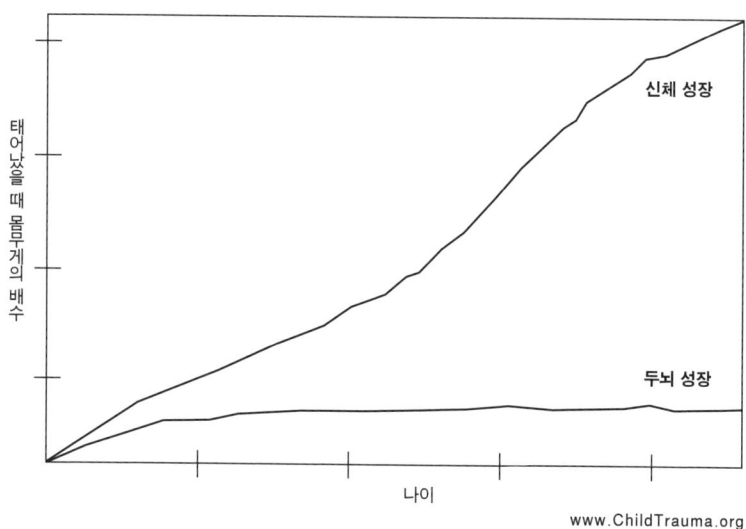

그림 1. 신체와 두뇌의 성장

인체의 물리적 성장은 태어나서부터 청소년기까지 대략 선형적으로 증가한다. 반면 뇌의 물리적 성장은 전혀 다르다. 뇌가 가장 빠르게 성장하는 때는 태아 시절이고 태어난 후부터 네 살까지 엄청난 속도로 자란다. 그래서 네 살 때 뇌는 이미 성인 크기의 90퍼센트가 된다. 뇌의 핵심 신경망도 대부분 이 시기에 완성되며 가단성과 취약성이 큰 시기여서 이때의 경험이 뇌 구조에 큰 영향을 미친다. 성장기 아동에게 이 시기는 무한한 가능성의 시기다. 안전하고 예측 가능하게 양육하며 반복적 경험을 부여하면 유전된 능력을 최대한도로 끌어낼 수 있다. 하지만 불행히도 활발하게 발달하고 있는 뇌는 위협, 방임이나 트라우마의 파괴적인 영향에도 마찬가지로 대단히 취약하다.

뇌가 이렇게 영아기에 급속히 발달하기는 하지만 이후로 발달이나 구성이 완전히 종료되는 것은 아니다. 사실 아동기와 청소년기 전체에 걸쳐 중요한 신경 순차적 발달이 계속되어 뇌의 구조가 점점 더 복잡하게 변하며 주요 대뇌 피질의 재구성과 수초 발생myelination은 성인기 초기까지도 계속 진행된다.

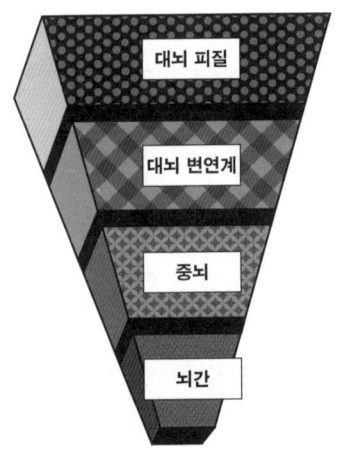

그림 2. 뇌 기능 계층도

사람의 뇌는 해당 영역이 진화해 온 순서와 거의 유사하게 순차적으로 발달한다. 뇌간에서 시작하는 가장 원시적인 중심부가 제일 먼저 발달하고 성장해 가면서 중앙에서 피질 쪽 영역으로 이동하며 차례차례 중요한 변화와 발달을 이루어 나간다. 하지만 각 영역이 적절하게 발달하려면 적절한 시기에 패턴화된 자극을 반복적으로 받아야 한다. 트라우마를 겪거나 학대받은 아이들을 치료하는 신경 순차적 접근 방법에서는 먼저 발달되지 못했거나 지체된 기능과 해당되는 뇌 영역이 어디인지 조사한 다음 받지 못한 자극을 제공하여 뇌가 좀 더 정상적으로 발달할 수 있도록 돕는다.

시간 감각	막연한 미래	일 시간	시간 분	분 초	시간 감각 없음
각성 단계	휴식	경계	저항 울음	반항 울화 행동	공격
해리 단계	휴식	거부	순응 로봇같음	해리 태아같이 옹크려 규칙적으로 몸을 흔듬fetal rocking	기절
조절하는 뇌 영역	신피질 피질	피질 변연계	변연계 중외	중뇌 뇌간	뇌간 자율신경계
인식 형태	추상적	구체적	감정적	반응적	재귀적
내면적 상태	안정	경계	경고	공포	경악

그림 3. 각성 단계, 상태 의존적 학습 및 위협에 대한 반응

사람은 정보를 처리해서 저장했다가 다시 꺼내 현재의 생리학적

상태에 따른 방법으로 세상에 반응한다. 즉 '상태 의존적'으로 반응한다. 아이가 극단적, 전면적 위협이나 트라우마에 노출되면 스트레스 기전이 과민해져서 위협을 당하고 있는데도 평범하게 반응할 수 있다. 그러면 아이는 스트레스에 대한 개별 반응에 기초하여 해리나 각성의 단계를 따라 이동되는 경우가 많으며 이 과정에서 대부분 학습과 같은 인지적 정보 습득 능력이 저해된다.

그 결과 아이의 뇌는 교실의 다른 친구들과 아주 다른 상태가 된다. 도표에서처럼 휴식 상태였던 아동이 해리나 과각성 반응 상태로 이동한다. 지능이 동일한 아이들이라도 좀 더 안정된 아이가 더 쉽게 교사의 말에 집중할 수 있으며 신피질을 이용해서 추상적으로 사고하고 학습할 수 있다.

반면 경고 상태의 아동은 교사가 제공하는 언어 정보의 처리 및 저장 효율성이 저하된다. 피질 하부와 변연계는 아이의 인지 능력을 관장하는데 주로 교사의 얼굴 표정, 손짓이나 감지되는 분위기 같은 비언어적 정보에 초점을 맞춘다. 또한 뇌는 '사용 의존적' 방식으로 학습하기 때문에 아이의 비언어적 인지 능력 발달도 이미 다른 아이보다 훨씬 더 지엽적이다. 트라우마를 겪거나 학대를 당한 아이는 언어보다 정보가 훨씬 더 중요하다고 학습한다. 예를 들어 "아빠에게서 술 냄새가 나고 비틀거리면 엄마를 두들겨 팰 것"임을 알아채는 식이다.

아이가 과각성 단계로 이동하면 신체 기능을 통제하는 뇌 부분도 이동한다. 더 고통스럽고 더 위협적일수록 행동이나 반응은 더 원시적으로 나타난다. 이런 인지 능력 상태에 따른 이동 중에는 아이의 시간 감각도 변해서 미래 계획의 범위가 축소된다. 위협을 당하는 아이는 지금부터 몇 달 후를 생각할 수도 없고 생각해서도 안 되며 오직 현재의 위협에만 집중하게 된다.

이것은 트라우마를 겪는 아이의 생각, 반응 및 행동을 이해하는 데에 큰 단초를 준다. 이 아이들에게는 즉각적 보상만이 의미가 있으며 나중에 허락받는 것은 거의 불가능하다. 또한 각성된 뇌의 실제 위치 때문에 문자 그대로 자기 행동의 결과를 미리 고려하지 못한다.

그 결과 경고 상태의 아이는 폭력을 포함한 모든 행동에 대해 반성할 수도 없다. 대뇌 피질의 내면적 통제로부터 벗어난 뇌간은 반사적, 충동적으로 행동하며 심지어 공격 성향까지 보일 수 있다.

이런 상태 의존적 정보 처리 방식 때문에 학대받은 아이는 너무 혼란스러워서 갈피를 잡지 못하거나 불필요하게 '예민한' 아이로 보일 수 있다. 따스한 눈 맞춤을 생명을 위협하는 신호로 인식하거나 친근하게 어깨를 두드린 행동이 양아버지의 성적 학대를 떠올리게 만들기도 하고, 선의의 부드러운 장난을 집에서 겪었던 끝없이 빈정대고 비하하는 감정적 학대와 마찬가지로 생각해서 수치스럽게 거부당한 것으로 받아들이기도 한다. 어떤 것도 제대로 할 수 없는 집의 아이는 칠판의 문제를 풀어 보라는 지시만으로도 공포에 질릴 수 있다. 목소리를 조금만 높여도 가정 폭력에 시달리는 소년에게는 고함을 치는 것으로 느껴진다. 트라우마를 겪는 아이를 치료할 때에는 이런 반응을 충분히 고려해야 하며 아이의 스트레스 반응 체계를 안정시켜 충분히 안전하다고 느끼도록 해서 보다 상부의 뇌가 기능할 수 있도록, 그래서 가능한 한 더 높은 각성 단계를 겪지 않도록 최선을 다해야 한다.

출처 : Perry, B. D. (2006, Summer). Fear and learning: trauma-related factors in education. *New Directions for Adult and Continuing Education, 110* (21-27).

| 감사의 말 |

브루스 D. 페리의 감사의 말

이 책의 가장 큰 공로자는 이름을 들어 감사할 수 없다. 바로 현재 상태와 치료해야 할 부분에 대해 심층적으로 이해하게 도와준 수백 명의 학대받고 트라우마를 겪는 아이들 자신이기 때문이다. 나는 이 아이들 하나하나와 함께했음을 자랑스럽게 생각하며, 누군가에게 도움이 될지 모른다는 생각으로 기꺼이 자신의 고통을 나누기로 결심한 그들의 품위와 용기에 진심으로 감사한다. 책의 모든 페이지에서 아이들의 굳건함과 숭고한 영혼이 함께하여 모든 독자에게 그들의 이야기가 공정하게 전해지기를 바란다.

또한 내 평생의 연구에 있어 현명한 지혜로 앞길을 안내한 세이무어 레빈 박사, 찰스 소렌슨, 데이비드 유프리차드, 존 스톡, 얼 길러, 스티브 사우스윅을 비롯해서 여러 유능한 과학자와 재능 있는 임상 연구자에게 진심으로 감사하며 통찰력이 뛰어난 임상의 멘토들, 특히 잘 디더드 박사와 리처드 카프만에게 무한한 감사를 보낸다. 덧붙여 내게 연구할 수 있는 시간과 연구실, 연구 자원과 지침을 제공해 준 여러 행정 분야 멘토, 특히 베넷 레벤달 박사와 스튜어트 유도프스키와 함께 하는 행운을 누렸다. 신경 과학 연구를 함께 한 핵심 공동 연구자 루이스 세든, 알 헬러와 빌 울버튼도 빼놓을 수 없으며 르누아르 테르 박사, 로버트 피누스와 프랭크 푸트남을 비롯해서 나에게 소중한 영감을 주었던 수많은 동료 임상의와 연구자에게도 크게 감사한다. 이들 모두를 나열하기에 지면이 부족해서 아쉬울 뿐이다.

내 저술에 끊임없이 영감을 주고 일을 맡아 준 변호사 앤드류 바체스에게도 진심으로 감사한다. 여러 해 동안 일을 도와주며 지혜롭게 길을 안내하여 항상 내가 올바른 질문을 할 수 있게 이끌었던 그는 내게 이 흐린 세상에 갈 길을 밝혀 주는 진정한 북극성이었다.

덧붙여 아동 트라우마 아카데미의 현재 직원과 전임자 모두에게 큰 감사를 보낸다. 이 열정적인 임상의들은 언제나 곤경에 빠진 아이에게 영감을 주며 형언할 수 없이 귀중한 지적 자극을 제공한다. 그 중 최고는 자신의 노력으로 전체 국가를 바꾸어 놓은 인상적이고 사심 없는 소아과 의사인 로빈 팬코트다. 아동 트라우마 아카데미의 현재 모습을 만들어 준 자나 로젠펠트, 크리스 돕슨 박사, 스테파니 스치크와 현재 CTA의 주요 임상 공동 연구자들, 릭 개스킬 박사, 기제인 인다르트에게 특별한 감사를 보낸다.

여러 해 동안 너그럽고 동정 어린 수많은 사람들이 우리 일을 도와주었다. 특히 어빙 해리스, 제프리 제이콥스, 마콘도 브라운 오코너와 리처드, 메그 위클리에게 감사를 표한다.

책을 정교하게 편집해 준 베이직 북스 편집 고문 조 안 밀러, 프로젝트 내내 온갖 궂은일을 도맡으며 끝없이 격려해 준 에이전트 엔드류 스투어트에게 무한한 감사를 보낸다.

하지만 무엇보다 가장 크게 감사하는 사람들은 내 가족이다. 아버지와 어머니는 어린 시절부터 내게 호기심과 유머, 열정과 성실함을 물려주었다. 부모님에게 진심으로 가장 깊은 감사를 보낸다. 그러나 내 모든 가족 중 최고의 감사는 아내 바바라에게 돌아가야 한다. 그녀는 수많은 이사를 묵묵히 감당했고 일에 파묻혀 집에 들어오지 않거나 집에까지 일을 가져오는 남편을 너그럽게 참아 주었다. 내 아이들은 가장 큰 즐거움인 동시에 가장 위대한 스승이다. 내 가족은 끝없는 사랑과 힘, 지원과 영감으로 나를 지탱해 준다.

마지막으로 이 책은 마이아 샬라비츠 덕분에 세상에 빛을 보았다. 그와 공동 연구를 시작했던 것은 정말 잘한 일이다. 그녀는 정말 열심히 일하는 최고의 작가며 수많은 학문 분야의 과학적 개념을 소화하고 이것을 일반 독자에게 쉬운 말로 풀어 설명하는 탁월한 능력을 지녔다. 무엇보다 그녀는 바다와도 같은 마음을 가졌다. 우리가 이 책을 쓰면서 느꼈던 깊은 즐거움을 독자 여러분도 함께 느낄 수 있기를 소망한다.

마이아 샬라비츠의 감사의 말

우선 나의 과학 영웅 브루스 D. 페리에게 진심으로 감사한다. 그는 내게 정말 최고의 공동 연구자였다. 그의 친절함과 지혜, 너그러움, 끝없는 지원과 격려에 힘입어 드디어 이 책이 세상에 나오게 되었다. 과학 작가로서 나는 위대한 분에게 중요한 질문을 던질 때가 가장 행복하다. 이 프로젝트가 바로 나에게 그런 낙원을 선사했다. 이 책의 저술에 제안 단계부터 줄곧 지도와 도움을 아끼지 않은 에이전트 앤드류 스투어트와 우아하게 편집해 준 조 안 밀러에게 모든 영광을 돌린다. 날카로운 위트로 친절하게 구술 내용을 전사해 준 리사 래 콜레먼과 끊임없이 도와준 트레버 버터워스와 stats.org에 속한 여러 분들에게 특히 감사한다. 어머니와 아버지, 자매인 키라 스미스(조카 에이론, 셀체스, 엘리아나와 함께), 새라, 아리 샬라비츠에게도 깊이 감사한다. 아울러 내 일과 내 삶을 더 멋진 것으로 만들어 주는 피터 맥더모트에게 변함없는 감사를 보낸다.

| 참고 문헌 |

트라우마와 아이들에 대하여

1. Kessler, R. C., Berglund, P., Demler, O., Jin, R., Merikangas, K. R., & Walters, E. E. (2005, June). Lifetime prevalence and age-of-onset distributions of DSM-IV disorders in the National Comorbidity Survey Replication. *Archives of General Psychiatry, 62(6)*, 593~602. See also: Kessler, R. C., et al. (1995, December). Posttraumatic Stress Disorder in the National Comorbidity Survey. Archives of General Psychiatry, 52(12), 1048~1060.

2. Franey, K., Geffner, R., & Falconer, R. (Eds.). (2001). *The Cost of Maltreatment: Who Pays? We All Do* (pp. 15~37). San Diego, CA: Family Violence and Sexual Assault Institute. See Also: Anda, R. F., Felitti, V. J., Bremner J. D., Walker, J. D., Whitfield, C. H., Perry, B. D., Dube, S. R., & Giles, W. H. (2006, April). The enduring effects of abuse and related adverse experienves in childhood: A convergence of evidence from neurobiology and epidemiology. *European Archives of Psychiatry and Clinical Neuroscience, 256(3)*, 174~186. Epub 2005, November 29.

3. http://www.acf.hhs.gov/programs/cb/pubs/cm04/index.htm

4. Finkelhor, D., Ormrod, R., Turner, H., & Hamby, S. L. (2005, February). The victimization of children and youth: a comprehensive, national survey. *Child Maltreatment*, 10(1), 5~25.

5. Finkelhor, D., Hotaling, G., Lewis, I. A., & Smith, C. (1990). Sexual abuse in a national survey of adult men and women: Prevalence, characteristics, and risk factors. *Child Abuse & Neglect*, 14, 19~28.

6. A statistical portrait of fathers and mothers in America. (2002). (p. 24). Washington, D.C.: ChildTrends. Survey results from 1995 Gallup Survey on Disciplining Children in America.

7. Strauss, M. A. (1991). *Children as witnesses to marital violence: A risk factor for lifelong problems among a nationally representative sample of American men and women.* [Paper presented at the Ross Roundtable on "Children and Violence."] Washington, D.C.

8. Strauss, M. A. (1991). Ibid.

9. Child Welfare League of America. (2005, June 5). Statement of the Child Welfare League of America ofr House Subcommittee on Human Resources of the Committee on Ways and Means for the Hearing on federal foster care financing. http://www.cwla.org/advocacy/fostercare050609.htm

10. Perry, B. D. & Pollard, R. (1998, January). Homeostasis, Stress, Trauma and Adaptation. *Child and Adolescent Psychiatric Clinics of North America, (7)1*, 33~51.

11. Perry, B. D. & Azad, I. (1999, Aug). Posttraumatic stress disorders in children and adolescents. *Current Opinion in Pediatrics, 11(4)*, 310~316.

1장

1. Perry, B. D., Stolk, J. M., Vantini, G., Guchhait, R. B., & U'Prichard, D. C. (1983). Strain differences in rat brain epinephrine synthesis and alpha-adrenergic receptor number: Apparent in vivo regulation of brain alpha-adrenergic receptors by epinephrine. *Science, 221*, 1297~1299.

2. Reviewed in Levine, S. (2005, November). Developmental determinants of sensitivity and resistance to stress. *Psychoneuroendocrinology*, 30(10), 939~946. See also generally: Terr, L. (1990). *Too scared to cry: how trauma affects children and ultimately, us all.* New York: Basic Books.

2장

1. Perry, B. D., Giller, E. L., & Southwick, S. (1987). Altered platelet alpha2-adrenergic binding sites in

post-traumatic stress disorder. *American Journal of Psychiatry, 144(11)*, 1511~1512; Perry, B. D., Southwick, S. W., Yehuda, R., & Giller, E. L. (1990). *Adrenergic receptor regulation in post-traumatic stress disorder.* In E. L. Giller,(Ed.), Advances in psychiatry: biological assessment and treatment of post traumatic stress disorder (pp.87-115). Washington, D.C.: American Psychiatric Press; Giller, E. L., Perry, B. D., Southwick, S. M., Yehuda, R., Wahby, V., Kosten, T. R...,&Mason, J. W.(1990). Psychoendocrinology of posttraumatic stress disorder. In M. E. Wolf & A. D. Mosnaim (Eds.), *PTSD: biological mechanisms and clinical aspects* (pp. 158~170). Washington, DC: American Psychiatric Press.
2. Perry, B. D. (1994). Neurobiological sequelae of childhood trauma: Post traumatic stress disorders in children. In M. Murburg (Ed.), *Catecholamine function in post traumatic stress disorder: emerging concepts* (pp. 253~276). Washington, D. C.: American Psychiatric Press.
3. Kleven, M., Perry, B. D., Woolverton, W., & Seiden, L. (1990). Effects of repeated injections of cocaine on D1 and D2 dopamine receptors in rat brain. *Brain Research*, 532, 265~270; Farfel, G., Kleven, M. S., Woolverton, W. L., Seiden, L. S., & Perry, B. D. (1992). Effects of repeated injections of cocaine on catecholamine receptor binding sites, dopamine transporter binding sites and behavior in Rhesus monkeys. *Brain Res*, 578, 235~243.

3장

1. Breault, M. & King, M. (1993). *Inside the cult: a member's chilling, exclusive account of madness and depravity in David Koresh's compound.* New York: Signet Nonfiction.
2. Rose, S., Bisson, J., Churchill, R., & Wessely, S. (2002). Psychological debriefing for preventing post traumatic stress disorder (PTSD). *The Cochrane Database if Systematic Reviews*, 2.
3. Perry, B. D., Pollard, R., Blakely, T., Baker, W., & Virilante, development of the brain: How "states" become "traits.'" *Infant Mental Health Journal*, 16(4), 271~291.

4장

1. Hubel D. H. and Wiesel, T. N. (1959, October). Receptive fields of single neurons in the cat's striate cortex. *Journal of Physiology*, 148, 574~591.
2. Rymer, R. (1994). *Genie: a scientific tragedy.* New York: Harper Paperbacks.
3. Pinker, S. (2000). *The language instinct: how the mind creates language* (pp. 295~296). New York: Harper Perennial Modern Classics.
4. Iwaniec, D. (2004). *Children who fail to thrive: a practice guide.* Chichester, UK: Wiley.
5. Stanhope, R., Wilks, Z., Hamill, G. (1994, November-December). Failure to grow: lack of food or lack of love? *Professional Care of the Mother and Child*, 4(8), 234~7; Albanese, A., Hamill, G., Jones, J., Skuse, D., Matthews, D. R., Stanhope, R. (1994, May). Reversibility of physiological growth hormone secretion in children with psychosocial dwarfism. *Clinical Endocrinology*, (Oxf), 40(5), 687~692.

5장

1. Perry, B. D. (1999). Memories of fear: How the brain stores and retrieves physiologic states, feelings, behaviors and thoughts from traumatic events. In J. M. Goodwin and R. Attias (Eds.), *Splintered reflections: images of the body in trauma* (pp. 26~47). New York: Basic Books: Perry, B. D. (2001). The neurodevelopmental impact of violence in childhood. In D. Schetky & E. P. Benedek (Eds.), *Textbook of Child and Adolescent Forensic Psychiatry* (pp. 221~238). Washington, D. C.: American Psychiatric Press.
2. Yeudall, L. T. (1977). Neuropsychological assessment

of forensic disorder. *Canada's Mental Health*, 25, 7~15; Gillen, R. & Hesselbrock, V. (1992, April). Cognitive functioning, ASP, and family history of alcoholism in young men at risk for alcoholism. *Alcoholism: Clinical and Experimental Research*, 16(2), 206.

3. Dishion, T. J.; McCord, J., & Poulin, F. (1999). When interventions harm: Peer groups and problem behavior. *American Psychologist, 54(9)*, 755~764; Poulin, F.; Dishion, T. J. & Burraston, B. (2001). 3-year iatrogenic effects associated with aggregating high-risk adolescents in cognitive-behavioral preventive interventions. *Applied Development Science, 5(4)*, 214~224.

4. Frith, U. (1998). What autism teaches us about communication. *Logopedics, Phoniatrics Vocology*, 23, 51~58.

5. Susman, E. J. (2006). Psychobiology of persistent antisocial behavior: stress, early vulnerabilities and the attenuation hypothesis. *Neuroscience Bibehavior Review, 30(3)*, 376~89. Loney, B. R., Butler, M. A., Lima, E. N., Counts, C. A., & Eckel, L. A. (2006, January). The relation between salivary cortisol, callous-unemotional traits, and conduct problems in an adolescent non-referred sample. *Journal of Child Psychology and Psychiatry and Allied Disciplines*, 47(1), 30~36. van Bokhoven, I., Van Goozen, S. H., van Engeland, H., Schaal, B., Arseneault, L., Seguin, J. R., Nagin, D. S., Vitaro, F., & Tremblay, R. E. (2005, August). Salivary cortisol and aggression in a population-based longitudinal study of adolescent males. *Journal of Neural Transmission, 112(8)*, 1083~1096.

6. Unis, A. S., Cook, E. H., Vincent, J. G., Gjerde, D. K., Perry, B. D., & Mitchell, J. (1997). Peripheral serotonergic measures correlate with agression and impulsivity in juvenile offenders. *Biological Psychiatry, (42)7*, 553~560; Perry, B. D. (1997). Incubated in terror: Neurodevelopmental factors in the 'cycle of violence.' In J. Osofsky (Ed.), *Children in a violent society* (pp. 124~148). New York: Guilford Press.

7. Dubner, S. J. and Levitt, S. D. (2006, May 7). A star is made. *New York Times Magazine*.

6장

1. Perry, B. D. (2001). The neuroarcheology of childhood maltreatment: the neurodevelopmental costs of adverse childhood events. In K. Franey, R. Geffner, & R. Falconer (Eds.), *The Cost of Maltreatment: Who Pays? We All Do* (pp. 15~37). San Diego, CA: Family Violence and Sexual Assault Institute; Perry, B. D. (2006). Applying principles of neuroscience to clinical work with traumatized and maltreated children: the neurosequential model of therapeutics. In N. B. Webb (Ed.), *Working with traumatized youth in child welfare* (pp. 27~52). New York: The Guilford Press.

2. Resarch supporting treatment music therapies attenuate frontal EEG asymmetry in depressed adolescents. *Adolescence, 34(135)*, 529~534; Field, T. (1998, March-April). Maternal depression effects on infants and early interventions. *Preventive Medicine, 27(2)*, 200~203; Diego, M. A., Field, T., Hart, S., Hernandez-Reif, M., Jones, N., Cullen, C., Schanberg, S., & Kuhn, C. (2002). Facial expressions and EEG in infants of intrusive and withdrawn mothers with depressive symptoms. *Depress Anxiety, 15(1)*, 10~17; Field, T., Martinez, A., Nawrocki, T., Pickens, J., Fox, N. A., Schanberg, S. (1998, Spring). Music shifts frontal EEG in depressed adolescents. *Adolescence, 33(129)*, 109~116; Khilnani, S., Field, T., Hernandez-Reif, M., & Schanberg, S. (2003, Winter). Massage therapy improves mood and behavior of students with attention-deficit/hyperactivity disorder. *Adolescence, 38(152)*, 623~638.

3. Perry, B. D. (2002). Childhood experience and the expression of genetic potential: what childhood neglect

tells us about nature and nurture. *Brain and Mind*, 3, 79~100; Johnson, R., Browne, K., & Hamilton-Giachritsis, C. (2006, January). Young childhood in institutional care at risk of harm. *Trauma Violence Abuse*, (1), 34~60; Anda, R. F., Filitti, V. J., Bremmer, J. D., Walker, J. D., Whitfield, C. H., Perry, B. D., Dube, S. R., & Giles, W. H. (2006, Apr). The enduring effects of abuse and related adverse experiences in childhood: A convergence of evidence from neurobiology and epidemiology. *European Archives of Psychiatry and Clinical Neuroscience, 256(3)*, 174~186. Epub 2005, November 29. Additional background on effects of neglect: Smith, M. G. & Fong, R. (2004). *The children of neglect: when no one cares*. New York: Brunner-Routledge.
4. Weiss, S. J. (2005). Haptic perception and the psychosocial functioning of preterm, low birth weight infants. *Infant Behavior and Development*, 28, 329~359.
5. Field, T. (2002, December). Preterm infant massage therapy studies: an American approach. *Seminars in Neonatology, 7(6)*, 487~494.
6. Field, T., Hernandez-Reif, M., Diego, M., Schanberg, S., Kuhn, C. (2005, October). Cortisol decreases and serotonin dopamine increase following massage therapy. *International Journal of Neuroscience, 115(10)*, 1397~1413.
7. Cullen-Powell, L. A., Barlow, J. H., Cushway, D. (2005, December). Exploring a massage intervention for parents and their children with autism: the implications for bonding and attachment. *Journal of Child Health Care, 9(4)*, 245~255.
8. Mithen, S. (2005). *The singing neanderthals: the origins of music, language, mind and body*. London: Weidenfeld and Nicholson.
9. Cowen, E. L., Wyman, P. A., & Work, W. C. (1996, Winter). Resilience in highly stressed urban children: concepts and findings. *Bulletin of the New York Academy of Medicine, 73(2)*, 267~284.
10. Masten, A. S., Hubbard, J. J., Gest, S. D., Tellegen, A., Garmezy, N., & Ramirez, M. (1999, Winter). Competence in the context of adversity: pathways to resilience and maladaptation from childhood to late adolescence. *Development and Psychopathology, 11(1)*, 143~169.

7장

1. Elizabeth Loftus, award for distinguished scientific applications of psychology. (2003, November). *American Psychologist, 58(11)*, 864~867; Loftus, E. F. (2005, July-August). Planting misinformation in the human mind: a 30-year investigation of the malleability of memory. *Learning and Memory*, 12(4), 361~366. Epub 2005, July 18.
2. Loe, V. (1993, December 3). Satanic Cult Scare Takes Massive Human Toll on Texas Town. *Dallas Morning News*.
3. Wade, R. M. (1999). When Satan Came to Texas. *The Skeptic*, 7(4).
4. Loftus, E. (2003, November). Make believe memories. *American Psychologist*; Pendergrast, M. (1996). *Victims of Memory: Sex Abuse Accusations and Shattered Lives*. Vermont: Upper Access Books; Ofshe, R. J. (1992, July). Inadvertent hypnosis during interrogation: false confession due to dissociative state; mis-identified multiple personality and the satanic cult hypothesis. *International Journal of Clinical and Experimental Hypnosis, 40(3)*, 125~156. Ofshe, R. and Watters, E. (1996). *Making Monsters: False Memories, Psychotherapy and Sexual Hysteria*. *Berkeley & Los Angeles*: University of California Press.
5. Bowers, K. (2000, July 27). Suffer the children. *Westword (New Times)*.
6. Wade, R. M. (1999). When Satan came to Texas. *The Skeptic*, 7(4).
7. Nolen-Hoeksema, S., Morrow, J., Fredrickson, B. L.

(1993, February). Response styles and the duration of episodes of depressed mood. *Journal of Abnormal Psychology, 102(1)*, 20~28; Lyubomirsky, S. & Nolen-Hoeksema, S. (1993, August). Self-perpetuating properties of dysphoric rumination. *Journal of Personality and Social Psychology, 65(2)*, 339~349.
8. Vaughn, V. (1995, February). Witch hunt. *North Texas Skeptic*.

8장

1. Perry, B. D. (1994). Neurobiological sequelae of childhood trauma: Post traumatic stress disorders in children. In M. Murburg (Ed.), *Catecholamine function in post traumatic stress disorder: emerging concepts* (pp. 253~276). Washington, D.C.: American Psychiatric Press.
2. van der Kolk, B., Greenberg, M., Boyd, H., & Krystal, J. (1985, March). Inescapable shock, neurotransmitters, and addiction to trauma: toward a psychobiology of post traumatic stress. *Biological Psychiatry, 20(3)*, 314~325.
3. Young, R., Sweeting, H., & West, P. (2006, April 13). Prevalence of deliberate self harm and attempted suicide within contemporary Goth youth subculture: longitudinal cohort study. *British Medical Journal*.
4. Felitti, V. J. (2003, October). The origins of addiction: evidence from the adverse childhood experiences study. *Prax Kinderpsychology and kinderpsychiatry, 52(8)*, 547~559; Dube, S. R., Felitti, V. J., Dong, M., Chapman, D. P., Giles, W. H., & Anda, R. F.(2003, March). Childhood abuse, neglect, and household dysfunction and the risk of illicit drug use: the adverse childhood experiences study. *Pediatrics, 111(3)*, 564~572; Clark, H. W., Masson, C. L., Delucchi, K. L., Hall, S. M., & Sees, K. L. (2001, March). Violent traumatic events and drug abuse severity. *Journal of Substance Abuse Treatment, 20(2)*, 121~127.
5. Dansky, B. S., Byrne, C. A., & Brady, K. T. (1999, May). Intimate violence and post-traumatic stress disorder among individuals with cocaine dependence. *American Journal of Drug and Alcohol Abuse, 25(2)*, 257~268; Palacios, W. R., Urmann, C. F., Newel, R., & Hamilton, N. (1999, July-September). Developing a sociological framework for dually diagnosed women. *Journal of Substance Abuse Treatment, 17(1~2)*, 91~102.
6. Daglish, M. R., Weinstein, A., Malizia, A. L., Wilson, S., Melichar, J. K., Lingford-Hughes, A., Myles, J. S., Grasby, P., & Nutt, D. J. (2003, December). Functional connectivity analysis of the neural circuits of opiate craving: "more" rather than "different"? *Neuroimage, 20(4)*; Carey, P. D., Warwick, J., Niehaus, D. J., van der Linden, G., van Heerden, B. B., Harvey, B. H., Seedat, S., Stein, D. J. (2004, October 14). Single photon emission computed tomography (SPECT) of anxiety disorders before and after treatment with citalopram. *BMC Psychiatry, 4*, 30; Carlezon, W. A. Jr., Duman, R. S., & Nestler, E. J. (2005, August). The many faces of CREB. *Trends in Neuroscience, 28(8)*, 436~445; Astur, R. S., St. Germain, S. A., Tolin, D., Ford, J., Russell, D., & Stevens, M. (2006, April). Hippocampus function predicts severity of post-traumatic stress disorder. *Cyberpsychology and Behavior, 9(2)*, 234~240.
7. Winchel, R. M. & Stanley, M. (1991, March). Self-injurious behavior: a review of the behavior and biology of self-mutilation. *American Journal of psychiatry, 148(3)*, 306~317.
8. Conley, K. M., Toledano, A. Y., Apfelbaum, J. L., & Zacny, J. P. (1997). The modulating effects of a cold water stimulus on opioid effects in volunteers. *Psychopharmacology, 131*, 313~320.

9장

1. Hanson, E. (2000, April 14). Jurors are asked to

terminate parental rights in abuse case. *Houston Chronicle.*

2. Read, J., Perry, B. D., Moskowitz, A., & Connolly, J. (2001). The contribution of early traumatic events to schizophrenia in some patients: a traumagenic neurodevelopmental model. *Psychiatry, 64(4),* 319 ~345; Anda, R. F., Felitti, R. F., Walker, J., Whitfield, C., Bremner, D. J., Perry, B. D., Dube, S. R., & Giles, W. G. (2006). The enduring effects of childhood abuse and related experiences: a convergence of evidence from neurobiology and epidemiology. *European Archives of Psychiatric and Clinical Neuroscience, 256(3),* 174~186.

3. Talan, J. & Firstman, R. (1998). *The death of innocents: a true story of murder, medicine, and high-stake science.* New York: Bantam.

4. Southall, D. P., Plunkett, M. C., Banks, M. W., Falkov, A. F., & Samuels, M. P. (1997, November). Covert video recordings of life-threatening child abuse: lessons for child protection. *Pediatrics, 100(5),* 735~760.

5. Dyer, O. (2004, January 3). Meadow faces GMC over evidence given in child death cases. *British Medical Journal, 328(7430),* 9.

6. UK Health Minister orders review of 285 cot death murders. (2004, January 20). *Medical News Today*; Sally Clark Doctor wins GMC Case. (2006, February 17). *BBC News.*

7. Schreier, H. (1993). *Hurting for love: munchausen by proxy syndrome* (p. 25). New York: Guilford Press.

10장

1. Perry, B. D. (2002). Childhood experience and the expression of genetic potential: what childhood neglect tells us about nature and nurture. *Brain and Mind,* 3, 79~100; Perry, B. D. & Pollard, D. (1997). Altered brain development following global neglect in early childhood. *Society For Neuroscience,* [Proceedings from Annual Meeting] New Orleans.

11장

1. Burguiere, A. & Klapisch-Zuber, C., et. al. (Eds.) (1996). *A history of the family, volume I: distant worlds, ancient worlds and A history of the family, volume II: the impact of modernity.* Boston: Harvard University Press.

2. Morrow, J. A (2003, November 1). Place for one. *American Demographics.*

3. Klerman, G. L. & Weissman, M. M. (1989, April 21). Increasing rates of depression. *Journal of the American Medical Association. 261(15),* 2229~2235.

4. Burke, K. C., Burke, J. D. Jr., Rae, D. S., & Regier, D. A. (1991, September). Comparing age at onset of major depression and other psychiatric disorders by birth cohorts in five US community populations. *Archives of General Psychiatry, 48(9),* 789~795.

5. Else, L. (2006, April 8). Meet the Alloparents. *New Scientist.*

6. American Psychiatric Association. (1998). Psychiatric effects of media violence. APA Online.

옮긴이 | 황정하

연세대학교 전산과학과를 졸업했으며, 현재 전문 번역가로 활동하고 있다. 옮긴 책으로는 『지퍼에서 자동차까지』, 『진단명 사이코패스』, 『살인자들과의 인터뷰』, 『1215 마그나카르타의 해』, 『자전거 세계여행』, 『뉴욕타임스가 선정한 교양 7』, 『앙코르: 장엄한 크메르 문명』, 『인간은 왜 낚시를 하는가?』 등이 있다.

개로 길러진 아이

1판 1쇄 펴냄 2011년 5월 30일
1판 13쇄 펴냄 2023년 3월 20일

지은이 | 브루스 D. 페리 · 마이아 샬라비츠
옮긴이 | 황정하
발행인 | 박근섭
펴낸곳 | ㈜민음인

출판등록 | 2009. 10. 8 (제2009-000273호)
주소 | 06027 서울 강남구 도산대로 1길 62 강남출판문화센터 5층
전화 | 영업부 515-2000 편집부 3446-8774 팩시밀리 515-2007
홈페이지 | minumin.minumsa.com

도서 파본 등의 이유로 반송이 필요할 경우에는 구매처에서 교환하시고
출판사 교환이 필요할 경우에는 아래 주소로 반송 사유를 적어 도서와 함께 보내주세요.
06027 서울 강남구 도산대로 1길 62 강남출판문화센터 6층 민음인 마케팅부

한국어판 © ㈜민음인, 2011. Printed in Seoul, Korea
ISBN 978-89-94210-89-6 13590

㈜민음인은 민음사 출판 그룹의 자회사입니다.